1ª edição - Outubro de 2021

Coordenação editorial
Ronaldo A. Sperdutti

Preparação de originais
Mônica d'Almeida

Capa
Juliana Mollinari

Imagem Capa
Shutterstock | Dmitry Lobanov

Projeto gráfico e diagramação
Juliana Mollinari

Assistente editorial
Ana Maria Rael Gambarini

Impressão
Gráfica Loyola

Proibida a reprodução total ou parcial desta obra sem prévia autorização da editora.

© 2021 by Boa Nova Editora.

Av. Porto Ferreira, 1031 | Parque Iracema
CEP 15809-020 | Catanduva-SP
17 3531.4444

www.**lumeneditorial**.com.br
www.**boanova**.net

atendimento@lumeneditorial.com.br
boanova@boanova.net

Dados Internacionais de Catalogação na Publicação (CIP)
(Câmara Brasileira do Livro, SP, Brasil)

Aurélio, Marco (Espírito)
　　Para sempre comigo / inspirado por Marco Aurélio ; [psicografado por] Marcelo Cezar. -- 1. ed. -- Catanduva, SP : Lúmen Editorial, 2021.

　　ISBN 978-65-5792-024-4

　　1. Espiritismo 2. Obras psicografadas 3. Romance espírita I. Cezar, Marcelo. II. Título.

21-83286　　　　　　　　　　　　　　　　　CDD-133.9

Índices para catálogo sistemático:

1. Romance espírita : Espiritismo　133.9

Maria Alice Ferreira - Bibliotecária - CRB-8/7964

Impresso no Brasil – Printed in Brazil
01-10-21-3.000

MARCELO CEZAR
ROMANCE PELO ESPÍRITO MARCO AURÉLIO

PARA SEMPRE COMIGO

LÚMEN
EDITORIAL

DEDICATÓRIA

À memória de meu pai, Gilberto. Meu querido. Meu velho. Meu amigo.

PRÓLOGO

Caio revirou-se várias vezes na cama. O suor escorria-lhe pela fronte, sem cessar. Estava aturdido, preocupado, muito preocupado. A atitude que tomara horas antes teria sido a mais correta? Tinha de deixar a casa de Loreta sem avisar nem mesmo a polícia? Deveria confiar em Isilda?

Ele não havia feito nada de errado, sabia disso. Mas sua consciência lhe chamava a atenção para a falta de prudência. Por que não ligara para uma das meninas da Casa da Eny? Por que ficara apavorado e saíra correndo da casa de Loreta, como se fosse um assassino? Custava ter esfriado a cabeça e pensado de maneira sensata, a fim de não arrumar problemas no futuro? E agora, o que fazer?

Sua cabeça latejava. O fluxo de pensamentos era intenso e não o deixava conciliar o sono. O jovem consultou o pequeno relógio sobre a cabeceira e viu que logo o sol ia aparecer. Mais um dia.

E como seria esse dia? Com certeza, não mais como antes. Não depois do que ocorrera. E se a polícia viesse atrás dele? Ele juraria inocência, mas tinha certeza de que a corda sempre estoura no lado mais fraco. Caio era pobre. E fazia alguma ideia da diferença de tratamento dada pela Justiça a alguém sem sobrenome importante ou sem recursos. Se fosse a julgamento, como iria se defender e provar sua inocência?

Talvez fosse melhor ir à polícia, foi o que sua consciência lhe sugeriu.

Isso não! Agora já é tarde demais — refletiu.

Novamente aquela voz inspirava-lhe a tomar uma atitude que não viesse a lhe causar problemas mais à frente. Era quase um sussurro, mas perfeitamente audível, soava ser uma voz familiar, amiga.

— Vá até a delegacia. Conte a verdade. O delegado vai entender e você não terá problemas no futuro.

Entretanto, o rapaz estava lutando contra essa corrente de pensamentos e deixou-se dominar pelo medo e pela insegurança.

— Perdi o sono. Vou me levantar. Chega de pensar no que deveria fazer, ora — falou baixinho, fazendo movimento brusco com uma das mãos, como se estivesse botando sua consciência para correr.

Caio finalmente se levantou, movimentos delicados, a fim de não fazer barulho e acordar Rosalina, sua mãe, que iria levantar-se dentro de alguns minutos para pegar no batente. Ela merecia um pouco mais de descanso, visto que dava duro para sustentar a ambos, e ele levava uma vida de almofadinha, como se tivesse condições de ser um *playboy* de verdade.

Viviam em uma casinha de dois cômodos, toda feita em madeira, de péssima qualidade. No inverno, o vento frio entrava por tudo quanto era fresta e, no verão, a casa mais se assemelhava a uma fornalha. Era composta de uma cozinha e um quarto.

No quintal ficava outra casinha, também de madeira, que consistia num cubículo fechado e, no meio, havia um buraco cavado na terra por onde iam as necessidades fisiológicas. Quando enchia, era hora de mudar a casinha de lugar e cavar novo buraco. Ainda naquele bairro, pobre e afastado da cidade, não havia chegado esgoto, água encanada, asfalto, nada de infraestrutura básica.

Caio olhou ao redor, fez negativas com a cabeça. Apanhou seu maço de cigarros e foi até o quintal. Aspirou o ar quente da madrugada que se findava e, num movimento rápido, acendeu e tragou vagarosamente seu cigarro.

— Não posso mais ficar aqui nesta cidade. Eu posso ser preso e, aí sim, minha vida estará arruinada.

Ele deu sucessivas tragadas e jogou o cigarro longe. Após soltar a fumaça pelo nariz, tornou, aflito:

— Preciso e quero ir para a capital. Vou ter de antecipar meu sonho. Não tenho ainda condições de me sustentar, mas não vejo alternativa. Vou pedir ajuda a Sarita.

O rapaz respirou fundo, andou até a murada, abriu a portinhola da casa e estugou o passo. Precisava ir ao encontro de sua amiga.

Fazia algum tempo que Caio acalentava o desejo de sair de sua cidade natal, Bauru, e tentar a sorte na capital paulista. Depois daquela madrugada, talvez fosse a hora de dar novo rumo à sua vida. O que acontecera na casa de Loreta horas atrás anteciparia um sonho reservado para o futuro. Agora Caio precisava ir embora. Melhor, ele tinha de partir, de qualquer jeito.

CAPÍTULO 1

    Distante poucas horas da capital e com população superior a trezentos mil habitantes, a cidade de Bauru, situada na região central do Estado de São Paulo, era — e ainda é — considerada uma das mais promissoras do país, principalmente em função da intensa atividade comercial, historicamente favorecida por sua posição geográfica e invejável estrutura de transportes.

    É cidade conhecida em todo o território nacional, seja pelo sanduíche que leva seu nome — invenção de um conterrâneo —, seja pelo fato de quase ter se tornado capital do Estado de São Paulo no fim da década de 1960. Em todo caso, além de vender simpatia e hospitalidade, o município há anos exerce a função de polo centralizador das atividades comerciais e de serviços, além de figurar num processo recente e crescente de expansão industrial.

Bauru também é nacionalmente conhecida por ter abrigado um dos bordéis mais famosos do Brasil. Era o bordel da Eny, popularmente conhecido como Casa da Eny.

Eny montara o prostíbulo anos atrás e tinha um séquito de garotas bonitas e encantadoras, escolhidas a dedo para saciar toda sorte de fantasias sexuais de seus clientes endinheirados. Era um bordel decente e de clientela distinta, frequentado por artistas, empresários, políticos e boa parcela de indivíduos da alta sociedade.

Entretanto, no fim da década de 1970, a liberação dos costumes produzidos na sociedade, como o sexo livre, a emancipação da mulher e a promulgação do divórcio, dentre outros, fez com que os homens, de uma maneira geral, fossem cada vez menos aos bordéis ou prostíbulos para a realização de suas práticas sexuais.

A virgindade perdia seu valor, arrancava-se enorme peso cravado sobre os ombros da mulher durante séculos, e as moças podiam permitir-se a experimentar o sexo antes do casamento. As casadas iam perdendo, aos poucos, os pudores e se permitiam uma vida íntima mais satisfatória com seus maridos. O número de motéis crescia vertiginosamente, e Eny, pela mudança dos tempos, fora obrigada a pôr seu estabelecimento à venda.

Rosalina, a mãe de Caio, trabalhava no bordel. Ela não era uma das meninas da Eny. Rosalina era mulher que não possuía atrativos para esse tipo de negócio e, além do mais, sua rigidez moral não permitia que ela sequer sonhasse em se meter numa profissão dessas. Era mulher que preferiria passar fome a se submeter a esse tipo de serviço, como ela mesma frisava.

Rosalina era mulher forte, valente, cheia de entusiasmo. Vencera as adversidades da vida com coragem e otimismo, nunca se deixara abater, mesmo quando a tragédia, por duas vezes, batera à sua porta.

Primeiro foi a morte do marido, quando os dois filhos ainda eram pequenos. Um infarto fulminante tirou-o de cena e Rosalina teve de dar duro para sustentar as crianças.

Viúva, sem os rendimentos do marido e sem parentes, ela precisou de trabalho. Rosalina era boa cozinheira e era boa de faxina. Por meio de uma amiga foi parar na casa de família rica e tradicional de Bauru. Recebera ajuda da família e conseguiu, ao longo de alguns anos, construir sua casinha de madeira. Não era uma casa como ela sonhara para si e para seus filhos, mas pelo menos não precisava mais se preocupar com aluguel. Tinha seu cantinho, seu lar. Uma grande conquista para quem nunca tivera nada na vida.

Tudo parecia caminhar para o melhor, quando nova tragédia se abateu sobre sua vida. Numa tarde qualquer, anos atrás, sua filha Norma, de dezoito anos recém-completados, ao sair de uma loja de aviamentos, foi atropelada e não resistiu aos ferimentos. Morreu no asfalto, mais precisamente num dos cruzamentos da Rua Araújo Leite.

Rosalina sentiu o coração estraçalhar, tamanha dor pela perda da filha, mas não sucumbiu e tratou de levar a vida adiante. Precisava continuar viva e com saúde para encaminhar o filho Caio, na época um rapazote de pouco mais de catorze anos.

Embora rígida na moral que permeava sua vida, Rosalina era livre de preconceitos. Mal sabia escrever seu nome, contudo tinha uma sensibilidade de colocar qualquer letrado no chão. Era uma mulher sábia. Continuava trabalhando como doméstica para aquela família rica. Como dividia seu trabalho com outras empregadas no casarão, sobrava-lhe tempo para serviços extras. Foi assim que conseguiu trabalho na Casa da Eny. Rosalina entrava às três da tarde e trabalhava até as sete da noite, quando os primeiros clientes davam as caras no bordel.

Caio chegava ao bordel pouco antes das sete da noite e esperava pela mãe, nos fundos da casa. De lá até a casa deles era uma caminhada longa, permeada por algumas ruas desertas e sem iluminação. O rapaz religiosamente encostava-se na porta dos fundos do bordel todos os dias. Saía da escola e ia direto para a Casa da Eny.

Num desses dias, a professora passou mal e as aulas terminaram mais cedo. Caio decidiu ir diretamente ao bordel e chegou lá muito antes das sete da noite. Sem ter o que fazer, sentou-se num degrau da escada que dava acesso a um pequeno quarto contíguo do estabelecimento, quando foi surpreendido por uma das garotas que trabalhava no local.

— O que faz por aqui?
— Estou esperando minha mãe.

A moça desatou a rir.

— Esperando a mãe? Aqui?
— É.
— Tem certeza?
— Sim, tenho. Por quê?
— Por nada — ela levou a mão à boca, a fim de abafar o riso.
— Qual é a graça?
— Nenhuma. Desculpe-me, não quis ofendê-lo. Mas é que aqui...

Ele a cortou e respondeu seco:

— Eu sei o que é esse lugar — apontou. — Uma casa de viração, de venda de sexo.
— Esperto — ela mudou o tom. — Não conheço moça aqui que tenha criança e...

Novo corte.

— Escute, dona, estou esperando minha mãe, a Rosalina. Ela faz faxina aqui todos os dias.
— Ah, você é o filho da Rosalina...
— E não sou criança. Vou completar dezessete anos semana que vem.

— Hum, bela idade! — redarguiu a moça, com a voz carregada de malícia.

O rapaz corou. Nesse aspecto era tímido. Caio nunca havia tido relações sexuais com mulher nenhuma, mas já era esperto o suficiente para perceber os olhares de cobiça que a jovem lhe dirigia.

— Você tem um rosto lindo.
— Obrigado.
— Poderia ser modelo.
— Está de brincadeira comigo?
— Não, por quê?
— Modelo?!
— Estou falando sério.
— Como? Nesta cidade?
— Não. O mundo não se restringe a Bauru e adjacências. Falo em ser modelo de verdade, ir a São Paulo, tentar uma carreira profissional.

Os olhos de Caio brilharam emocionados.

— Poxa, ir a São Paulo, tornar-me famoso, que maravilha... — ele desanimou no mesmo instante. — Não tenho como ir. Sou pobre, estou ainda no ginásio e...

A moça aproximou-se e o apalpou na altura da virilha. O rapaz ficou atônito. Ela deu uma risadinha. Caio corou, sua face ardia de vergonha. Ela percebeu e procurou ser gentil. Pegou em sua mão e foi puxando-o para dentro da casa.

— Meu nome é Sarita, trabalho aqui há alguns anos.
— O meu é Caio.
— Bonito nome. Nunca se deitou com uma mulher?

O rapaz moveu negativamente a cabeça para os lados. Sarita considerou:

— Prometo que vou ser boazinha. E, de mais a mais, preciso conferir e ver se você tem mesmo potencial...

Caio sorriu timidamente para a moça e deixou-se conduzir. Entraram no bordel. Os clientes ainda não haviam chegado e Sarita dirigiu-se até seu quarto, sem antes dar uma espiadinha para ver se Eny, ou uma das garotas, ou mesmo Rosalina não iriam pegá-los de supetão. Caio foi conduzido até um quarto no piso superior e Sarita pôde conferir de perto os atributos do garoto.

O jovem prometia. Tinha atributos que iriam torná-lo um homem lindo e desejado. Caio tinha um corpo naturalmente bem-feito e bem torneado. Era forte, alto para sua idade — pouco mais de um metro e oitenta — ombros largos. Possuía um rosto quadrado que lhe conferia ar maduro e viril. Os cabelos, anelados e jogados para os lados, eram um charme à parte.

Sarita não foi a única. Hilda, Estelita, Joana, Irene, foram muitas as garotas do bordel que se aproveitaram do apetite e abusaram do vigor do rapaz. Depois de certo tempo, Caio passou a sair mais cedo do colégio para ir até o bordel. Entregava-se ao prazer com sofreguidão. As meninas da Eny ensinavam-lhe as mais variadas técnicas do sexo, mostrando a Caio como tratar a parceira, os carinhos preliminares, as partes do corpo que excitam uma mulher, a melhor posição para se relacionar etc. Acima de tudo, ensinaram-lhe a ser carinhoso e gentil no trato com uma mulher.

Rosalina nunca suspeitou das atividades sexuais do filho. Notou que Caio andava mais bem-disposto, cantarolava sem mais nem menos, sorria sem motivo aparente. Parecia um garoto movido a constante alegria e felicidade. Nem mesmo notara que ele chegava ao bordel duas horas antes de ela terminar o serviço. Religiosamente, de segunda a sábado, ele se deitava pelo menos com uma menina da casa.

Os atributos físicos, o vigor e a virilidade do rapaz correram à boca pequena e logo uma rica viúva da cidade interessou-se pelo rapaz.

Loreta Del Prate era mulher perto dos sessenta anos, muito distinta, ainda muito bonita. Mantinha corpo bem torneado, era ainda capaz de chamar a atenção dos homens.

Contudo, era bastante conhecida, tinha parentes importantes, promovia chás beneficentes para a paróquia da cidade. Sua reputação contava bastante e ela não podia, em hipótese alguma, aparecer nas ruas ao lado de um rapaz que tinha idade para ser seu neto. Não pegava bem, e Loreta dava muita importância aos comentários dos outros.

Loreta enviuvara havia pouco tempo. Enquanto estivera casada, nunca atingiu o prazer com o marido. Ela comprou livros sobre sexualidade, fez análise com renomado psiquiatra da capital e descobriu que podia, sim, sentir prazer durante o ato sexual, que não tinha necessidade de fingir um orgasmo.

Isso tudo era muito novo para ela. Educada de forma rígida, numa época em que o papel da mulher na sociedade consistia somente em cuidar do lar e parir filhos, Loreta a custo engolia a ideia de que a mulher deveria simplesmente ser um instrumento para que o homem chegasse ao prazer. Ouvira de sua mãe que uma esposa decente dá prazer ao marido, e de boca fechada, sem emitir um som sequer.

— Mulher é um objeto que deve saciar o marido, sem direito a nada em troca — repetia a mãe.

Inconformada, após a morte de Genaro, ela passou a excursionar pelo país e pagava para ter sexo com rapazes, geralmente jovenzinhos cheios de virilidade e dispostos a fazer qualquer coisa por um prato de comida. Foi dessa forma incomum que ela descobriu que era capaz de sentir prazer.

O espírito de Loreta ansiava pelo prazer. Durante algumas vidas, ela bem que perdera a cabeça por conta de seus desvarios sexuais. Comprometeu-se nesta encarnação a suprimir o prazer como forma de debelar seus instintos. Jurou para si mesma que, reencarnada, não daria tanta importância ao sexo.

Desta feita, reencarnou com a libido em baixa, a fim de facilitar os anseios de seu espírito. Loreta cresceu num lar sem religiosidade alguma e, ao longo dos anos, seu espírito foi se distanciando dos objetivos traçados antes do reencarne. Ou seja, por falta de contato com a espiritualidade, de maneira geral, seus instintos estavam novamente superando os anseios de sua alma.

De volta a Bauru, descobrira que os homens interessados nela — geralmente mais velhos — não foram educados para saciar suas esposas, além de serem brutos e indelicados. Ela não podia fazer, ou melhor, pagar por serviços sexuais numa cidade do interior, onde todos a conheciam e respeitavam.

Ao saber do vigor de Caio, ela se empolgou e, com a ajuda de uma das garotas de Eny, Loreta passou a receber o jovem em sua casa, à noite, duas vezes por semana. Contava com a prestimosa ajuda de sua governanta, Isilda. A governanta, na hora combinada, deixava o portão destrancado e a porta da cozinha entreaberta, a fim de facilitar a entrada de Caio na casa. Tudo feito de maneira muito discreta.

Fazia dois anos que Caio comparecia religiosamente todas as terças e quintas-feiras na casa da ricaça. O dinheiro que recebia — gorda mesada — dava para ajudar nas despesas da casa, gastar em roupas e, às vezes, comprar uma ou outra lembrança para a mãe.

Rosalina nunca suspeitou de nada, a princípio, porquanto seu filho estava sempre bem-disposto, era amável, ajudava nas tarefas da casa e dizia estar trabalhando num boteco no centro da cidade que fechava tarde da noite.

Ela começou a desconfiar num Dia das Mães, em que Caio lhe comprou um rádio de pilha último tipo, que valia mais do que ele supostamente afirmava ganhar no emprego. Ela foi ter com Manolo, dono do boteco. O espanhol mentiu e afirmou que o menino trabalhava para ele no bar duas vezes por semana e recebia uma ajuda, um salário simbólico.

— Se o salário é simbólico, como meu filho teve condições de me dar um rádio tão caro?

— Ora, minha senhora — volveu o espanhol, enquanto coçava o bigode espesso —, eu comprei esse rádio para minha esposa e ela não gostou. O prazo para devolvê-lo à loja expirou e, para diminuir meu prejuízo, ofereci ao Caio. Eu desconto pequeno valor de seu pagamento. Deu para entender?

Rosalina entendeu, ou fez que entendeu.

E por que Manolo mentira? Ora, porque ele era casado e frequentava a Casa da Eny. Caio havia lhe salvado o casamento quando interpelado pela esposa de Manolo, tempos atrás. O rapaz afirmou, jurou de pés juntos que Manolo trabalhava noite após noite no bar e, quando não estava lá, era porque tinha de resolver problemas com fornecedores de bebidas. Um acobertando as estripulias sexuais do outro. Bem típico dos homens...

Tudo o que aprendera com as meninas da viração, Caio passou a testar em Loreta e percebeu que o resultado era mais que satisfatório. Ele era capaz de levar Loreta — e qualquer mulher que fosse — à loucura. Era um verdadeiro gentleman, um Don Juan, amante insaciável, que sabia dar a qualquer mulher a dose certa de carinho e prazer.

Aos dezenove anos de idade, Caio alcançara a experiência que muitos homens nunca alcançaram ao longo da vida em matéria de mulher.

Do prazer inicial, o sexo tornou-se um vício na vida de Caio. Ele não se saciava a contento. Precisava se relacionar todos os dias, com qualquer mulher. Ele nem percebia, mas espíritos presos em nossa dimensão, ainda dependentes dos prazeres terrenos, grudavam-se na aura do rapaz e isso aumentava sobremaneira sua libido.

Caio nem imaginava que estava servindo de instrumento para espíritos de baixa vibração, que lhe sugavam as energias vitais. Daí a sua necessidade descomunal de *ter* de *fazer* sexo sempre, a todo custo, a toda hora. Sua vontade era potencializada pela presença dos vários espíritos que se grudavam nele.

Não que o sexo seja algo condenado pela espiritualidade. Muito pelo contrário. O sexo, quando feito entre duas pessoas que se sentem atraídas, é algo mágico, divino. Trata-se de uma troca salutar de energias para os parceiros. E, quando feito entre pessoas que nutrem sentimentos nobres uma pela outra, cria-se, automaticamente, uma barreira energética que impede espíritos assanhados ou ignorantes de se aproximarem ou mesmo poderem assistir ao ato.

Isso não acontecia durante os encontros sexuais entre Caio e Loreta. Como não havia sentimento algum que os unisse, a não ser o puro desejo descontrolado pelo sexo, espíritos ligavam-se ao casal a fim de saciar seus desejos mais sórdidos. Ambos nada percebiam, a não ser uma tremenda vontade de transar e um cansaço, um vazio sem igual após as relações, que em nada satisfaziam os anseios de suas almas.

As relações com Loreta foram se tornando cada vez mais ousadas e picantes. Numa noite, após tomarem uma taça de champanhe, a fim de brindarem uma dessas peripécias sexuais, Loreta teve um ataque cardíaco fulminante.

Caio, num misto de terror e desespero, ficou estático por alguns instantes. Deu um salto da cama e correu até os aposentos de Isilda, a empregada.

Ele bateu na porta com força.

— Isilda, pelo amor de Deus, abra a porta.

Ela levantou-se meio cambaleante, sonolenta.

— O que é?

— Loreta... não sei... acho que ela... por favor, venha comigo, me ajude, não sei o que fazer — implorava ele, aturdido e desesperado.

Isilda abriu a porta e, ao ver o rosto pálido do rapaz, pressentiu o pior. Ela o acalmou e retornaram ao quarto de

Loreta. Ao ver os olhos da patroa arregalados e fixos no nada, além do corpo imóvel e a boca semiaberta, Isilda quase teve a constatação. Aproximou-se e tomou o pulso da patroa. Nada. Depois, pegou um espelhinho na cômoda ao lado da cama e aproximou-o dos lábios de Loreta.

— Para que isso? — perguntou Caio, aflito.

— Para saber se ela está viva. Se o espelho embaçar, é porque está respirando e ainda temos chance de trazê-la à vida.

Todavia, o espelho não embaçou. Isilda fez movimento com a cabeça para que o rapaz saísse dali o mais rápido possível.

— Melhor ir. Dona Loreta é mulher de respeito. Preciso evitar o escândalo. Vou dar um jeito em tudo. Agora, por favor, vista-se e vá.

Caio nem hesitou. Vestiu-se rapidamente, de qualquer jeito, e saiu correndo da casa, sem mesmo olhar para os lados ou para trás.

Assim que dobrou a esquina da casa de Loreta, dois olhos negros observaram-no saltar o portão, justamente naquela fatídica hora, naquela fatídica noite. Caio não percebeu a presença daquele homem, que sorriu satisfeito assim que ele ganhou a rua.

Caio entrou em sua casa meio esbaforido, a camisa do avesso, o cinto da calça na mão. Rosalina dormia o sono dos justos e nada percebeu. O rapaz pegou uma jarra d'água e encheu uma caneca. Entornou-a garganta abaixo num gole só, mais de desespero do que de sede. Passou as costas da mão pela boca, respirou fundo e procurou dormir. Mas não conseguiu. Os pensamentos fervilhavam em sua cabeça e ele decidiu, após levantar-se e fumar nervosamente seu cigarro, que Sarita poderia ajudá-lo.

— Confio nela — repetia para si mesmo, enquanto caminhava, passos rápidos, até a Casa da Eny.

CAPÍTULO 2

Uma das empregadas do bordel abriu a porta meio a contragosto.

— O último cliente saiu há pouco. Acabamos de fechar.

— Preciso falar com Sarita.

A empregada fez cara de poucos amigos, mas voltou para dentro e chamou a moça. Sarita apareceu alguns minutos depois, aparentando nítido cansaço.

— O que faz aqui? — indagou, meio a um bocejo.

— Preciso de sua ajuda. É importante.

Sarita percebeu o nervosismo estampado nas feições do rapaz e preocupou-se.

— O que aconteceu? Meteu-se em encrenca?

— Receio que sim...

Sarita mordeu os lábios levemente e considerou:

— Entre, acompanhe-me.

Caio pegou na mão dela e entraram na casa. Foram até o bar e sentaram-se nas banquetas.

— Eu estava com a Loreta e... — ele falava quase sem respirar, de supetão.

— Calma. Respire fundo — Caio assentiu com a cabeça. — E?

— Estávamos nos amando quando de repente ela teve um ataque, acho...

Sarita levou a mão à boca.

— Mesmo? Mas acha que foi um ataque fatal?

— Sim. Disso não tenho dúvidas. Seu corpo estremeceu, Loreta deu um gritinho abafado de dor e, em seguida, seus olhos ficaram estatelados, fixados no nada. Tentei reanimá-la, mas ela nem se mexeu. Morreu.

— E por que não chamou Isilda, a empregada?

— Depois do susto, foi a primeira coisa que fiz. Corri até o quarto de Isilda e pedi ajuda. Ela constatou que a patroa morreu. Em seguida, pediu que eu fosse embora. Disse-me que Loreta não merecia ser vítima de um escândalo.

— Faz sentido. Isilda sempre fora fiel à Loreta.

— É o meu fim! — exclamou o jovem, apreensivo.

— Você não fez nada demais.

— Pois é, Sarita. Tenho medo de que alguém venha atrás de mim.

— Por que diz isso?

— Tive a sensação de que alguém me vigiava. Não sei ao certo.

— Fique sossegado. Acalme-se. Isilda sabia das peripécias de Loreta, era conivente com a patroa, fiel e muito discreta. Vai inventar uma história qualquer e a polícia nem vai investigar.

— Mas estou com muito medo. Se eu vir um policial, sou capaz de me entregar, por puro medo, por bobeira. Não gostaria de macular a imagem de Loreta. Não sei — ele hesitou —,

Isilda pode dar com a língua nos dentes e, você bem sabe, Loreta sempre foi mulher benquista, admirada, ajudava na igreja, o padre Osório ia almoçar na casa dela todo domingo...

Sarita sorriu.

— O que foi?

— Padre Osório — ela suspirou. — Como um homem tão bonito como aquele pode ser celibatário?

— Nasceu para ser padre — tornou Caio.

— Não. Algo me diz que padre Osório se entregou ao sacerdócio por outro motivo, talvez uma decepção amorosa. Ainda vou descobrir o que se passa na cabeça e no coração desse padre.

Caio riu com gosto. Sentiu-se menos nervoso.

— Você fala do padre como se ele fosse...

— Um homem, ora! Atrás daquela batina esconde-se um homem. Escute — Sarita pousou suas mãos na dele —, procure padre Osório.

— Procurá-lo? Por quê?

— Para se confessar. Você bem sabe que um padre guarda muito bem nossos segredos. Converse com ele antes de partir.

— Partir, Sarita?

— E tem outro jeito? Não seria nada agradável a cidade descobrir que Loreta Del Prate deitava-se com um jovem da sua idade, Caio. A hipocrisia da sociedade arrasaria tudo o que ela fez de bom para Bauru. Sua reputação seria destruída e toda a ajuda prestada à cidade seria ignorada. Loreta não merece isso. Nem a cidade.

— Tem razão. Preciso sumir por uns tempos.

— Sim. Por uns tempos — repetiu Sarita. — Daqui a um mês o assunto vai se esgotar e todos vão esquecer.

— Uma temporada longe daqui não faria mal.

— Você tem razão, querido. Ademais, você poderia arrumar uma grande encrenca com a família da Loreta. Imagino a crueldade dos filhos caso soubessem como ela morreu e que você estava com ela no momento de sua morte. Nem quero pensar a respeito.

— Família? Filhos? Ela não era viúva e sozinha?

Sarita deu uma risadinha irônica.

— Loreta, infelizmente, deu à luz dois seres desprezíveis.

— Como assim? — indagou, sem entender.

— Ela era mulher muito bacana, mas seus filhos... — Sarita fez um esgar de incredulidade. — Bom, os dois filhos de Loreta são ardilosos, intragáveis.

— Os dois?

— Hum, hum. E, mesmo sendo insuportáveis, são figuras conhecidas e respeitadas em todo o território nacional.

— Mesmo?

— Sim. Gregório, o mais novo, é solteiro e as más-línguas dizem que não gosta de mulher, por esse motivo se mudou para a capital, a fim de não ser recriminado. Afinal, morando na maior cidade do país, é mais fácil dissimular sua preferência por rapazes. Com o dinheiro da herança, recebido após a morte do pai, ele se instalou confortavelmente num apartamento em um bairro nobre da capital e montou uma empresa que fabrica perfumes. Deu-se muito bem por um tempo. Seus produtos caíram no gosto do seleto e exigente público e fazem sucesso — ela fez uma pausa. — Espere um pouco.

Sarita saiu e voltou sobraçando uma revista. Folheou algumas páginas e apontou para uma propaganda de página inteira.

— Nunca ouviu falar na marca de perfume Nero?

— Claro que já. Todo homem de bom gosto e com dinheiro usa esse perfume.

— Dizem que até exportam o perfume para diversos países. É Gregório quem fabrica esse perfume.

— Ele deve mesmo ser cheio da nota.

— Parece que ele é excêntrico, gasta demais com seus meninos e vive em dificuldades financeiras. Vira e mexe estava por estas bandas, implorando à mãe que lhe desse mais dinheiro. Viviam às turras, Loreta e o filho. Agora ele vai queimar de vez a parte da herança que lhe cabe.

Caio interessou-se.

— E o outro filho?

— Um pulha, um casca de ferida — Sarita riu. — E bota ferida nessa casca. Genaro, o filho mais velho, tem o nome do pai. É inescrupuloso, mesquinho, autoritário, odeia ser contrariado. É grosso e estúpido. Tornou-se político corrupto e finge ser carismático para o povo. Foi vereador aqui na cidade.

— Não me lembro.

— Você era garoto. Genaro se envolveu num esquema de corrupção e quase teve o mandato cassado. Entretanto, como tem amigos influentes no poder, saiu ileso. Ele é forte candidato para o cargo de deputado federal às eleições diretas deste ano.

— Como sabe de tanta coisa?

— Ora, trabalho no prostíbulo mais famoso do Brasil. Aqui sabemos de tudo e de todos.

— Com tanta gente importante que vem aqui...

— Pois é, meu lindo. Somos garotas bem informadas — ela encostou o dedo no queixo. — Creio que você faz bem em partir. Talvez tenha chegado a hora de tentar a carreira de modelo. Fotográfico, de preferência.

Caio riu, irônico.

— As únicas fotos que tirei na vida foram para os boletins de escola e para o documento de identidade. Não sou fotogênico.

— Eu diria que você está redondamente enganado, meu caro. Você tem porte e rosto de modelo. Se souber como encontrar e se relacionar com as pessoas certas, vai fazer carreira de sucesso. Acredite.

— E o que faço?

— Como disse, tem de partir, de preferência hoje.

— Assim, sem mais nem menos?

— Tem alternativa?

— Não. Até pensei nisso. Sinto que devo partir, mas não tenho recursos. Eu não tenho dinheiro para a passagem. Será que você podia me ajudar?

— Com o maior prazer. Tenho algumas economias e posso lhe emprestar algum dinheiro.

Caio sorriu aliviado, mas logo seu semblante contraiu-se. Sarita perguntou:

— O que foi?

— De que adianta passagem se não conheço ninguém lá na capital?

— Isso é o de menos. A passagem eu lhe dou de presente. E, quanto à morada em São Paulo, eu lhe faço uma carta de recomendação.

— Como assim? Para quê?

— Tem uma ex-colega nossa de trabalho que se deu muito bem anos atrás. Conheceu um figurão rico aqui no bordel, tornou-se amante dele e, quando o velho morreu, deixou para ela um sobradão lá na capital. Fani transformou o sobradão numa pensão e vive disso. Ela poderá lhe dar guarida por uns tempos. Fani é muito generosa, uma boa mulher. Tenho certeza de que vai ajudá-lo.

Caio mordeu os lábios. Passou a mão pelos cabelos. A ideia não era má. Iria para a capital, tentaria ser alguém bem-sucedido. Estava cansado da vida sem perspectivas em Bauru. Na verdade, se continuasse no interior, sem estudo, Caio vislumbrava um futuro totalmente embaçado, pobre e sem atrativos. São Paulo era o centro do país, a locomotiva que movia o Brasil, acreditava ele. Poderia ter muitas possibilidades de trabalho, conhecer gente importante, e até tornar-se alguém de fama e prestígio. Por que não?

— Você faria tudo isso por mim? De verdade?

Ela sorriu maliciosa.

— Posso sim, desde que você se despeça de mim. Vou sentir saudades do garotão. Venha.

Caio devolveu o sorriso malicioso e subiram até o quarto de Sarita. Chegando lá, ele a deitou e a amou com toda a intensidade, num misto de desejo e gratidão por tudo o que ela lhe fizera.

Sarita era uma mulher linda, de vasta cabeleira negra e lisa que corria até a cintura. Ela adorava tomar banho de sol nas horas vagas e, por conta disso, a pele adquirira uma tonalidade da cor que o diabo e a maioria dos homens gostam. Os olhos negros e as sobrancelhas espessas conferiam-lhe ar sedutor, tanto que alguns clientes a chamavam de Pantera. Essa pantera era muito disputada pelos clientes. Tinha um corpo de fazer inveja, bem torneado, cheio de curvas pecaminosas.

Após se amarem, descansaram. Acordaram bem-dispostos.

— Você merece uma vida melhor, Sarita.

— Também acho, meu querido — ela assentiu. — Nunca tive preconceitos e a vida me empurrou para este trabalho. Contudo, tenho repensado minha vida... Creio que vou me confessar com o padre Osório. Quem sabe ele me entende.

— Sarita! — exclamou Caio. — Você gosta tanto assim do padre Osório?

— Sim. Às vezes vou à missa só para vê-lo, mais nada. Por duas vezes nossos olhares se encontraram e eu sei que ele me olha diferente.

— Você, apaixonada por um padre! Essa é boa.

— Que mal há nisso? Além do mais, não pago um centavo por sonhar.

Caio a abraçou e a beijou na face.

— Você tem alguma formação?

— Comecei o curso de secretariado, mas, por falta de grana, tive de parar. Meus pais morreram num acidente de carro e eu nunca me dei bem com meu irmão. Ele já era casado na época do acidente e não se mostrou muito disposto a me ajudar. Sozinha e sem recursos, uma noite conheci um cavalheiro que me prestou ajuda. Saí de Goiânia e vim direto para a Casa da Eny. Entretanto, aprendi minha lição.

— Que lição, Sarita? — indagou o jovem, interessado.

— Aprendi que sexo é bom. Usá-lo como profissão não é errado, contudo, não me faz bem. Eu acredito em Deus, em algo invisível que rege esse Universo todo. Sou mais que a tal da pantera, sou mais que esse corpo — disse, fazendo um gesto e apontando para si mesma. — Conforme tenho me dado valor e tido consciência de que posso ser dona de meu destino e mudar a hora que bem entender, fico com menos vontade de flanar pelo mundo da prostituição. Quero voltar a estudar, concluir o curso de secretariado, encontrar um bom moço, quem sabe um ex-padre — ela sorriu maliciosa —, e ser feliz, constituir família.

— Você é especial, Sarita — volveu o rapaz, de maneira sincera. — Espero um dia poder retribuir a ajuda que está me oferecendo. Ainda vamos nos encontrar no futuro e, quem sabe, poderemos ficar juntos.

Ela riu.

— Não se iluda. Osório é minha cara-metade. Você ainda vai encontrar a sua.

— Como pode afirmar uma coisa dessas?

— Intuição feminina — ela sorriu. — Eu poderei encontrá-lo no futuro e ser sua amiga, mas nunca serei sua mulher. Posso me deitar com vários homens, mas o meu coração é de um homem só.

Ele fez uma careta.

— O tal padre.

— É. Enquanto eu tiver esperanças, não vou desistir.

— Queria amar alguém, de verdade.

— Há alguém no seu caminho.

— Fala de um jeito... até me deu um arrepio!

— Minha intuição é afiada, não me engana. Algo me diz que você precisa partir. Agora é que sua trajetória de evolução vai ter início.

— O que é isso?

— Você verá. Ou melhor, vai sentir na própria pele. Para seu bem, é claro.

Sarita o beijou delicadamente nos lábios e deitou a cabeça sobre o peito musculoso e bem torneado do rapaz. Para Caio, além de um mulherão, Sarita era seu anjo bom, uma mulher de princípios, de valores. Não era hipócrita e parecia ser dona de si. Inspirava confiança. Iniciara-o no sexo, ensinara-lhe as artes secretas do amor, era amiga leal e estava lhe dando o empurrão que faltava para tomar coragem e mudar de uma vez por todas para a capital do Estado.

Caio voltou para casa aliviado. Pegou uma maleta, arrumou algumas roupas e pertences. Próximo da hora do almoço, Rosalina chegou. Tinha saído da missa e passado na padaria. Trazia um saquinho de leite e dois pãezinhos embrulhados num papel amarronzado.

— O que está fazendo?

Ele se aproximou de Rosalina e a abraçou com carinho.

— Está na hora de partir, mãe. Preciso me tornar gente, ganhar dinheiro. Quero tirá-la daqui desta casa, dar-lhe uma vida boa. Não quero que trabalhe para sempre e...

Rosalina pousou delicadamente o indicador nos lábios do filho.

— Você nunca pertenceu a esta cidade. Sabia que em breve partiria.

— Ao mesmo tempo me dá medo. Não queria que ficasse sozinha.

— Sei me virar. Ainda sei e posso tomar conta de mim — ela sorriu.

— Estou com dezenove anos, não tenho formação, sempre a ajudei fazendo bicos por aí. Em São Paulo — os olhos dele brilharam emocionados —, terei condições de trabalhar, crescer e ganhar dinheiro. Você sabe que acalento esse sonho há anos.

— Eu sei. Pode ir em paz, meu filho.
— Não sabia como lhe contar sobre essa vontade súbita de partir e...
— E?
— Percebo que está muito calma para o meu gosto.
Ela o beijou na fronte.
— Estou tranquila, em paz. Eu sabia que você partiria. A Norma me contou.
— A Norma lhe contou?!
— Sim.
— Quando foi isso, mãe?
— Algumas semanas atrás. Por essa razão, estou em paz.
— De novo isso? — perguntou, com a voz irritadiça.
— Por que fica bravo toda vez que converso com Norma?
— Porque não é normal, mãe. Isso me dá até arrepio — redarguiu o jovem, enquanto sacudia o corpo.
— Ela é sua irmã, sempre se preocupou com você. Ela me contou dia desses que você partiria e que eu deveria aceitar. Disse que você precisará passar por determinadas situações na vida, a fim de confrontar e libertar-se das ilusões que impedem seu espírito de amadurecer. Sem esse confronto, seu espírito não vai sossegar.
— Ideia louca essa, mãe.
— Tudo isso tem a ver com o seu passado.
— Passado? Que passado?
— Vidas passadas. Norma teve acesso a algumas de suas vidas passadas e me contou tudo. Sua irmã me afirmou que o seu espírito não vai sossegar enquanto não sentir na pele as injustiças que provocou no passado. Norma disse que tudo poderia ser diferente, mas você não quer crescer de outra forma. Ela me afirmou também que você poderia evitar o sofrimento e se libertar da culpa com inteligência e sabedoria.
— Mãe, assim você me preocupa. Não gosto quando fala nesse tom. Isso é coisa de gente desmiolada, biruta. Desde

que Norma morreu, você tem falado em outras vidas, em reencarnação. Você já perdeu seu marido e sua filha, faz sentido apegar-se a alguma religião para diminuir o sofrimento, mas não venha com esse papo-furado.

— Ninguém aqui falou em religião, meu filho. Mesmo porque Espiritismo não é religião, mas doutrina filosófica. E eu estou falando sobre as verdades da vida, sobre a existência do espírito que habita nosso corpo físico. Isso não está ligado a nenhuma religião, mas sim ao conhecimento dos valores espirituais.

— Não gosto desse tipo de assunto.

— Sinto-me aliviada. Transmiti o recado de sua irmã. Agora cabe a você decidir o que fazer.

— Eu saberei me virar — ele hesitou por instantes. Afinal, será que Rosalina ouvira algum comentário logo cedo sobre a morte de Loreta? Isilda era bem discreta e as notícias ainda iriam demorar a correr. Mesmo assim, ele procurou saber: — Você ouviu alguma coisa aí na rua?

— Ouvi, sim.

Ele mordeu os lábios com força para dissimular sua angústia. Será que a cidade já estava a par do ocorrido? Ele timidamente perguntou:

— O que foi que ouviu?

— Estava na padaria e, na fila, vi um amontoado de gente em volta do rádio. Era notícia de morte. De gente famosa.

Caio sentiu as pernas falsearem por instantes e balbuciou:

— Quem mo... morreu?

Rosalina deu de ombros.

— Não sei ao certo. Não dei tanta atenção, mas acho que era mulher. E muitas pessoas pareciam estar consternadas. Deve ser pessoa muito querida.

Caio encostou-se na parede, a fim de não ir ao chão. Agora tinha certeza. A notícia da morte de Loreta vazara e logo ele seria procurado pela polícia. Tinha de partir o mais rápido possível. A cidade já sabia do crime. Ele respirou fundo e confessou:

— Eu a amo muito, mamãe.

— Eu e sua irmã também o amamos. Queremos o seu bem.

— Você só se esqueceu de que Norma está morta há alguns anos — retrucou, a fim de afastar os pensamentos que corroíam sua mente.

— E que problema tem?

Caio levou a mão à boca para evitar o estupor.

— Fala com uma naturalidade sem precedentes! Os mortos não falam. Estão mortos, ora.

— Tsc, tsc — fez Rosalina, estalando a língua no céu da boca. — Eu sou iletrada, mas tenho um pouco de conhecimento espiritual. Sua irmã tem me passado muitos ensinamentos e está mais viva do que nunca. Seu espírito vive numa outra dimensão. Norma encontra-se tão viva quanto eu e você.

— Não quero discutir.

— Estou fazendo supletivo, quero aprender a ler corretamente para comprar livros de Allan Kardec e de cunho espiritual. Quero conhecer tudo o que foi publicado sobre o mundo de lá — ela apontou para o alto — e sua relação com o nosso mundo. Sabia que o mundo espiritual influencia sobremaneira o mundo da Terra?

— Essa é boa. As coisas acontecem aqui porque têm de acontecer e ponto final.

— Ledo engano, meu filho. Na verdade, fazemos parte do mundo de lá. A gente vem para cá por um tempo, somente para fazer com que nosso espírito vá se tornando cada vez mais lúcido, livrando-se dos medos, das inseguranças, além de resolver situações pendentes do passado, que martirizam nossa consciência e impedem nosso espírito de alçar voos maiores em outros mundos.

— Mundo de lá... Sei, sei. Eu não acredito em nada disso. Se Norma pudesse se fazer presente, aqui e agora, na minha frente, eu poderia começar a mudar meus conceitos.

— Ela não pode fazer isso, meu filho, por dois motivos. Primeiro, porque você não possui mediunidade educada para enxergar os espíritos e, segundo, ela diz que você vive preso ao mundo das ilusões, por conta disso, está envolvido numa vibração cujo teor a afasta de você. É como se você tivesse algo ao seu redor que repele o contato com sua irmã — Rosalina tentou explicar na sua maneira simples, porém sábia, de enxergar a vida. — É mais ou menos assim: imagine quando você entra em casa e sente um cheiro forte, mas ruim, desagradável, que o enjoa. O que você faz?

— Saio correndo. Por que vou sentir um cheiro que vai me fazer mal?

— Pois bem, é como se você tivesse esse cheiro esquisito. Norma tem dificuldade de se aproximar. O máximo que ela consegue é transmitir-lhe algumas ideias a distância, mais nada.

Caio riu gostoso.

— Prometo que vou pensar no assunto — ele a abraçou com carinho e uma lágrima sentida escorreu pelo canto do rosto. — A Norma me faz muita falta.

— Se mudar seus conceitos acerca da vida e da morte, a falta que sua irmã lhe faz pode ser amenizada.

Ele se afastou da mãe e nada disse. Apanhou o resto de seus pertences, meteu tudo numa maleta. Rosalina afastou-se e voltou com um saquinho.

— O que é isso, mãe?

— Um dinheirinho guardado para emergências.

Caio ia falar, mas ela tapou sua boca com carinho.

— Isso estava reservado para você, meu filho. Não vai me fazer falta. Por favor, fique com esse dinheiro. Por consideração a mim e à Norma.

Caio caiu num choro sentido. Precisava desabafar, contar à mãe o que acontecera naquela noite, mas não tinha coragem. Rosalina era pura de coração e não merecia o desgosto de saber sobre as peripécias do filho. A notícia já chegara ao rádio e ele precisava partir. Não tinha muito tempo para estender a despedida. Nem iria procurar por padre Osório. Ficaria para outra ocasião. O tempo urgia.

Caio abraçou a mãe com carinho.

— Obrigado pela força que está me dando. Eu vou retribuir toda essa ajuda, pode acreditar.

Norma, em espírito, sorria para ambos. O teor da conversa e o amor sincero que emanava de Rosalina e Caio permitiu que ela pudesse achegar-se deles. Com delicadeza, aproximou-se e abraçou-se aos dois, iluminando toda a pequena casinha de madeira naquele bairro pobre e distante, encravado nas extremidades de Bauru.

CAPÍTULO 3

Munido de pequena maleta numa mão e um papel amarrotado com o endereço de Fani em outra, Caio saltou do ônibus, na estação Júlio Prestes. Olhou para a cobertura colorida que revestia a rodoviária e se emocionou. O sol refletido por aqueles arcos dava um novo colorido à sua nova etapa de vida.

O rapaz saiu da estação e mal podia acreditar na quantidade de gente que entrava e saía, na multidão que andava pelos arredores, um grande formigueiro humano. Ao ganhar a rua, avistou a torre da estação da Luz. Caio sorriu.

— São Paulo, aqui estou! Por favor, trate-me com carinho — ele falou para si e foi caminhando até um ponto de ônibus.

Indagou a um senhor na enorme fila que se formava para se entrar no veículo:

— Sabe como chego até a Rua Humaitá, na Bela Vista?

— Sei não — respondeu o homem, coçando o queixo.

Caio foi perguntando às outras pessoas que estavam na fila, até que um rapaz, de aspecto simpático, aproximou-se e retorquiu:

— Meu ônibus passa próximo dessa rua. Quando chegarmos perto, eu lhe aviso ou até desço e lhe mostro onde fica.

— Obrigado, moço.

— Por nada. Sabe, esta cidade, além de grande, é cheia de teias, praticamente uma arapuca. Cidade grande tem muita violência, muita gente má, inescrupulosa. Você precisa fazer logo boas amizades, senão pode se dar muito mal.

Caio admirou-se com a postura do rapaz. Agradeceu a gentileza e foi puxando conversa.

— Você é daqui da cidade?

— Não, sou do Rio de Janeiro. Quer dizer, do interior do Estado. Minha família é de Vassouras.

Caio pousou a maleta no chão e estendeu-lhe a mão.

— Prazer, meu nome é Caio.

O rapaz retribuiu.

— Prazer. O meu é Guido.

— Nome diferente. Guido. Nunca ouvi antes.

O rapaz baixou o tom de voz, como se estivesse fazendo uma confissão sagrada:

— O meu nome, de verdade, é outro.

— Qual é?

Guido falou de maneira misteriosa:

— A minha profissão exige que eu adote um nome, digamos, mais charmoso.

— E o nome Guido tem charme?

— Pois se tem! Eu invento histórias, conto que minha família veio da Itália, que meu avô foi perseguido pelo ditador Benito Mussolini durante a Segunda Guerra Mundial. Floreio bastante sobre o meu passado. A clientela adora.

— Clientela? Que clientela?

— Depois eu te conto — respondeu Guido, entredentes.

Caio deu de ombros. Não se interessou em saber seu nome verdadeiro, tampouco o que fazia. Gostara do rapaz, parecia ser simpático.

— Você me é familiar. Eu o conheço, não?

Guido esticou o lábio. Fez negativas com a cabeça.

— Nunca nos vimos antes.

— Sinto como se o conhecesse. Engraçado... nunca o vi, mas parece que o conheço há tempos.

— Impressão. Talvez a minha simpatia, hospitalidade, sei lá — Guido prosseguiu: — Você veio de onde? Com esse sotaque, só pode ser do interior de São Paulo.

— Está tão forte assim?

Guido riu.

— *Forrrte*. Não precisa carregar tanto na letra erre.

— Eu nem percebo.

— Isso pode se tornar seu charme, sua marca registrada.

— Para quê?

— Não sei ainda. Poderá ser útil no futuro.

— Não vejo como.

— Veio de onde?

— De Bauru.

— E veio fazer o que em São Paulo?

Caio titubeou. Não seria de bom-tom dizer logo de cara que ele, recém-chegado do interior, tinha vindo à cidade grande para se tornar modelo famoso. Procurou dissimular.

— Vim tentar a sorte.

— Tem algum parente, algum lugar para ficar?

— Tenho um endereço. Devo procurar uma senhora que tem uma pensão na Rua Humaitá.

— Olha, acho meio difícil você chegar lá, pelo menos nas próximas horas.

— Não entendi.

Guido meneou a cabeça para os lados. Sorriu.

— Ei, em que mundo você vive?

— Por quê?

— Porque a Rua Humaitá é uma travessa da Avenida Brigadeiro Luís Antônio.

— E?

— Essa avenida está interditada hoje porque o corpo da cantora Elis Regina está sendo velado no Teatro Bandeirantes.

— A Elis Regina morreu?

— Ontem. Ninguém sabe direito de quê. Também não interessa. Ela morreu mesmo. Pena que não vamos mais poder escutar sua linda voz, vê-la com seus gestos e ideias irreverentes na tv. Elis já faz falta — finalizou, com a voz embargada.

Caio impressionou-se.

— Você é um rapaz sensível e inteligente.

— Obrigado. A vida me ensinou bastante coisa.

— Mas, se eu não posso ir até a Rua Humaitá, o que vou fazer?

A fila começou a andar e os dois subiram no ônibus. Guido foi gentil e pagou as passagens. Caio sorriu. Mal chegava à cidade e conhecia um cara bacana. Tinha uma ideia de que o pessoal da cidade grande era metido e reservado, frio e impessoal. Não era essa a impressão que ele verificava na prática. Sentaram-se.

— Você pode ir até meu apartamento.

— Mora só?

— Divido com um amigo, lá no bairro dos Jardins. Trata-se de um dos endereços mais chiques de São Paulo. Você pode ficar comigo.

— Seu amigo não vai reclamar? Sou um estranho.

— De jeito algum. Maximiliano está a trabalho em Londres e deve voltar perto do carnaval. Estamos em janeiro e, se você precisar, pode ficar comigo até ele chegar.

— Fala sério?

— Claro. Fui com a sua cara. Você parece ser um cara legal. Inspira-me confiança.

Caio sorriu emocionado. Lembrou-se de Sarita. Havia muita gente boa no mundo, pensou.

— Obrigado pela ajuda e pela força, Guido.

Guido era um moço nem bonito nem feio. Cabelos loiros, encaracolados, olhos grandes e boca carnuda. Possuía corpo bem-feito, atlético. Tinha estatura mediana, seu sorriso era encantador, embora seus olhos amendoados fossem enigmáticos e misteriosos. Era necessária muita perspicácia para medir a sinceridade do rapaz. Estava com vinte e um anos de idade.

O rapaz sorriu e, no trajeto, foi mostrando a Caio os pontos conhecidos da cidade, os prédios, monumentos, ruas e avenidas famosas. Caio não desgrudava os olhos da janelinha do ônibus e absorvia toda a informação que recebia com felicidade. Seus olhos emocionavam-se a cada indicação de Guido. A catedral da Sé, o viaduto do Chá, o Teatro Municipal, o famoso prédio da finada loja Mappin, tudo o encantava. Parecia um garoto que acabara de ganhar um brinquedo no Natal. Sua chegada a São Paulo não poderia ser melhor...

Enquanto Guido lhe servia de guia, Caio agradecia aos céus pela nova amizade.

O ônibus teve de parar por um bom tempo. O motorista nem mesmo podia fazer um caminho alternativo. O engarrafamento era enorme. Todas as vias próximas à Avenida Brigadeiro Luís Antônio e adjacências estavam entupidas de carros e de gente. Muita gente que queria ir até o teatro para dar adeus à maior cantora do Brasil.

Os rapazes saltaram do ônibus.

— Acompanhe-me — solicitou Guido.

Caio assentiu com a cabeça e misturaram-se à multidão.

— Olhe — apontou Guido —, o caixão está sendo colocado no caminhão do Corpo de Bombeiros.

Os dois pararam numa esquina e, acotovelados entre muitas outras pessoas, permaneceram ora em silêncio, ora cantarolando músicas que fizeram sucesso na voz de Elis. Caio sensibilizou-se com seu novo amigo. Guido cantava e chorava ao mesmo tempo, assim como todos ao redor.

— Eu gostava muito dela. O Maximiliano tem muitos discos da Elis lá no apartamento. Vamos — ordenou —, de nada vai adiantar ficar aqui embaixo desse sol. Melhor irmos andando até o apartamento. Aguenta uns vinte minutos de caminhada?

— Claro.

— Vamos por aqui.

Caio o acompanhou e, meia hora depois, eles dobraram a Brigadeiro e entraram na Alameda Casa Branca. Pararam diante de um prédio bem apanhado, sofisticado, cuja opulência e beleza se faziam notar.

— Chegamos, meu caro.

— Nossa! — exclamou Caio. — Você mora aqui?

— Sim, por enquanto este aqui é o meu endereço. Espero que para sempre — retrucou Guido, de maneira arrogante.

Caio deu de ombros e não quis esmiuçar a vida de Guido. Nem queria. O rapaz estava sendo bom demais, mostrava ser amigo e lhe convidara para ficar hospedado em sua casa, sem cerimônias.

Guido cumprimentou o porteiro.

— Oi, Malaquias.

— Como vai, seu Guido?

— Bem. Este é meu primo, Caio.

— Como vai, seu Caio?

— Bem, obrigado.

Guido aproximou-se do porteiro.

— Ele vai passar um tempo aqui comigo, até o Maximiliano voltar. Portanto, comunique os outros empregados do prédio. Não quero, em hipótese alguma, que meu primo seja barrado na portaria, entendeu?

— Sim, senhor. Pode deixar.

Os rapazes se afastaram e pegaram o elevador. Ao entrarem, Caio coçou a cabeça, sem entender.

— Por que disse ao porteiro que sou seu primo?

— Para não arrumar encrenca. Este prédio é cheio de cerimônias, alguns moradores reclamam das visitas que recebo e o Max então...

— Max? Quem é Max?

Guido sorriu.

— Maximiliano, o dono do apartamento. O nome é muito comprido e todo mundo o chama de Max.

— Tem certeza mesmo que o Max não vai se incomodar de eu me hospedar na casa dele?

— Fique tranquilo. Ele é um bom camarada. Pode crer.

O elevador parou no andar e saltaram num hall decorado com gosto. Guido meteu a chave no trinco e, ao girar a maçaneta, foi como se Caio entrasse num mundo de sonhos. O apartamento de Max era puro requinte e sofisticação. Imenso, com janelas amplas e vista atraente, mobiliado com muito bom gosto, recheado de peças e obras de arte. Tudo arrumado de maneira perfeita, organizada.

Caio não sabia para onde olhar. Lembrou-se da Casa da Eny e da casa da família rica em que sua mãe trabalhava lá em Bauru, os únicos lugares que conhecera e julgara serem os mais lindos e sofisticados do mundo. Agora, no apartamento de Max, seu conceito de beleza e sofisticação adquiria novo grau de avaliação.

— Pode babar e, depois, estirar-se no sofá — sugeriu Guido, enquanto tirava a camisa e dirigia-se até o bar da sala. — Quer uma bebida?

— Não acha cedo?

— Não existe hora certa para um bom trago. Vai de quê?
— Sei lá. O que você vai beber?
— Uísque.
— Eu também quero.
— Puro ou com gelo?
— Duas pedras.

Guido pegou a garrafa e debruçou-a sobre dois copos já com gelo. O telefone tocou e ele correu a atender.

— Sim. Claro. Que horas? Perfeito.

Guido pousou o fone no gancho e voltou ao bar.

— Que maravilha! Recebi ligação de cliente.
— Cliente? — indagou Caio.
— Sim. Eu saio com algumas mulheres e recebo bom dinheiro para lhes dar prazer. São mulheres ricas, conhecidas da sociedade, de fino trato, mas que não podem ser vistas, porque senão a imprensa faz da vida delas um inferno. Foi difícil me tornar call boy, mas consegui.

Caio não entendeu.

— Call o quê?

Guido sorriu.

— Call boy, acho que vem de cowboy no inglês. São rapazes que fazem sexo com mulheres em troca de dinheiro. Tem também os chamados call taxi, que transam com homens. Eu sou uma mistura dos dois. Algum preconceito?
— Nenhum. Cada um faz o que quiser de sua vida.
— Pura necessidade — confessou Guido, dando de ombros. — Eu nunca saí com homens, mas um dia conheci o Max e então pintou um clima. No início me assustei um pouco, mas depois me acostumei. Transar com um homem ou com uma mulher, para mim, não faz diferença. E, de mais a mais, a mesada que Max me dá para ficar só com ele e mais ninguém é mais que satisfatória. Veja por si — apontou ao redor do apartamento —, levo uma vida de luxo, recebo um bom

dinheiro dele, ainda me satisfaço com as mulheres e ganho uns trocados.

— Max sabe que você sai com mulheres?

— Desconfia. Entretanto, ele viaja muito. E, quando ele viaja, eu aproveito e atendo minha clientela. Você poderia fazer isso também.

— Isso o quê?

— Ser um call boy. Você tem atributos que podem atiçar o desejo de uma mulher.

Enquanto Caio pensava nessa possibilidade, Guido serviu-se de uísque, deu meia-volta no bar e entregou o outro copo a ele.

— Um brinde a você.

— A mim?

— Sim, meu amigo. A você. Que São Paulo e as mulheres ricas desta cidade possam lhe dar tudo o que você sempre sonhou.

Encostaram os copos e beberam. Caio estalou os lábios com a língua. Nunca havia tomado um uísque tão puro e que descia tão bem garganta adentro. Estava com sorte. Havia saído de Bauru com medo, aturdido e cheio de inseguranças. Chegara à cidade grande e já encontrara um grande amigo para lhe dar atenção e suporte. Assim ele acreditava.

Caio foi acometido de leve tontura. Embora sentisse que esse não deveria ser, em hipótese alguma, seu caminho a seguir, viu-se tentado. Ele aprendera a fazer sexo e sabia ser bom de cama. As meninas da Eny haviam-lhe ensinado muitas coisas e ele poderia se dar muito bem nessa nova empreitada. Ganharia bastante dinheiro até se tornar modelo famoso. Será mesmo que precisava se tornar modelo?

A tontura tinha motivo. Caio chegara a São Paulo, mas não viera sozinho. Alguns espíritos que o acompanhavam em Bauru estavam ali presentes. Ao chegarem ao apartamento, esses espíritos, sedentos de prazer, sentiram-se no paraíso.

Caio e Guido não enxergavam nem percebiam, mas no apartamento havia um grupo de mais ou menos trinta espíritos, que entravam e saíam, bebiam e colavam-se à aura de Guido, potencializando no jovem o desejo pelo sexo fácil e desprovido de qualquer sentimento nobre.

A consciência de Caio implorava para que ele negasse a proposta de Guido e tomasse novo rumo na vida. Todavia, sua mente perturbada pela horda de espíritos sedentos por sexo, bebida e outras paixões típicas da vida terrena mal escutava a consciência. E a proposta de Guido tornava-se uma possibilidade bem interessante para a sua vida.

CAPÍTULO 4

Luísa fechou a porta do closet com raiva. O barulho assustou a empregada.
— O que foi?
— Nada, Eunice. Nada. Estou nervosa, só isso.
— Outra briga?
Luísa suspirou profundamente. Abriu e fechou os olhos algumas vezes. Abraçou-se a Eunice.
— Você me conhece desde pequena. Quando me casei exigi que mamãe a liberasse para vir morar comigo. Você é como uma mãe para mim. Vou lhe contar um segredo.
Eunice emocionou-se.
— Eu sei disso, minha querida — apertou-a de encontro ao peito. — O que está acontecendo? Quer se abrir comigo?

— Genaro tem me tratado de maneira tão estúpida! Era tão diferente quando namorávamos...

— Tenho percebido as alterações de humor dele. Realmente Genaro parecia ser outro homem quando vocês estavam noivos.

— Não entendo, Eunice. Ele era carinhoso comigo e me respeitou de verdade. Embora vivendo numa época moderna como a atual, em que a sociedade rompeu com vários tabus, ele exigiu que eu me mantivesse pura e virgem até o casamento. Confesso que foi difícil reprimir meu instinto, os meus desejos e quase cedi. Pensei que após o casamento teríamos uma vida íntima satisfatória e feliz. Não é o que acontece.

— E esse arroxeado no pescoço?

Luísa mordeu os lábios com raiva.

— É esse o segredo.

Eunice meneou a cabeça para os lados.

— O que aconteceu? Conte-me.

— Quando eu reclamo de sua brutalidade, Genaro fica mais nervoso. Essa noite ele ficou tão bravo que apertou meu pescoço.

— Isso não se faz, meu Deus! — choramingou Eunice. — Eu creio que o melhor a fazer é se separar.

— Genaro disse que só será possível depois das eleições. Ele afirmou com todas as letras que me mata se eu tentar manchar sua reputação de bom homem. Veja só, Eunice, o Genaro é pessoa benquista pela mídia. Todos o julgam simpático e charmoso. O político ideal para um novo Brasil.

— Tanta hipocrisia! Seu marido não passa de um homem inescrupuloso e corrupto. Um dia ele terá de arcar com tudo isso.

— Aqui, neste país? — indagou Luísa, em tom de deboche.
— Esta é a terra dos espertos. Infelizmente, não vivemos num mundo justo.

Eunice a apertou novamente de encontro ao peito.

— Não diga isso, minha querida. Ainda vai ser muito feliz. Você merece.

Continuaram abraçadas por mais algum tempo, até que ouviram a voz grave e irritante de Genaro romper pela casa. Luísa assustou-se.

— Ele nunca vem para casa antes do anoitecer. O que será que aconteceu?

Genaro subiu os lances de escada de maneira rápida e entrou abruptamente no quarto. Mal olhou Luísa ou Eunice. Foi direto para o closet, meneou a cabeça e escolheu um terno escuro. Ordenou:

— Eunice, tire os amassados deste terno. Ele precisa estar impecável.

— Sim, senhor. Para quando?

— Para ontem, mulher — ele atirou o terno sobre os braços dela. — Seja rápida, o motorista nos aguarda. Eu e Luísa vamos viajar. Agora.

Luísa estava atônita.

— Viajar? Agora?

— Estou falando em outro idioma? — retrucou Genaro, num tom ríspido.

— Para onde?

— Bauru.

— Ora, seus comícios começarão somente quando oficializarem sua candidatura e...

Genaro a cortou.

— Que comício, que nada! Vamos a um enterro. Vista-se com apuro, com elegância. Mulher minha tem de estar bem vestida sempre. Entendeu?

Genaro falou e foi tirando a roupa do corpo, caminhando para o banheiro.

— Seja rápida, nada de demora. Vou me banhar e, quando estiver botando a gravata, quero você pronta.

Luísa assentiu com a cabeça. Entrou no closet e escolheu um conjunto preto, composto de casaquinho e saia. Bem elegante, bem discreto, perfeito para a ocasião. Ela debruçou a roupa sobre a cama, com delicadeza, e caminhou para o banheiro. Genaro estava se enxugando.

— Quem morreu?

— Sua sogra.

Luísa não entendeu de pronto.

— Hã? O que disse?

— Minha mãe morreu. Ataque cardíaco.

Luísa levou a mão à boca.

— Pobre Loreta. Meu Deus!

Ela caminhou até o marido e o abraçou.

— Oh, querido. Agora entendo por que está tão nervoso e tão agitado. Por que não me disse antes? Por que não me telefonou? Creio que você deva estar triste, bastante abalado e...

Luísa parou de falar. Genaro a estava mordiscando a orelha, o pescoço. A aproximação da esposa o excitou. Ele largou a toalha e a abraçou com força.

— Genaro, o que é isso?

— Eu a quero agora.

— Por favor... como pode? Sua mãe acabou de morrer, não tenho cabeça para intimidades. Não agora.

— Eu a quero.

— É absurdo e...

Ela procurou afastar-se, mas Genaro era bem mais forte. Ele a apertou e em seguida arrancou sua roupa. Atirou Luísa contra o chão frio do banheiro e a possuiu ali mesmo. Ela chorava baixinho. Fechou os olhos e orou a Deus para que a matasse naquele instante, tamanha dor e sofrimento, enquanto seu marido praticamente a estuprava, sem dó nem piedade.

※

O carro que levava Genaro e Luísa chegou a Bauru por volta das quatro da tarde. Luísa foi calada, óculos escuros, olhos inchados de tanto chorar, fosse pela violência sofrida horas antes, fosse pela morte da sogra. Ela gostava de Loreta, muito. A própria sogra a havia alertado sobre o comportamento bruto e insensível do filho, mas Luísa deixou-se levar pela ilusão. Sonhava em casar e ter filhos. E julgara Genaro ser o marido ideal para a realização de seus sonhos.

Filha de um cafeicultor da região de Campinas, Luísa cresceu coberta de regalias. Os negócios da família foram de mal a pior e eles perderam tudo. Apareceu um pequeno negócio de terras para seu pai em Bauru e assim mudaram para a cidade. Luísa conheceu Genaro na festa em que ele fora coroado o mais jovem vereador do município.

Neuza, mãe de Luísa, frustrada com a vida pobre e procurando oportunidades para se tornar rica novamente, a qualquer custo, viu na filha uma mina de ouro. Fez de tudo para que ela se casasse com Genaro. Gastou o que não podia, fez jantares, praticamente vendeu Luísa ao político.

Luísa hesitou ante o casamento, não o amava. Será que deveria mesmo se casar?

— O amor vem com o tempo — garantia a mãe.

O tempo passou e o amor não veio. Luísa ao menos queria ter um filho para dar um novo colorido à relação, mas havia algo de errado, fosse com ela, fosse com o marido. Estavam casados havia cinco anos e ela não engravidava. Nem com reza braba.

Genaro queria uma mulher pura, virgem, cujo passado, caso esmiuçado, não comprometesse o grande plano para seu futuro: tornar-se presidente do Brasil. E Luísa era moça bonita, recatada, estudara em bons colégios, era fina, trejeitos elegantes, cativava as pessoas com seu sorriso açucarado. Era a esposa ideal para um político com as pretensões de Genaro.

Sabendo da hesitação de Luísa, na época com apenas dezessete anos de idade, Genaro prometeu a Neuza que, se ela convencesse a filha a se casar com ele, todos sairiam no lucro. O político prometera a Neuza gorda pensão vitalícia, o que encheu de cobiça os olhos de sua futura sogra.

Não obstante, a vida de casado não se mostrava tão encantadora assim. Genaro, quinze anos mais velho que Luísa, mostrara-se homem bruto e agressivo. Transava com a esposa como se estivesse sobre um animal ou uma boneca inflável. Machucava Luísa, quase a sufocava com seu peso e sua falta de amabilidade. Terminava de amá-la, pegava um paninho na cômoda ao lado da cama, limpava-se, virava-se de lado e dormia, ronco alto, noite adentro.

Luísa chorava por inúmeros motivos, fosse de dor, de falta de prazer, por sentir-se usada e mal-amada. Encheu-se de coragem e, certo dia, tentou conversar com o marido sobre a intimidade de ambos.

— Querido, precisamos ter uma conversa séria.
— Que conversa? — perquiriu ele, tom seco e agressivo.
— Sobre nossa vida sexual.
— O que tem ela?
— Eu não sinto prazer e...

Genaro a cortou secamente.

— E quem foi que disse que você tem de sentir prazer?
— Bom, é que eu li numa revista feminina...
— Que absurdo é esse?
— Genaro, estamos vivendo em uma época de liberação de costumes, a mulher pode e deve sentir prazer com o companheiro. Não acho justo você deitar-se sobre mim e mal se importar se eu sinto ou não...

Luísa não terminou de falar. Iria continuar, de maneira delicada, e repreender o marido pelas atitudes brutas e indelicadas. Estava com vontade de afirmar, de maneira corajosa e sincera, que ela estava insatisfeita e ele precisava ser mais gentil. A conversa foi suspensa por violento soco que atingiu em cheio o olho esquerdo. Luísa mal teve tempo de se defender, de tão inesperado. O soco de Genaro levou-a ao chão, sem dó nem piedade.

— Mulher minha não trata desses assuntos comigo. Você é minha esposa, e não uma meretriz. Comporte-se e nunca mais toque nesse assunto.

Esse fora o primeiro — dentre muitos — socos na cara. Genaro a reprimira com veemência e não queria mais tocar no assunto.

Para agravar a situação, o tempo passava e Luísa não engravidava. Genaro começava a perder a paciência com ela. Queria e precisava ter filhos. Todo político que se preze, acreditava, tinha de ter, mesmo que aparentemente, uma linda e bela família.

— Depois do enterro, assim que chegarmos a São Paulo, quero um filho.

— Precisamos ir ao médico — falou ela num tom indiferente. — Doutor Ribeiro disse que precisamos fazer exames e...

— Cale a boca! — bramiu Genaro. — Você não quer engravidar. Sei que toma pílula escondido.

— Quem disse isso? Eu nunca tomei pílula. Sempre sonhei em ter filhos.

— Sou cabra-macho. Tenho leite.

— Algum de nós deve ter problemas.

— Só se for você — contrapôs Genaro, de maneira brusca. — Vai ver é seca. Além de chata, é seca. Como pude arrumar uma mulher tão inútil?

Luísa não respondeu. Não adiantava argumentar com Genaro. A palavra dele era lei. Sempre.

O motorista encostou o carro no meio-fio. Desceu e abriu a porta para Genaro. Ele saiu e puxou a esposa de maneira nada delicada.

— Comporte-se — falou baixinho entredentes. — Sou muito conhecido em Bauru. Quero que chore muito e finja sentir bastante a morte de minha mãe.

— Eu não preciso fingir — retrucou Luísa, com a voz já embargada. — Eu gostava muito de sua mãe e minhas lágrimas são sentidas. Não sou como você, que mal derrubou uma lágrima até agora e parece estar feliz com o fato de ela não estar mais entre os vivos.

— E estou.

— Não acredito no que ouço, Genaro.

— Mamãe era um tanto estouvada. Mulher boa, mas meio doidivanas. Fico grato de não ter mais de me preocupar com ela. Você não sabe o quanto ela me custava caro.

— Sua mãe? Do que está falando?

— Você é mesmo uma caipira idiota. Casei com você porque era pura e inocente. Mas nunca poderia imaginar que fosse tão burra.

— Pode me tratar de maneira polida?

— Não me desafie, Luísa, ou...

— Ou o quê? Vai me encher de pancada aqui no meio da multidão? Do seu eleitorado? Isso pode manchar a sua reputação, futuro deputado Genaro.

Ele teve vontade de socá-la ali mesmo na frente de todos. Não podia. Tinha de zelar pela sua figura de bom moço. Mordeu os lábios com uma fúria incontida e logo sentiu o gosto amargo de sangue. Cerrou os punhos por trás de si. Respirou fundo e voltou à questão.

— Tem dificuldade de perceber a realidade à sua volta.

— O que isso tem a ver com Loreta?

— Mamãe era ninfomaníaca, saía com rapazotes de idade suficiente para serem seus netos. Eu tive de gastar muito dinheiro para calar a boca de jornalistas e colunistas loucos para levar esse lado desconhecido de mamãe aos jornais e revistas de fofocas.

— Não acredito nisso. Sua mãe era boa.

— Boa, porém vagabunda. Agora que morreu, fico aliviado. Eu sou um político de respeito e, de agora em diante, não terei que temer suas declarações e seu comportamento devasso. Logo vão se esquecer dela, e eu poderei continuar com meus planos de conquistar o Planalto. Você verá.

Luísa ia contestar, mas Genaro a cortou e a puxou com aspereza e violência.

— Agora vamos. Padre Osório nos espera para fazer uma oração e realizar o sepultamento.

Luísa meneou a cabeça para os lados. Como pudera se casar com homem tão vil? Por que se deixara enganar pelas aparências? Quanto mais suportaria esse marido, esse casamento fracassado desde o início e os tapas que feriam seu corpo e sua alma? Como juntar forças para se tornar forte e se separar de Genaro?

Ela abaixou a cabeça com pesar. Agora não era o momento de pensar nesse assunto. Luísa espantou as ideias com as mãos e dirigiu-se para a sala em que velavam o corpo de Loreta.

As pessoas se acotovelavam mais para ver Genaro do que para ver o corpo da mãe dele. Queriam tirar foto ao lado dele, outros o abraçavam como se fossem íntimos, lamentando — de maneira notoriamente fingida — a morte de Loreta. Genaro sorria, fazia cara de choro, contorcia o rosto numa dor jamais sentida, mas fazia muito bem seu papel. Posou para fotos, abraçou senhoras que nunca vira na vida.

Luísa aproveitou que Genaro se deixara fascinar pelos flashes e afastou-se, parando diante do caixão. Passou as mãos pela testa da sogra, abaixou-se e beijou Loreta no rosto. Em seguida, fez sentida prece.

Luísa não percebeu, mas, assim que começou a orar, o ambiente começou a irradiar uma luz de coloração amarelada, que brotava de seu peito, espalhava-se ao redor do caixão e concentrava-se sobre a região do umbigo de Loreta. Um espírito que trabalhava no local aproximou-se e sussurrou em seu ouvido:

— Obrigado, querida. Não sabe o quanto sua prece é importante para que possamos desatar o cordão de prata que prende o espírito de Loreta ao corpo físico. Infelizmente, a maioria das pessoas vem ao velório como se estivesse vindo a uma partida de futebol e esquece de orar pelo ente querido que acabou de desencarnar. Você fez diferente. E merece nosso agradecimento. Você ainda vai ser muito feliz.

Luísa não escutou, mas sentiu tremendo bem-estar tão logo terminou de orar. Uma lágrima sentida escorreu pelo canto de seu olho.

— Descanse em paz, Loreta.

— Falando com os mortos?

Luísa abriu os olhos e, por instantes, não conseguiu identificar a voz.

— Não vá me dizer que está tão sentida assim. Ela nem era sua parenta de sangue! Você foi a agregada que se deu bem.

A voz esganiçada e malévola fez-se notar. E, para não ter dúvida de quem falava, logo Luísa sentiu o mau hálito característico que a boca dele exalava. Só podia ser ele. Ela não ocultou a contrariedade em ter de cumprimentá-lo.

— Meus sentimentos, Gregório.

— Obrigado, querida cunhada. Estou muito triste.

Luísa notou o tom de deboche na voz. Procurou manter certa cordialidade na conversa.

— Fiquei bastante chocada. Loreta vendia saúde.

— E como vendia! Você não sabe do que minha mãe era capaz.

— Não entendi.

— E nem precisa — respondeu Gregório, num tom para lá de irônico.

— Chegou faz tempo?

— Logo que Isilda me ligou, peguei um jatinho e vim para cá. Desci na fazenda de um conhecido, aqui perto. Detesto viajar de carro, você sabe disso.

— Cadê Isilda? Ela gostava tanto de Loreta.

Gregório deu uma risadinha abafada.

— Digamos que Isilda fez uma longa viagem. De emergência. Creio que nunca mais a veremos.

— Estranho.

— Você é muito encucada.

Luísa mudou o rumo da conversa.

— Você deve estar triste, não?

— Nem tanto — ele sorriu. — Sabe que eu e mamãe nunca nos demos bem. Ela era bem sovina, não me ajudava. Mas era boa pessoa. Agora vai descansar no céu e eu poderei botar a mão na minha parte da herança.

— É só nisso que pensa, Gregório? Na herança?

— Luísa, sua tolinha. Em que mais eu deveria pensar? Na morte da bezerra? — ele deu uma gargalhada que ecoou pela sala. Algumas pessoas espantaram-se com a risada, outras acreditaram que fosse uma catarse do filho, que Gregório estivesse em estado de choque em decorrência da morte de sua amada mãe. Luísa chocou-se com a ausência de sentimentos dele.

— Você e seu irmão são iguaizinhos. Não têm sentimento.

— Iguaizinhos não. Graças a Deus não nasci com vontade de gostar de mulher. Ainda bem, imagine eu apaixonado por uma caipira decadente como você? Genaro é que tem estômago. Agora me dê licença, querida, tenho de tratar do enterro.

Luísa mal podia acreditar no que ouvira. Gregório e Genaro eram muito parecidos na essência. Ainda estavam muito presos nas coisas materiais, não davam a mínima para os semelhantes, não tinham respeito por nada nem por ninguém.

Será que são felizes? — indagou para si mesma.

O espírito que terminava de desatar os últimos nós que prendiam o espírito de Loreta ao corpo físico balançou a cabeça negativamente para os lados.

— Você não faz ideia do quanto são infelizes, minha cara. Não faz a mínima ideia...

CAPÍTULO 5

    Após jantarem em um restaurante sofisticado e frequentado por figurões da alta sociedade, Caio e Guido retornaram para casa. Mal entraram no apartamento e a vontade de fazer sexo se fez notar. Algo impressionante como esses espíritos eram capazes de influenciar e tumultuar os pensamentos dos dois rapazes. Caio sentiu um arrepio gelado percorrer-lhe a espinha e um calor sem igual no baixo-ventre.

    — Será que você não tem uma cliente para mim? Estou muito excitado.

    — Opa! — exclamou Guido, contente. — Mal chegou à cidade e quer começar na nova profissão? — perguntou, gargalhando, enquanto enrolava um pedaço de seda. Guido preparava um cigarro de maconha.

    — Eu preciso fazer sexo, Guido. Meu corpo todo anseia por isso.

— Agora é muito tarde. Madrugada. As mulheres que atendemos são ricas e de família. Elas têm sobrenome de peso, são conhecidas da sociedade. Seus maridos mal desconfiam de suas estripulias. Eu nunca posso ligar para elas. Jamais. Essa é uma das regras. Elas é que sempre ligam e, de preferência, nunca à noite. Nesta hora elas estão em casa, fingindo ser esposas amorosas e recatadas — concluiu Guido, de maneira irônica.

Ele acendeu o cigarro de maconha, tragou-o vagarosamente, prendeu a respiração por instantes, a fim de que a droga surtisse efeito e relaxasse seu corpo. Em seguida, ofereceu-o ao companheiro.

Caio contorcia-se de prazer no sofá. Pegou o cigarro e aspirou uma grande quantidade de fumaça. Sentiu que sua cabeça latejava, porém seus sentidos iam-se entorpecendo. Caio não percebia, mas os espíritos ali presentes, agora inúmeros, sugavam-lhe as energias para perpetuar em seus corpos, já degradados, sensações de prazer.

— Eu tenho de fazer sexo, Guido. Estou ficando louco. Vamos a algum lugar, uma boate ou mesmo pegar uma mulher na rua.

— Isso eu não faço, embora esteja morrendo de tesão — Guido também era açoitado pelo bando de espíritos empedernidos e desejosos da energia que emanava das relações sexuais.

— Guido... eu...

Caio parou de falar. Ele, infelizmente, não suportou tamanho assédio dos espíritos. Tomado de um desejo incontido e desenfreado, atirou-se sobre Guido. Empurraram móveis e ambos foram ao chão. Um rasgava a roupa do outro e amaram-se de maneira violenta e insaciável. Enquanto ambos faziam aquele sexo induzido, alguns espíritos abraçavam-se aos corpos dos jovens para sentir prazer. Outros batiam palmas e inalavam a fumaça que saía do cigarro de maconha. E outros enfiavam, literalmente, a boca nos copos de bebida, para dali extraírem os fluidos que os entorpeciam e lhes davam a sensação de aparente euforia que a bebida lhes causava quando estiveram encarnados.

Os dois fizeram sexo por horas e, quando seus corpos físicos já não mais aguentavam e o dia estava por nascer, caíram num sono agitado e atormentado. Seus perispíritos desgrudaram-se de seus corpos e ficaram alguns palmos acima do corpo físico. Balançavam e tremiam, enquanto alguns espíritos ainda tentavam sugar-lhes as energias resultantes do ato sexual.

Num canto da sala, de maneira imperceptível a esses espíritos, por conta da diferença de sintonia energética, Norma chorava copiosamente. Havia feito prece, pedido ajuda, mas em vão. Era impossível que seu irmão recebesse algum tipo de ajuda, por ora. Caio estava usando de seu livre-arbítrio e ela não tinha como interceder e afastar aqueles espíritos do convívio de seu irmão.

O espírito bondoso de sua irmã sentiu-se impotente e também não podia ficar tanto tempo ali. O ambiente estava carregado de uma energia pesada e sufocante. Embora protegida e vibrando numa sintonia diferente daquele ambiente, Norma era atingida por uma náusea sem igual.

Também pudera. Era necessário manter a mente ligada em bons pensamentos e muito equilíbrio. Afinal, não era qualquer espírito de luz que podia estar ali e não se deixar influenciar pela baixa vibração que o ambiente exalava. Norma era espírito evoluído, que reencarnara por amor a Caio e Rosalina. Havia programado uma estada curta na Terra e, tão logo desencarnasse, faria de tudo para ajudar, orientar e inspirar bons pensamentos à sua mãe e, principalmente, ao seu irmão.

Norma só pensava em coisas boas, a fim de não se deixar impressionar pelo ambiente carregado. Pelo chão e pelas paredes do apartamento corriam bichos astrais, na forma de larvas. Eles percorriam o ambiente e o corpo dos rapazes.

Alimentavam-se dos fluidos deles. Tratava-se de criações astrais de baixa vibração, que se formam em ambientes em que o sexo é promovido de maneira irresponsável. O apartamento de Maximiliano tornara-se foco de criação dessas larvas astrais e de estada para os espíritos desencarnados e inconscientes de seu estado.

Norma orou com tanto fervor que uma forte luz brotou de seu peito e irradiou-se pelo apartamento, destruindo, por ora, as larvas astrais. Os espíritos mais conscientes assustaram-se com a luminosidade repentina e correram dali. Outros, mais endurecidos, fincaram pé e, mesmo sentindo seus corpos serem queimados pela luz, não se deixaram abater.

A luz promoveu uma limpeza no ambiente e logo o ar sufocante se dissipou, promovendo, inclusive, um sono mais tranquilo e reconfortante para os rapazes.

O sol já ia alto quando Caio e Guido acordaram. Meio zonzos, cabeça pesada, os dois espreguiçaram-se. Guido encarou Caio e sorriu. Levantou-se, pegou as roupas estiradas e rasgadas e sentou-se no sofá. Caio levantou-se enquanto se apoiava em alguns móveis. Seus olhos encontraram os de Guido e ele sentiu vergonha.

— Não sei o que me deu e...

Guido procurou tranquilizá-lo.

— Chi! — ele levou o dedo para os lábios. — Não se deixe corroer pela culpa. Ambos sentimos vontade e... passou. Acabou.

— Eu juro que isso nunca mais vai se repetir — contrapôs Caio, num misto de censura e reprovação. — Não sou homossexual e nunca fiz isso antes e...

— Calma! — exclamou Guido. — Ninguém aqui está pondo em xeque a sua masculinidade. Aconteceu e ponto final. Prometo que esse será o nosso segredo.

— Não sei onde estava com a cabeça, Guido. Nunca fui tomado por um desejo tão incontrolável quanto este. Eu simplesmente perdi o controle sobre mim mesmo. Perdi o controle total de minhas emoções.

— Isso passa. Você mal chegou à cidade e um novo mundo se descortina à sua frente. Sabe, Caio, esse mundo de dinheiro e de possibilidades nos fascina e nos excita. Entendo por que você ficou tão louco de desejo na noite passada. Entretanto, tenho certeza de que logo você vai ter vasta clientela e ganhar muito dinheiro. Se você fizer com as mulheres um décimo do que fez comigo, vai se tornar um homem rico em pouco tempo. Potencial, você tem. E muito.

Caio baixou os olhos de maneira envergonhada. Por fim, tornou:

— Já que aconteceu o que aconteceu entre nós — a voz de Caio era abafada —, tenho algo a lhe confessar.

— Oba, adoro confissões.

— Bom, Guido, na verdade, eu quis vir a São Paulo para ser modelo.

— Modelo?

— Uma amiga em Bauru afirmou que levo jeito.

Guido o observou de maneira atenta, por instantes.

— Você leva jeito, sim. Tem um rosto bonito, bem masculino. Eu posso ajudá-lo. Conheço muita gente influente. Amanhã vou levá-lo a uma boate sensacional. Tem muito figurão da alta sociedade lá.

— Não tenho dinheiro, Guido.

— Com as clientes que vou lhe arrumar, logo estará com os bolsos cheios. E quem disse que precisa de dinheiro agora? Nunca ouviu falar em convites?

— Claro. Sou caipira, mas não sou burro.

Guido riu.

— Eu sou bem relacionado, tenho convites para sair todas as noites, se você quiser.

— E para que isso vai servir para mim?

— Ora, Caio, se quer ser modelo, você precisa fazer contatos, conhecer gente rica e influente, senão não deslanchará nem em São Paulo nem na China. O relacionamento é tudo, meu caro. No entanto... — ele hesitou.

— No entanto?

— Você se veste muito mal. Seu cabelo está mal cortado. Você é muito bonito, mas precisa de uns retoques aqui e acolá. Se aspira ser modelo, precisa de certos cuidados. A imagem é tudo. Amanhã trataremos disso — Guido aproximou-se e encostou seu rosto bem rente ao de Caio. — Abra a boca.

— O quê? — perguntou aturdido. — Eu já disse que não sou chegado e...

Guido gargalhou.

— Bobo. Abra a boca. Não vou beijá-lo, quero fazer uma inspeção. Vamos, abra a boca.

Caio abriu-a meio sem jeito. Guido olhou para dentro, perscrutou a boca do rapaz.

— Seus dentes não estão tão ruins assim. Mas precisamos procurar um dentista. Boca bonita é fundamental.

— Eu não tenho dinheiro, já disse.

— Mas eu tenho. Eu lhe empresto. Pode contar comigo.

— Não é justo.

— Sem muitas delongas, Caio. Você não quer ser um modelo famoso?

— Quero.

— Então precisa ter boa aparência. Você é um cara bonito, boa-pinta, tem um corpo naturalmente bem torneado, mas está com a aparência desleixada. Precisamos torná-lo um jovem atraente e sedutor. E com cara de bem-nascido. Isso é fundamental.

— Poxa, você está sendo muito legal comigo, Guido. Só uma pessoa me ajudou tanto assim na vida. E eu pensei que nunca mais fosse encontrar gente bacana assim.

— Quem é essa pessoa?

— Uma amiga de Bauru. A mesma que disse que eu levo jeito para ser modelo.

— Como ela o ajudou?
— Deu-me dinheiro para poder vir para cá, para as despesas básicas. Sarita é muito legal.

Guido riu.

— Sarita. De onde essa mulher tirou esse nome? Será que em homenagem à famosa atriz espanhola, Sarita Montiel?

— Não sei. Eu sou bronco, não tenho cultura como você. O nome dela é Sarita mesmo.

— Você gosta dela?

— Sim, mas como amiga. Ela é uma boa pessoa, ajudou-me bastante.

— Você é apaixonado por alguém?

— Não.

— Não deixou nenhum amor para trás?

— Sou muito jovem para isso.

— Isso pode comprometê-lo no futuro.

— Nada — afirmou Caio. — Totalmente desimpedido.

— Isso é bom. Nunca se envolveu com algum tipo de encrenca mais pesada?

Caio hesitou por um instante. Pensou em Loreta, na maneira como ela morrera, de sua fuga e do medo de Isilda dar com a língua nos dentes. Mas também não poderia se abrir totalmente para Guido. Ele parecia ser um cara legal, porém mal se conheciam. Caio ainda estava se sentindo deveras envergonhado por ter se deitado com Guido horas antes. Seus sentimentos estavam confusos e era melhor não tocar nesse assunto. Por ora.

— Nunca me envolvi em nenhuma encrenca — considerou Caio. — Sou um rapaz do bem.

Guido aproximou-se e lhe estendeu a mão.

— Então confio. Amigos?

— Sim. Amigos.

Caio apertou a mão do companheiro e sentiu os pelos eriçarem. A certa distância, Norma tentava, a custo, induzi-lo a se afastar e sair daquele apartamento.

— É inútil — confidenciou Carlota, um espírito lúcido, espécie de tutora de Norma, cuja luz procurava inundar o ambiente de boas energias. Ela recebera o pedido de ajuda de Norma e seu espírito rumou até o apartamento.

Carlota, ao chegar, passou delicadamente o rosto na face de Norma e tornou, numa voz doce, porém firme:

— Ele precisa aprender a se defender, ser dono de seu destino. Não podemos ficar à mercê dele e impedir que confronte a verdade. Na vida, Norma, aprendemos ou pela inteligência, ou pela dor.

— Meu irmão é bom.

— Isso não impede que ele esbarre em pessoas de má-fé. Terá de aprender a reconhecer aqueles que lhe querem bem.

— Gostaria de ajudá-lo.

— Então ore bastante por ele. Tenho certeza de que nossos amigos espirituais poderão prestar-lhe auxílio, na medida do possível. Agora, precisamos partir. Você já fez muito pelo ambiente. Saiba que em breve as larvas astrais voltarão com toda a intensidade, pois a mente de Guido as projeta com a maior naturalidade.

— Meu irmão está se desvirtuando do caminho que traçou antes de reencarnar. Ele prometeu que não iria se atirar no sexo. Agora sua alma anseia por isso.

— Concordo — assentiu Carlota. — Mas Caio é dono de si. No momento em que perceber que esse não é o seu verdadeiro caminho, vai mudar.

— Pressinto que até lá ele vai se meter em encrenca. Precisará mesmo passar por tudo isso?

— Cada um é responsável por si. A vida nos deu a possibilidade de fazer escolhas, de decidir o melhor para nós. Seu irmão, no momento certo, vai acordar para as verdades da vida. Agora, precisamos partir. O tempo urge e você está há muito tempo neste ambiente pernicioso. As energias logo afetarão seu corpo perispiritual. Vamos.

Norma assentiu. Mesmo a contragosto, pousou suas mãos nas de Carlota e os dois espíritos desvaneceram no ambiente.

Caio trocou algumas outras ideias com Guido e foi para o banheiro. Tomou uma ducha reconfortante e em seguida voltou a se deitar. Jogou-se na cama e logo adormeceu.

Estava, por um lado, cansado da noite que tivera e, por outro, extenuado diante das novidades e do que a vida lhe ofertava dali em diante. Deitou-se, todavia, não teve um sono tranquilo.

Nos dias que se seguiram, a vida de Caio foi de festas, bebidas, mulheres e noitadas. Guido apresentou-lhe duas clientes e, como na época das peripécias com as meninas de Eny e Loreta, Caio amou-as de maneira ímpar. A propaganda correu à boca pequena e logo Caio tinha uma boa carteira de clientes. Ora ele as atendia em hotéis, ora ele as recebia no apartamento de Max, muito discretamente, a fim de não chamar a atenção dos vizinhos e, principalmente, do porteiro. O rapaz começou a ganhar dinheiro e distanciar-se de seus verdadeiros objetivos.

Havia momentos em que sua consciência o chamava para que se afastasse desse caminho. Norma, inutilmente, tentava chamar o irmão para que despertasse e tivesse tempo de se libertar desse mundo atraente, porém promíscuo. Em vão.

Caio às vezes pensava em parar, prometia a si mesmo que não mais atenderia às mulheres. Não obstante, quando recebia uma ligação, ele mal sustentava sua promessa. Marcava o encontro e, após o serviço, sentia-se triste e vazio. O remorso apoderava-se de sua alma. E, de mais a mais, o grupo de espíritos grudados em Caio, desejosos de que ele continuasse com aquele hábito, eram muitos e mais fortes que sua própria vontade.

Guido o levou a todos os lugares da moda, a todas as boates, bares, restaurantes em que poderiam esbarrar em gente importante, influente.

Caio cortou os cabelos à moda, comprou roupas chiques e, com os toques de Guido, tornou-se rapaz admirado e requisitado pelas mulheres, fossem clientes ou simples admiradoras de sua beleza.

Foi numa madrugada, ao saírem de um bar na região dos Jardins, perto do apartamento de Guido, que os dois foram abordados por um homem alto, rosto quadrado, nariz proeminente e de trejeitos efeminados.

— Estou lhe procurando há dias. Onde se meteu? — inquiriu Gregório, de maneira severa.

— Estava mostrando a cidade ao meu novo amigo.

— Você ficou de ir à minha casa para acertarmos o valor daquele serviço. Parece que não quer receber.

— Longe disso, eu simplesmente perdi a noção do tempo, esqueci-me.

O homem encarou Caio da cabeça aos pés.

— E você, criança, quem é? Nunca o vi por estas bandas.

— Cheguei a São Paulo faz pouco tempo — respondeu Caio. — O Guido tornou-se meu amigo e tem me levado aos lugares da moda.

— Amigo do Guido? Só amigo?

Caio não gostou da maneira como o homem lhe falou e percebeu o tom malicioso e o mau hálito exalado por aquele indivíduo de fala afetada.

— Só amigo. Por quê?

— Por nada. Você bem que podia trabalhar para mim.

— Para o senhor? Essa é boa!

— Por que não?

— Como?

— Petulante o menino. Gostei. Pelo menos você tem atitude — ele aproximou-se de Caio e o mau hálito invadiu as narinas do rapaz, provocando-lhe leve mal-estar. —

Procure-me amanhã na fábrica. Aqui está meu endereço — ele retirou um cartão do paletó e o entregou a Caio.

— Estou sentindo que você poderá me passar para trás — alegou Guido.

— Você não nasceu para essa profissão.

— Eu tenho porte — objetou Guido.

— Mas não tem rosto bonito, criança.

— Mas...

O homem o cortou.

— Nem mas, nem meio mas. E, para que trabalhar? Você vive à custa daquele expositor, curador, sei lá.

— Max é rico, muito rico.

— E por que quer trabalho? Contente-se com esse seu coroa. Aliás, coroa não, mina de ouro — ao dizer isso, afastou-se.

Guido balançou negativamente a cabeça para os lados.

— Ele sempre me trata com desdém. Estou cheio dele.

— Quem é esse homem?

— Não leu o cartão?

Caio fixou os olhos no cartão e sentiu as pernas falsearem por alguns instantes. Tratava-se de um cartão comercial, nele estava escrito: "Gregório Del Prate — Presidente". Ele então balbuciou:

— É que... bem...

Guido riu.

— Sei, você ficou aturdido porque recebeu um cartão do poderoso Gregório Del Prate, presidente da famosa Cia. de Perfumes. Não disse que precisava sair e se relacionar? Esse homem pode lhe abrir muitas portas.

— Mas você acabou de dizer que ele lhe trata mal e está cheio disso tudo.

— Isso não importa. Em todo caso, vou lhe confiar alguns de meus segredos.

Ele puxou Caio pelos braços e foram para outro bar, mais sossegado. Guido cumprimentou o gerente e em seguida sentaram-se numa mesa afastada, a fim de que pudessem conversar sem serem ouvidos. Guido pediu ao garçom dois drinques e, assim que chegaram, eles brindaram. Ele começou a relatar:

— Eu conheci o Gregório há dois anos. Ele tentou me lançar como modelo de um de seus perfumes, o Netuno. Todavia, o perfume não decolou, meu rosto não caiu nas graças do público e fiquei sem trabalho. Aí surgiu um almofadinha metido a modelo e teve mais sorte. Sorte curta, diga-se de passagem. Marco Antônio fez campanha para o perfume Nero e, bem, você bem sabe que esse perfume vende como água no mundo inteiro. Marco Antônio ficou famoso, apareceram outras propostas e Gregório não está podendo mais cobrir seu cachê.

Caio não emitia som. Estava mudo, o suor escorria pela fronte.

— Você está se sentindo bem? — perguntou Guido, preocupado.

— E... estou. É que eu já ouvi esse nome em algum lugar — balbuciou, sem saber o que, de fato, dizer ao amigo.

Guido continuou e não deu muita atenção à maneira desconfortável com que Caio ouvia a conversa. Caio, procurando manter as aparências, questionou:

— E como se resolveu o impasse com o Marco Antônio?

— Não precisou se resolver — respondeu Guido, sorrindo. — O idiota teve o que mereceu.

— Como assim?

— Digamos que ele sofreu um pequeno acidente e está impossibilitado de trabalhar, seja para o Gregório, seja para outra empresa ou agência de modelos.

— Sério?

— Sofreu queimaduras e não poderá voltar tão cedo ao mercado. Se é que vai ter chance de voltar para o mercado de modelo.

— Pobre coitado — rebateu Caio, sentindo compaixão pelo rapaz acidentado.

— Eu vou receber um bom dinheiro do Gregório porque fui eu quem ajudou Marco Antônio a se machucar.

— Não entendi...

Guido fez gesto vago com a mão.

— Uma hora eu explico melhor. O bom disso tudo é que a vaga dele precisa ser preenchida na Cia. de Perfumes. Talvez Gregório queira você para ser seu novo garoto-propaganda.

— Eu não gostei dele.

— E adianta gostar ou não? O que importa são as oportunidades que aparecem.

— Mas você não queria ser o modelo do perfume Nero? Eu não posso tomar seu lugar.

— Você não vai tomar o meu lugar. Eu não tenho esse rosto bonito que você tem. Além do mais, tenho o Maximiliano, para que vou trabalhar?

Caio sorriu.

— Você tem sido muito bom para mim, um grande amigo. Nunca trairia sua confiança.

— Obrigado, meu caro. Não se esqueça de que o Max é louco por mim e, quando voltar de Londres, vai me dar um apartamento e aumentar a minha mesada. Prefiro ter alguém que me sustente a trabalhar feito burro de carga.

— Vai ser dependente dele o resto da vida?

— Claro! — rebateu Guido. — Eu quero muito dinheiro, entende? Muito. Muito mais que qualquer emprego possa me dar. Eu falo em ser rico de verdade, em viver no luxo, viajar para lugares sofisticados e ficar hospedado nos hotéis mais caros do mundo. E conseguirei isso tudo trabalhando? Nunca. Com Max ao meu lado, terei isso e muito mais. E, como ele é sozinho no mundo, sem parentes, eu vou herdar tudo o que ele tem.

— Como tem tanta certeza de que ele nunca vai deixá-lo?

— Ora, porque tenho. Max é de palavra, homem de confiança. Se ele me prometeu, vai ter de cumprir, custe o que custar.

— E se ele mudar de ideia?

Infeliz essa pergunta de Caio. Os olhos de Guido brilharam rancorosos.

— Ele não vai mudar de ideia. Isso eu nunca vou permitir.

Caio sentiu ligeiro mal-estar. Era melhor sentir o mal-estar e deixar Guido soltar suas farpas. Assim ele ganharia tempo e poderia se recompor do susto. Como esse mundo era pequeno! Numa cidade enorme como São Paulo ele tinha de topar justamente com o filho de Loreta? Será que Gregório sabia do seu envolvimento com a mãe? Não, isso não era possível. Loreta era mulher discreta e ninguém sabia de nada, a não ser a empregada. Isso era coincidência. Pura coincidência, nada mais.

Gregório, mesmo que o tivesse visto em Bauru, nunca iria imaginar que fosse a mesma pessoa. Caio agora estava mudado, outra aparência, roupas bonitas e elegantes. Estava bem distante daquele rapaz caipira, cabelos mal-ajambrados e roupas puídas. Era melhor afastar essas besteiras da cabeça. Gregório nunca soubera e nunca saberia do envolvimento entre ele e Loreta. Caio tinha certeza disso. Ou melhor, precisava acreditar nisso para não começar a delirar e entrar em desespero.

CAPÍTULO 6

    Luísa remexeu-se nervosamente na cadeira do consultório. O médico fazia anotações e, percebendo seu estado, parou e a encarou. Sua voz era doce e serena.

— O que a aflige, Luísa?

— Genaro deveria estar aqui comigo. O doutor pediu que ambos viessem para uma conversa séria. Mas ele não faz outra coisa a não ser comício. Mal o vejo.

— Eu precisaria falar com ambos, é claro. Mas posso lhe adiantar alguma coisa.

— E então, doutor Ribeiro?

— Temos aqui um caso de infertilidade.

— Infertilidade?

— Sim — tornou o médico. — Falo na impossibilidade de procriação. É um problema que pode acontecer com qualquer casal e deve sempre ser considerado como de ambos, pois uma parte pode apoiar a outra e, assim, a solução será mais rápida e menos dolorosa.

— Eu sou seca, é isso?

Ribeiro sorriu.

— Esse termo não é apropriado. Na verdade, Luísa, a causa da infertilidade pode estar presente em ambos os sexos. A investigação diagnóstica deve começar pelo homem, por se tratar de exames menos invasivos e mais simples. Depois, partimos para a mulher. Mas — ele salientou — como Genaro se recusou a fazer exames, começamos por você.

— E? — perguntou ela, apreensiva.

— Você não tem nada. Aparentemente, pode engravidar à vontade.

— Quer dizer que Genaro tem problemas?

— Sim. Seus exames me dão certeza de que você não tem problema algum para engravidar. Logicamente, o problema está em Genaro.

— Santo Deus! — exclamou Luísa.

— Ao contrário do que alguns pensam, a infertilidade não tem nada a ver com a impotência. Isso tem de ficar bem claro para que Genaro não se sinta constrangido ou diminuído.

— Ele se diz cabra-macho.

Doutor Ribeiro sorriu:

— Cabra-macho, mas infértil.

— Pode ser genético, doutor?

— Não creio. Posso citar, como exemplos de causa da infertilidade masculina, a obstrução do sistema de condução do espermatozoide, causas hormonais e varicocele.

— Varicocele? O que é isso?

— É o processo de dilatação das veias do testículo, semelhante àquela que ocorre nas pernas.

— Varizes?

— Isso, Luísa. Entendeu bem. Como varizes. Pode causar dor e infertilidade. O tratamento, normalmente, é cirúrgico. Pelos seus exames, tenho certeza de que o problema está com o seu marido. Por isso, queria reunir os dois aqui no consultório.

— Genaro não vai entender. Ele diz que eu sou fria e jura que tomo pílulas.

— Quero que o traga ao consultório, qualquer dia, qualquer horário. Sei que ele é homem de vida pública e sua agenda de compromissos está sempre lotada. Ainda mais agora que sua candidatura foi lançada.

— É. Ele mal para em casa — respondeu ela, procurando ocultar a felicidade que sentia de ver o marido raras vezes em casa.

— Deve estar muito orgulhosa de Genaro, não?

Luísa deu um sorrisinho amarelado, amuado. Procurou ocultar seu descontentamento com o marido. Estava triste, muito triste. Genaro continuava a ser grosso e bruto. Continuava a procurá-la para fazer amor e a machucava, sem dó nem piedade. Sem contar os tapas. Ela estava farta de tanto levar tapa na cara. Até quando iria suportar?

Ela estava cansada, mas Genaro lançara-se candidato às eleições para deputado federal e ela precisava segurar as pontas até o fim do ano. Estavam em abril e faltavam meses para a eleição.

Era muito tempo. Luísa orava todos os dias e pedia aos céus que lhe desse forças para suportar tanta dor e humilhação. Tão logo saísse o resultado das urnas, ela pediria a separação. Sabia que ia arrumar encrenca com sua mãe. Mas Neuza não apanhava como ela, não sentia as dores físicas e morais que ela sentia.

Luísa despediu-se do médico, saiu do consultório e preferiu caminhar, colocar as ideias em ordem. Deixara o carro a algumas quadras de distância. Iria até uma confeitaria ali perto e depois pegaria o carro. Precisava relaxar.

O médico fora claro. Genaro era infértil, não poderia gerar ou ter filhos. Os exames dela nada apontavam. Doutor Ribeiro não quis afirmar com todas as letras, porquanto daria o diagnóstico preciso diante dos exames realizados por Genaro.

Por um lado isso a entristecia, visto que ela era louca por crianças e desejava ter filhos. Por outro, na atual situação em que seu casamento se encontrava, uma gravidez não seria bem-vinda. A criança iria nascer num lar triste, em que os pais não se amavam, e as brigas estavam se tornando recorrentes e insuportáveis.

— Melhor assim — disse ela para si mesma. — Não quero saber de filhos por enquanto. Preciso aparar as arestas do meu casamento.

— Falando sozinha, como sempre?

Luísa voltou a si e olhou para trás, assustada. Ao reconhecer a amiga, abriu largo sorriso.

— Renata! É você mesma?

— Em carne e osso!

— Quanto tempo.

As duas se abraçaram e se beijaram.

— Eu a vi saindo do consultório e quase não acreditei. Você não mudou nada nesses anos todos. Continua linda e muito exuberante.

Luísa corou.

— Obrigada. Pelo que tenho passado, isso é mais que um elogio.

— Há muito tempo penso em procurá-la. Todavia, acabo metida no trabalho e me esqueço — Renata olhou para a amiga e viu que Luísa não estava bem. — Eu tenho certeza de que esse encontro não foi ao acaso. Você está com cara de quem precisa desabafar, conversar.

— Você adivinhou — suspirou Luísa. — Estou precisando de um ombro amigo. Tem tempo para mim?

— Claro! — exclamou feliz. — Trabalhei até tarde ontem e pude sair mais cedo hoje. Fui fazer umas compras e estava indo para casa.

— Mora por aqui?

— Aqui perto. Na Alameda Casa Branca.

— Estamos morando na mesma cidade! — exclamou Luísa, feliz.

— Estamos.

— Você não escapa mais de mim, Renata.

As duas riram.

— Quer tomar um chá lá em casa?

— Adoraria.

— Depois eu a levo para casa.

— Não será necessário, meu carro está a algumas quadras daqui.

— Vamos conversar muito!

— Está motorizada, Renata?

Ela sorriu.

— Minha vida mudou bastante, Luísa. Desde que cheguei a São Paulo, muitas coisas aconteceram. Coisas boas e não tão boas. Mas aprendi bastante e aqui estou. Venha, será um prazer recebê-la em casa.

Luísa sorriu feliz. Gostava muito de Renata. Ela fora uma de suas grandes amigas de colégio, lá em Campinas. Fazia alguns anos que tinham perdido o contato e agora, milagrosamente, Renata aparecia, num momento em que Luísa estava precisando de boa companhia, de uma voz amiga que lhe desse suporte para sua vida tão atribulada e infeliz.

Um espírito jovem, vendo-as se afastar abraçadas e felizes, suspirou alegre.

— Pensei que esse encontro nunca fosse acontecer.

— Você não pode se exceder, Henry. Fique atento ao controle de suas emoções. Isso lhe custou caro no passado e aqui no astral. Está careca de saber que qualquer descontrole pode resultar numa tremenda dor de cabeça. Então, componha-se.

— Eu sei, Carlota. Mas eu quero nascer, ou melhor, reencarnar. Estudei anos a fio, mudei minha postura, minha maneira de ser e tenho certeza de que Luísa não vai se importar em ser minha mãe de novo.

— Não adianta colocar a carroça na frente dos bois. Tudo tem seu tempo certo. Precisamos conversar ainda com ela e com o pai da criança.

— Se é que ele não vai me abandonar de novo — falou Henry, num tom sentido.

— O futuro a Deus pertence. Vocês terão nova chance. Poderão formar uma linda família.

— Assim espero. Aprendi tanto sobre o amor, sobre o perdão, fiz tanto curso, terapia e, olhando para minhas vidas passadas, aprendi que a paixão causa grande estrago em nossa alma. Às vezes, precisamos de muitas vidas para nos livrar ou mesmo nos curar.

— Você tem razão — ponderou Carlota. — É grande o número de pessoas insatisfeitas afetivamente.

— Por quê? — indagou Henry. — Mesmo tendo feito muitos cursos e mudado algumas crenças em relação à afetividade, é bom ouvir seus comentários. São sempre inteligentes.

Carlota sorriu:

— Obrigada, meu querido — e continuou: — As respostas das pessoas geralmente são semelhantes. Muitas vão responder que têm medo de se envolver, que a relação íntima sempre termina em dor, que para ter alguém é preciso ceder, desistir de ser você mesmo para satisfazer o outro etc.

Carlota pousou a mão no ombro do espírito afoito e prosseguiu:

— O amor, Henry, é assunto delicado, porquanto a afetividade é feita de emoções, vibrações provocadas pela mente.

Muitos condicionamentos nos trazem dor e sofrimento devido a uma maneira errada de enxergar a vida. Se aprendermos a olhar certo, a dor se vai e sentimos bem-estar.

— Concordo com você, Carlota. Cada um é responsável por sua vida afetiva e mudar a mente é mudar nossas reações afetivas. Tal evolução é trabalho de cada um.

— A paixão faz parte de um conjunto de crenças que produzem emoções sacrificantes e doloridas.

— É só ver o que aconteceu ao meu pai, em sua última vida. Por conta da paixão, arruinou a minha vida e a da minha mãe.

— Pois é. Gostar de alguém é sempre bom, é saudável, é comunicação de alma para alma. A vida nos ensina que não temos necessidade dos outros, e sim da gente, mostrando que a fonte de segurança é o nosso espírito. Fortalecendo essa ligação, não dependemos de ninguém. E, não dependendo de ninguém, nossa busca vai se tornar mais acertada, menos dependente. Poderemos ser nós mesmos e amar de verdade.

— Torço para que Luísa compreenda isso e pare logo de sofrer.

— Antes de se envolver com alguém, é necessário, em primeiro lugar, estar bem consigo mesmo. Assumir os próprios valores é passo decisivo para uma vida afetiva sadia e feliz. Luísa tem tudo para ser feliz. Cabe a ela tomar posse de si e abrir-se para o verdadeiro amor.

— Sabemos que não será fácil, mas eles têm tudo para se ajustar.

— Estamos por perto. Renata é uma das nossas. Sua aproximação vai fazer muito bem à Luísa.

— Assim espero, Carlota.

Caio arrumou-se com aprumo. Depois de uma semana pensando em que atitude tomar, resolveu ir ao encontro de Gregório. Tinha certeza de que o empresário nunca soubera nem saberia de seu envolvimento com Loreta. Isso era coisa do passado, agora ele estava chegando aonde queria: a um passo de ser famoso.

Guido chegou com algumas correspondências nas mãos. Separou as que pertenciam a Maximiliano e as depositou numa caixa específica para isso. Max ligava de Londres a cada quinze dias. Guido pegava a caixa, passava para Max o teor dos envelopes e assim cuidava da correspondência, pagava as contas e mantinha a casa em ordem.

Todo fim de mês, Max lhe enviava uma boa quantia para as despesas da casa e dos empregados, bem como uma mesada para Guido.

Ele se aproximou de Caio, sorriso largo.

— Tem correspondência para você.

Caio sorriu feliz.

— Nesses meses morando aqui com você, tomei a liberdade de dar o endereço para minha mãe. Deve ser carta dela.

Caio apanhou os envelopes e um deles era de sua mãe. Ele o abriu rasgando a lateral com os dentes.

Na carta, Rosalina dizia estar bem. Havia terminado o supletivo relativo ao ginásio. Sabia ler e escrever com desenvoltura. Quanto às novidades, informava que Eny finalmente conseguira vender a casa em que funcionava o bordel e, por conseguinte, ela perdera o emprego de faxineira. Entretanto, conseguira o emprego de bedel na mesma escola em que cursava o supletivo à noite. O salário não era tão alto, mas dava para pagar as despesas e fazer pequena poupança. Assim, também deixava de fazer faxina na casa da família rica. Iria dedicar-se em tempo integral ao trabalho na escola. Rosalina dizia que ainda sonhava em mudar para uma casa de tijolos. No mais, finalizava a carta abençoando o filho e terminava por dizer que estava frequentando um centro espírita, porquanto agora ela tinha condições de ler os livros da doutrina e tantos outros que tratavam de assuntos ligados à espiritualidade.

Caio fez um esgar de incredulidade.

— Algum problema? — perguntou Guido.

— Mamãe está bem.

— Então não tem com o que se preocupar. Por que está com essa cara?

— Ela está frequentando um centro espírita.

— Mesmo?

— Não gosto de ver minha mãe metida nesses assuntos.

— Por que não?

— É coisa de gente ignorante.

Guido meneou a cabeça para os lados.

— Você está sendo preconceituoso, isso sim.

— Eu?!

— Claro. Espiritismo não é sinal de ignorância, muito pelo contrário.

— Não gosto do assunto.

— Eu sou espírita.

Caio arregalou os olhos.

— Você, Guido?!

— Sou.

— Mas nunca me contou nada!

— Porque não sabia qual a sua parada, entende?

— Você acredita mesmo na existência dos espíritos?

— E como! — exclamou Guido. — Eles são grandes aliados da gente.

— Aliados?

— Sem dúvida. É só pedir e eles fazem tudo o que a gente quer.

— Como assim? — indagou Caio, sem entender.
— Na verdade eu não sou assim um espírita convencional. Eu frequento um lugar na cidade.
— Um lugar?
— É. Uma espécie de terreiro. Lá você pede o que quiser e os espíritos fazem.
Caio gargalhou.
— Isso é patético. Então eu vou, peço e eles fazem?
— Hum, hum.
— Assim, sem mais nem menos?
— É sim. De vez em quando eu levo uma bebida ou dou um dinheiro para eles comprarem material para o trabalho. Até hoje eu me dei muito bem.
— E para que eu precisaria da ajuda?
— Acha que me aproximei do Maximiliano como?
— Como?
— Com a ajuda dos espíritos, ora.
— Está de brincadeira...
— E pensa que o Marco Antônio se queimou por quê?
— Não vá me dizer...
Guido o interrompeu, freneticamente.
— Sem dúvida foi obra dos espíritos. Eles afastaram o Marco Antônio para eu ganhar o dinheiro que Gregório havia me prometido.
— Conversa fiada.
— Não é, não.
— Coincidências, mais nada.
— Os espíritos têm atuado sobre o Maximiliano. Quando voltar de Londres, eles me garantiram que o Max vai me dar um apartamento e gorda mesada.
— Por que tem tanta certeza disso?
— Porque os espíritos me asseguraram que ele está no papo. Vai fazer tudo o que eu quero. Os espíritos o enfeitiçaram.

Caio riu novamente. Bem alto. Caminhou em direção à sala. Estava atrasado para o encontro com Gregório.

— Você e suas histórias fantasiosas. Feitiço é coisa de filme, como aquele do Elvis Presley, *Feitiço havaiano*.

— Pode rir e debochar, mas é a mais pura verdade. Eu fiz um trabalho para amarrar o Maximiliano na minha vida. Ele não escapa de mim. Eu juro.

— Se você acredita, sorte sua.

Caio afastou-se, guardou a carta da mãe numa cômoda. Pegou o outro envelope. Olhou o verso e não havia remetente.

— Muito estranho — disse em voz alta —, uma carta sem remetente.

Ele abriu e, conforme lia, seu rosto foi se tornando pálido. Guido aproximou-se do amigo, mas não conseguiu ler o conteúdo da carta. Era um papel sulfite branco e as palavras eram recortadas de revistas e jornais. Estavam coladas, lado a lado, e formavam a seguinte frase:

"Você matou Loreta. Eu sei. Estou de olho em você."

— O que foi, cara? — perguntou Guido, com ar interrogativo e estupefato no semblante. — Você está com uma aparência cadavérica.

— Não sei... quer dizer... eu... eu...

Caio não respondeu. Seu corpo pendeu para a frente e ele se apoiou no ombro de Guido para não cair. O ar parecia lhe faltar.

CAPÍTULO 7

Loreta tinha despertado havia algum tempo no mundo espiritual. Fazia meses que havia desencarnado e estava em fase de tratamento, num posto de atendimento perto da crosta terrestre. Sentia-se fraca e infeliz.

— A fraqueza é natural — comentou a enfermeira —, visto que seu corpo físico foi sugado de suas energias vitais. Você atirou-se de maneira desenfreada ao sexo e larvas astrais formaram-se e grudaram-se ao redor de sua aura. Precisará de bom tempo para se recuperar e se livrar delas.

— Mal consigo me levantar — ela balbuciou.

— Assim será por mais algum tempo, Loreta, até que seu perispírito possa se reequilibrar por completo e, aí sim, você poderá ter alta, sair deste posto de atendimento.

— São meses aqui dentro. Estou cansada.

— Tenha paciência. Logo estará apta para sair e nos deixar.

Uma lágrima escorreu pelo canto do olho de Loreta.

— Estou muito triste.

— Por quê?

— Porque fracassei, como esposa, como mãe, como mulher. Reencarnei decidida a frear meus impulsos sexuais, a ser menos atirada em matéria de sexo e não consegui me conter. Falhei.

A enfermeira ia responder, mas a porta se abriu e Carlota entrou no quarto.

— O que se passa nessa cabecinha triste?

— Não sei, Carlota. Um sentimento de impotência, de não ter feito nada certo na vida. Na verdade, sinto como se houvesse desperdiçado uma encarnação inteira.

Carlota fez sinal e a enfermeira se retirou. Ela caminhou até a janela, abriu as cortinas, a luz do sol invadiu o quarto, dando novo colorido ao ambiente. Carlota sorriu e aproximou-se de Loreta.

— Creio que esteja na hora de você fazer terapia.

— Terapia?

— Sim. Seu perispírito está se recompondo aos poucos, não obstante, você não ajuda. A mente é ferramenta poderosa para o bem-estar de nosso corpo, seja ele físico ou espiritual. Você está fazendo com que o processo se prolongue, arraste-se por tempo indeterminado.

— E o que fazer? Estou perdida. Sinto-me triste porque não fiz nada certo.

— Quem lhe disse isso?

— Minha consciência me acusa. É como se algo dentro de mim estivesse com raiva, acusando-me de que não fiz o meu melhor.

— Você fez o melhor que pôde. Tudo bem, não conseguiu cumprir com os anseios de sua alma. Exigiu muito de si mesma e acabou por não cumprir seus objetivos. Mas isso é natural, Loreta.

— Natural?

— Sim. A maioria dos encarnados volta com essa mesma sensação. Quando percebem que poderiam ter feito diferente, quando constatam que a vida continua, que nada muda, a não ser a dimensão que nos separa do mundo físico, muitos perdem a cabeça, querem se matar até. E isso é impossível, porquanto o corpo físico pode ser morto, mas o espírito, jamais. E a consciência os acusa. Isso, na verdade, é bem típico dos críticos. Você é muito crítica consigo mesma?

— Sempre fui exigente, crítica nunca.

Carlota sorriu.

— É a mesma coisa. Você sempre exigiu muito de si. Isso torna nossa passagem na Terra muito pesada, visto que, pelo fato de reencarnarmos esquecidos das vidas passadas, às vezes não entendemos por que temos de passar por situações tão dolorosas. Claro que essa escolha é nobre, e nós, aqui do astral, vibramos muito e procuramos ajudar quem toma essa resolução. Todavia, são poucos os que conseguem não se deixar levar pelas ilusões do mundo terreno.

— Eu me deixei levar. Sinto que não evoluí.

— Você deu vida a Genaro e Gregório. Isso conta bastante. Você procurou ser mãe amorosa, deu-lhes amor, carinho, educação, cumpriu seu papel de mãe com louvor.

— E veja no que eles se transformaram! Um não dá a mínima pelo semelhante, e o outro é corrupto e engana as pessoas, além de tratar mal sua esposa.

— Você enxerga por um ângulo, eu enxergo por outro. Você fez o que uma mãe zelosa e amorosa deveria fazer. O que eles se tornaram, quando adultos, é de responsabilidade deles. A educação que você lhes deu amenizou bastante a maneira rude e cruel com que eles tratavam o próximo.

— Amenizou! — exclamou Loreta, incrédula. — Eles desprezam o ser humano.

Carlota sorriu novamente.

— Você ainda não tem condições de ver o que os dois fizeram em outras vidas. O que fazem hoje é nada, comparado aos atos cruéis do passado. E por quê? Porque você os recebeu como filhos e, de alguma maneira, seu amor os tornou menos agressivos.

— Não vejo diferença.

— Um dia você verá. E assim poderá se livrar do sofrimento que criou para si mesma. A terapia vai ajudá-la Loreta, sem dúvida. Entretanto, só você vai poder sair desse estado de desânimo. Só você.

Loreta deu livre curso às lágrimas. A sensação de impotência e inutilidade apossavam-lhe a alma, e ela não tinha forças, por ora, para se livrar dessas forças destrutivas que permeavam seu espírito. Fazia parte de seu aprendizado, de seu crescimento. Logo, Loreta teria plenas condições de sair desse estado de tristeza e tratar de sua evolução. Essa tarefa cabia somente a ela. E a mais ninguém.

A conversa de Renata e Luísa fluiu agradável. Mataram as saudades, colocaram o papo em dia. Falaram do passado, dos problemas que ambas enfrentaram, da falta de dinheiro, das adversidades da vida. Renata concluiu, após saborear delicioso chá de maçã:

— Confesso que, olhando para trás, sinto-me vitoriosa. Quando papai morreu e perdemos tudo, eu arregacei as mangas e fui à procura de trabalho. Fui contratada pela fábrica de bebidas lá de Campinas. Depois me esforcei, estudei à noite, fiz uns bicos em alguns bares e assim me graduei em administração e vim para São Paulo.

Luísa emendou:

— Hoje, passados alguns anos, você se encontra numa posição confortável, graças ao seu próprio esforço.

Renata sorriu. Pousou sua xícara no pires, sobre a mesinha, e assentiu:

— Sim. Devo muito a mim mesma. Entretanto, devo muito ao plano espiritual.

Luísa abriu e fechou os olhos algumas vezes.

— Como disse?

— Se não fossem os amigos espirituais, eu não teria conseguido.

— Explique melhor.

— Um dia eu estava sentada na cama, não conseguia dormir. Conciliar o sono estava impossível. O calor naquela noite estava insuportável e eu resolvi me sentar, no escuro mesmo. Passei a pensar na minha vida, nas perdas que tivera. Primeiro eu perdera papai. Mamãe, triste e amargurada, entrou em desespero, num desgosto muito grande e morreu alguns anos depois.

— Eu me lembro dessa fase.

Renata prosseguiu:

— Meu tio Plínio nos tirou tudo, e eu e meus irmãos ficamos jogados, literalmente, na sarjeta. De repente, comecei a chorar. Eu estava para ser demitida. A fábrica de cerveja estava com dificuldades e eu sabia que poderia ser cortada do quadro de funcionários.

Luísa interessou-se. Pegou um biscoitinho, mordeu-o na ponta, e encarou a amiga.

— Estou interessadíssima. Por favor, amiga, continue.

— Eu já havia passado por tanta dificuldade que naquela noite rezei com força. Lembrei-me dos tempos de colégio e orei, orei bastante, pedindo ajuda a Deus. Então dormi.

— E?

— Sonhei que estava caminhando por uma rua comprida, embora florida e bem calçada. De repente, encontrei meu pai. Eu o abracei tão feliz, tão saudosa. Ele retribuiu o abraço e assim continuamos a caminhar, de braços dados. Eu podia sentir seu perfume, o calor de sua pele. Era algo inacreditável.

Papai me disse muitas coisas, que mamãe ainda estava em recuperação e eu deveria continuar firme em meus propósitos, que não deveria esmorecer.

Renata parou por um instante. A lembrança do pai sempre a enchia de saudade e ela não conseguia deixar de marejar os olhos. Luísa apertou-lhe a mão com carinho, encorajando a amiga a continuar seu relato.

Renata pigarreou, tossiu e, por fim, continuou.

— Papai me disse que tudo o que acontecera era porque ele havia praticado muitos atos escusos no passado e havia prejudicado meu tio Plínio. Não obstante, meu tio poderia agir de outra maneira para resolverem a pendência do passado, sem criar laços de discórdia e tristeza. Papai assegurou-me que estava bem, que havia aprendido a lição e, não por acaso, eu havia atraído essas adversidades por conta de meu crescimento espiritual. Pediu-me que eu fosse ao centro espírita perto de onde eu morava, porque lá eu iria receber ajuda dos espíritos e, em breve, se eu persistisse, minha vida iria mudar para melhor, para muito melhor.

— E o que você fez? Se era um sonho...

— Pois bem. Eu acordei com a última frase de papai e vi a imagem do centro espírita. Naquele mesmo dia fui até lá.

— E isso a ajudou?

— Muito!

— Como sabe que o sonho tinha a ver com a realidade? Afinal, às vezes somos nós que criamos nossos sonhos. Acho que li isso em uma revista, lá no consultório do doutor Ribeiro.

— Sei disso, mas você não vai acreditar, Luísa! Assim que cheguei ao centro espírita, fui encaminhada para atendimento.

— Como assim? Como funciona isso?

— Quando chegamos ao centro espírita, na recepção, sempre há alguém simpático para nos atender. Afinal, quase ninguém vai a um centro espírita por amor. São sempre os casos mais tristes, as curas impossíveis, a dor de perda de entes queridos. Depois que passamos por médicos, exames e igrejas, desesperamo-nos e encontramos alento num centro espírita. Por tudo isso, o trabalho de quem está na recepção é de extrema importância.

— A ideia que sempre tive desses lugares é de que não são confiáveis, cheios de aproveitadores. Porque as pessoas chegam lá em desespero, tristes, e indivíduos inescrupulosos podem nos iludir e arrancar nosso dinheiro.

Renata sorriu.

— Quando se trata da dor humana, sempre haverá os charlatões de plantão. Entretanto, um centro espírita nunca cobra por nada. O atendimento é gratuito, sempre.

— Gratuito?

— Sim. Ocorre que o centro funciona num determinado espaço, seja um galpão ou um sobrado. Há o aluguel do espaço, o pagamento de impostos, o consumo de luz elétrica, de papel higiênico dos banheiros, de água e de copinhos para tomar água, e outras tantas despesas. Se o atendimento é de graça, lógico que o centro espírita vive de doações, de ajuda dos que lá frequentam. Por isso há almoços beneficentes, bingos, rifas etc. Tudo para ajudar no pagamento das contas.

— Nunca havia pensado nisso, Renata.

— Pois agora pode mudar seus conceitos.

— Sem dúvida — Luísa falou curiosa. — Mas como foi o atendimento nesse centro? Parece que você gostou muito de lá.

— Você não tem ideia de como fui bem atendida. Assim que informei sobre minha ida, a atendente me encaminhou para uma salinha e deu-me uma senha para que eu passasse em consulta com um médium da casa, a fim de saber qual seria o tratamento espiritual mais adequado para mim naquele momento, se devia ser um tratamento emocional ou mental. Tão logo o meu número foi chamado e me sentei, fiquei admirada com as palavras da senhora que me atendeu:

"— Seu pai está ansioso aqui do meu lado. Achava que você não fosse acreditar no sonho e não viesse. Veio aqui para dizer que o que você sonhou na noite passada nada mais foi do que um encontro entre ambos. Seu pai está bem, diz que sua mãe está em recuperação e seu tio Plínio não merece receber sua vibração de ódio. Ele não tem culpa do que fez. Vai responder pelos seus atos, é claro, porque a vida é regida por leis, e uma delas é a da ação e reação. Seu tio precisa que você vibre luz para ele. Assim, não vai se ligar nele, tampouco em outros problemas que não lhe dizem respeito".

Renata não conteve as lágrimas. Luísa abraçou-a com carinho.

— Meu Deus! Você ouviu da atendente o mesmo que seu pai lhe disse!

— Sim. E ela ainda descreveu meu pai. Seus olhos, os cabelos, o sorriso, os óculos que ele usava... Até a roupa que ela me descreveu eu conhecia. Era o terno com o qual nós o enterramos.

— Isso é de espantar qualquer um — asseverou Luísa, levando a mão à boca.

— E foi então que passei a acreditar na continuidade da vida. Não tinha mais dúvidas a respeito. Fui tão bem atendida e acolhida! Fiz tratamento de passes e, em quatro semanas, os passes atuaram sobre minha mente; eu me tornei outra pessoa, muito mais alegre, mais dona de mim, mais segura.

— O que me diz é formidável!

— Passei a frequentar o centro espírita, fiz cursos, participei das atividades sociais e das palestras. Logo em seguida arrumei emprego numa fábrica aqui em São Paulo e tudo começou a ficar mais colorido para mim — Renata riu. — Li muitos livros e hoje sou uma pessoa melhor, comigo e com os outros.

— E seus irmãos?

— Não querem saber de melhorar. Ficam na cola de meu tio, recebem migalhas dele e estão lá, numa vidinha apertada, cheios de ódio no coração. Não é o que escolhi para mim.

— Mas você não lhes contou sobre o sonho? Ou sobre o centro espírita?

— Claro que contei, mas eles não acreditaram. Riram de mim. Disseram que eu estava me transformando numa doida varrida, que minha vida ia afundar em breve, que eu estava para me tornar uma mulher ignorante e presa nessas bobagens espirituais — Renata deu de ombros, e prosseguiu: — Continuei meus estudos, graduei-me em administração e hoje sou gerente de uma confecção em expansão. Apresentei ao meu chefe algumas ideias de modelos de biquínis para a próxima estação. Se forem acatadas, tenho chances de ser promovida. E ganhar mais.

— A próxima estação não está muito distante?

— Penso lá na frente, Luísa — ela fez um gesto engraçado com as mãos —, lá na frente.

— Você sempre foi diferente. Atirada, moderna, sempre adorou o novo. Está na profissão certa.

— Queria mesmo ser dona de meu próprio negócio. Mas tudo vem no tempo certo. Talvez a vida esteja me preparando para maiores responsabilidades. Sinto isso.

— Quanto aos seus irmãos, creio que não há nada que você possa fazer.

— Eu não posso mudar a opinião deles, a vida deles. Tentei ajudá-los, inclusive com dinheiro, para custear uma faculdade, para que os dois tivessem uma profissão e pudessem crescer por si mesmos. Mas eles brigaram comigo, disseram que eu queria comprá-los. E, ainda, que eu tencionava fazer isso para tê-los em minhas mãos. Pura ilusão. É que eles são assim e acreditam que, por serem manipuladores, todas as outras pessoas também o são. Cada um é responsável por si.

— Concordo... quer dizer... em termos — Luísa hesitou.

— Como assim?

— Somos responsáveis em termos.

— Por que diz isso?

— Ora, Renata, acha que eu gostaria de estar até hoje ao lado de Genaro? Eu quero ser feliz e veja o que a vida me fez... Sou vítima de um destino cruel. Será que o Espiritismo pode me ajudar? Será que eu fui muito má e estou agora tendo de arcar com isso?

Renata riu.

— Você está lendo muita revista de consultório.

— Mas o Espiritismo não diz que o sofrimento é causa de erros do passado?

— Não. Cada um interpreta as obras de Allan Kardec de acordo com seu grau de evolução, de acordo com suas experiências de vida. Eu diria que o sofrimento é falta de inteligência. A gente sofre porque não faz o melhor de si. Ficamos presos às ilusões do mundo, distanciamo-nos de nossa essência, de nossos verdadeiros valores e, quando nos damos conta, estamos metidos em situações que nos trazem dor e sofrimento.

— Eu não gostaria de sofrer.

— Vivemos num mundo em que o sofrimento faz parte de nosso destino. Se não sofremos nas situações desagradáveis, sofremos pela perda de um ente querido, pela perda de um grande amigo. A dor, nesse estágio de evolução da Terra, serve para amadurecer nosso espírito, livrar-nos das amarras da ilusão de que tudo é feito segundo ordem das forças superiores que regem o Universo.

— E não é?

— Ora, Luísa, se essas forças ou Deus fizessem tudo, onde estaria o nosso mérito? De que adiantaria viver, sofrer, chorar, rir, se temos alguém — Renata apontou para cima — que faz tudo a toda hora? E, de mais a mais, se esse Deus determina tudo, por que então deixaria que vivêssemos entre guerras, discórdias, crianças mortas prematuramente e outros desatinos?

— Não sei. Talvez a minha concepção de Deus seja muito humana. Nunca me aprofundei nas verdades da vida.

— Então não crê que seja a hora de mudar?

— De mudar?

— Sim. De mudar, de deixar que essa impotência tome conta de você. Está na hora, Luísa, de abandonar a vítima que paira sobre você mesma e tornar-se adulta de verdade. Mais parece uma criança triste e indefesa, como se todos os que a cercam fossem maiores e bem mais fortes que você.

Luísa não conseguiu conter o pranto. Abraçou a amiga com força.

— Oh, Renata, você não sabe como anda a minha vida. Estou tão triste, tão perdida. Ajude-me, por favor, ajude-me...

Renata deu forte abraço na amiga. Deixou que ela desse livre curso às lágrimas. Quando Luísa acalmou-se, ela lhe serviu nova xícara de chá.

— Quer um lenço?

— Hum, hum.

Renata pegou uma caixinha sobre a mesa e a entregou a Luísa. Ela apanhou alguns lenços de papel e assoou o nariz. Recompôs-se e bebericou sua xícara de chá.

— Sou-lhe muito grata. Não sei explicar, mas sinto que você apareceu na minha vida na hora certa.

Renata deu uma piscadinha.

— Tenho certeza de que os espíritos estão nos ajudando.

— Acha?

— Tenho certeza. Minha intuição não falha.

— Não sei, preciso entender melhor tudo isso. Você pode me ajudar?

Renata retribuiu com inquietante pergunta:

— Você está pronta para mudar?

CAPÍTULO 8

"Você matou Loreta. Eu sei. Estou de olho em você."

A frase ecoava a todo instante na mente de Caio. Martelava sua cabeça, como se alguém o estivesse acusando a todo e qualquer momento. Fazia meses que ele havia recebido aquela carta misteriosa. Quem havia feito isso? Quem? Além da frase acusadora, a pergunta também fervilhava sua mente.

Caio revirou-se na cama. Estava sem sono, triste, cansado. Fazia alguns meses que chegara a São Paulo e não conseguira nada. Digamos que não conseguira nada em relação à sua sonhada carreira de modelo.

O rapaz entregou-se ao sexo fácil e acomodou-se nessa vida libertina. Tinha suas clientes, ganhava bem. Todavia, seu corpo apresentava sinais de desequilíbrio e cansaço. Havia uma voz que pedia para ele parar com essa vida.

Caio achava ser sua consciência, não percebia que Norma estava sempre ao seu lado, procurando inspirar-lhe bons pensamentos. Ele não acreditava em vida após a morte, era homem de pouca ou quase nenhuma fé.

Ela tentava, sempre que possível, aproximar-se do irmão e soprar-lhe ideias positivas, a fim de que ele saísse desse círculo pernicioso e desgastante que se tornara sua vida. Se ele continuasse assim, logo seu corpo físico apresentaria sinais claros de esgotamento vital e uma doença poderia facilmente instalar-se em seu corpo debilitado.

Norma acreditava que o irmão pudesse mudar. Afinal, ela tivera acesso a algumas vidas passadas de Caio e pôde verificar que ele fora batalhador e firme em seus propósitos. O que o atrapalhava sobremaneira eram os impulsos sexuais desenfreados. Isso sim era motivo de alarde, porquanto a paixão desenfreada e o sexo fácil haviam lhe causado grande estrago em outras vidas.

Por conta do sexo sem responsabilidade, Caio terminara sua última encarnação de maneira deplorável. Já fora hóspede do Vale do Sexo, local de permanência, no astral, de espíritos desencarnados em virtude do abuso desmedido de seus corpos em função de práticas sexuais desprovidas de qualquer sentimento nobre.

Por interferência das orações do espírito bondoso de sua irmã, Caio, às vezes, enchia-se de coragem para mudar e retomar o rumo de seus sonhos. Inicialmente, o jovem pensou em arrumar um emprego simples, mas Guido o demoveu da ideia. Queria a todo custo que o amigo trabalhasse com ele.

Guido chegara a São Paulo havia alguns anos. Sempre fora ambicioso e prometera a si mesmo que iria ganhar a cidade, ser rico e famoso. A qualquer custo. Rosto jovem, porém comum, percebeu ser atraente de certo modo, e passou a seduzir mulheres e homens.

As chances de emprego não eram boas, visto que Guido não tinha formação, havia concluído a quarta série do primário, somente. Sabia ler e fazer adição e subtração. Divisão era algo que o atrapalhava. Vendo que o dinheiro estava por acabar e percebendo os olhares de cobiça sobre si, resolveu tirar proveito do corpo. Foi assim que ele se atirou no mundo da prostituição.

Seu primeiro alvo foram as mulheres. Guido descobriu que havia um ponto próximo ao parque do Trianon, na região da Paulista, onde mulheres endinheiradas circundavam com seus carrões à procura de sexo com rapazes. Esses meninos eram chamados de call boys, garotos cuja clientela era formada única e exclusivamente por mulheres. A concorrência era pesada e logo Guido percebeu que os homens pagavam mais e exigiam menos. O sexo era mais rápido e o faturamento também.

Havia um código entre os call boys de só saírem com mulheres. Guido quebrou esse código e foi escorraçado das imediações do parque. Apanhou bastante e acabou nas mãos de rico empresário, que o ajudou, deu-lhe um teto e dinheiro. Óbvio que tudo isso em troca de sexo com exclusividade, quer dizer, nem tanta exclusividade assim.

A infidelidade ao parceiro lhe custou a perda do teto e do homem que o sustentava. Até que numa noite apareceu Maximiliano em sua vida. Homem na faixa dos quarenta, Max, como era conhecido pelos amigos, era um homem bonito, culto e trabalhava como curador de um museu. Era responsável por trazer ao país exposições de artistas internacionais de vários ramos das artes, fossem pintores, artistas plásticos, escultores. Pessoa boníssima, Maximiliano era adorado por muitos e bastante conhecido na sociedade.

Ele era homossexual e afeiçoou-se sinceramente a Guido. Foi aí que a vida do menino mudou, para melhor, é claro. Guido foi morar no belo apartamento de Max. Passou a ganhar uma gorda mesada para cuidar da casa, visto que Max estava sempre viajando, tratando de negociar com artistas ao redor do globo para que viessem expor suas obras no Brasil.

Guido aproveitou-se da generosidade de Max. Passou a frequentar lugares sofisticados e conheceu Gregório. Foi quando surgiu o convite para trabalhar como modelo. Mas a campanha fracassou e Guido passou a fazer pequenos serviços escusos para Gregório.

Caio conhecia Maximiliano somente por fotos. Chegou a atender ao telefone uma vez e ouviu sua voz. Maximiliano fora gentil, discreto — nem perguntara seu nome — e pedira para transmitir um recado a Guido. Esse fora o único contato. Maximiliano deveria retornar em fevereiro, porém estavam quase no fim daquele ano. Será que ele voltaria?

Guido acendeu a luz do quarto. Caio instintivamente levou as mãos aos olhos.

— Apague a luz, por favor. Ainda é cedo.

— Você não dormiu nada esta noite — retorquiu Guido.

— Como sabe?

— Ouvi seus passos.

Caio jogou-se na cama.

— Preciso arrumar um jeito de trabalhar.

Guido riu alto.

— Você já trabalha. E as clientes que atende? Não lhe dão bom dinheiro?

— Isso não é vida. Algo dentro de mim diz que tenho de parar com essa vida leviana. A cada dia que passa, estou me distanciando de meus objetivos. Eu vim para cá a fim de me tornar um modelo, um homem de quem minha mãe pudesse ter orgulho e admirar. E veja o que estou me tornando: um prostituto. Até quando Guido, até quando?

Caio estava nervoso e confuso. Enquanto ele estivera dormindo, Norma aplicou-lhe um passe calmante e novamente inspirou-lhe bons pensamentos, para que acatasse suas ideias e tratasse de mudar de vida. Ele mal se lembrava de ter ouvido algo, mas sentia que estava na hora de dar uma virada em sua vida.

Guido nunca o vira desse jeito. Aproximou-se e sentou-se na cama.

— Você está bem?

— Sim, estou. É que uma voz me diz que estou indo para o caminho da perdição. Eu não quero ser michê, você me entende?

— Claro que entendo. Mas você adia sua ida até o escritório do Gregório.

Caio abaixou a cabeça. Guido tinha razão. Ele evitava o contato com Gregório, mas o que fazer? O tempo urgia e ele precisava ir até o figurão da Cia. de Perfumes. Embora atormentado com a possibilidade de que Gregório soubesse de sua ligação com Loreta, esse era um risco que ele deveria correr. O rapaz estava com a faca e o queijo nas mãos. Queria se tornar modelo. Gregório precisava de um. Era juntar a fome com a vontade de comer.

— E então? — prosseguiu Guido. — Vai deixar de arrumar desculpas esfarrapadas e ir ao encontro do presidente da Cia. de Perfumes?

— Devo ir. Estou adiando por quê? — perguntou. — Preciso e quero mudar. E também preciso de um lugar próprio para morar. Não posso viver sob um teto cujo dono mal conheço. E, ainda, logo o porteiro vai começar a desconfiar das visitas femininas que recebemos. Isso não é justo com o Max.

— Justo ou não, você logo vai conhecê-lo — respondeu Guido, fazendo gestos com um dos indicadores.

Caio coçou o queixo.

— Agora é verdade? Max vem mesmo para o Brasil?

— Ligou-me ontem. Agora está tudo acertado. Ele se meteu lá com um grupo de estudos, sei lá o que anda fazendo. Esses caras ricos são muito excêntricos, sabe? Max não foge à regra. É um cara bom, legal, mas esquisito, cheio de manias. Disse-me que, assim que regressar de Londres, vai mudar algumas coisas aqui em casa.

— Mesmo?

— Bom, ele pode mudar o que quiser, desde que eu não saia. Daqui não saio, daqui ninguém me tira.

— Eu vou ter de sair. Não compreende?

— Quando Max chegar, em breve, você terá de partir. Mas lugar a gente arruma.

— Não quero mais saber disso.

— O que deu em você? Acordou tão determinado!

— Algo dentro de mim exige mudanças em meu comportamento. É como se eu já tivesse vivido situação parecida e terminasse mal. Consegue compreender?

Guido fez ar de mofa.

— Não entendo, mas você é crescido e sabe o que é melhor para si. Por acaso — Guido perguntou num tom malicioso — não preferiria fazer como eu e arrumar um coroa endinheirado e carente?

— Nunca! Eu jamais me uniria a alguém por isso — antes de Guido se pronunciar ele concluiu: — Não o estou julgando, mas não tenho estômago.

— Mas tem estômago para transar com várias mulheres ao mesmo tempo. Isso é patético, Caio.

— Eu não quero mais essa vida. Não tenho vínculo afetivo com as mulheres. Eu faço sexo e pronto. Acabou. Elas me pagam e vão embora. Mas você alimenta sentimentos no Maximiliano. Não tem compaixão? Não se importa com os sentimentos ou mesmo de machucar o coração dele?

Guido levantou-se da cama. Andou até a janela do quarto.

— Max é grandinho e sabe se defender. Eu não sou responsável pelo que ele sente.

— Não é responsável, mas alimenta o sentimento. Isso é comprometimento. Você não pode simplesmente usá-lo e depois jogá-lo fora.

— Max vale muito para ser jogado fora. Isso é algo que não pretendo. Aliás, eu posso fazer o Max engolir você. Quer ficar morando aqui conosco?

— Como assim, engolir?

— Posso ir lá naquele lugar de que eu lhe falei, lembra?

— Nem pensar! — Caio levantou-se de um salto. — Não gosto disso.

— Por quê? Já teve alguma experiência ruim?

— Não é isso, mas ouço tantas histórias ruins sobre esses pedidos...

Guido sorriu.

— Comigo não tem problema, não. Eu posso tudo. Quer dizer, esse senhor que faz os trabalhos para mim não falha. Ele é muito bom.

— Peça então para ele cuidar dos seus negócios. Dos meus, eu me entendo.

— Você é quem sabe. Se quiser uma ajuda, não hesite em me chamar — Guido rodou nos calcanhares e apoiou-se no batente da porta. Voltou o rosto para dentro do quarto e disse:

— Tem certeza de que não vai querer a prestimosa ajuda dos espíritos?

— Tenho.

— Não gostaria de saber se os espíritos poderiam descobrir sobre esse bilhete estranho que você recebeu?

Caio voltou a sentar-se na beirada da cama, nervoso.

— Recebi faz tempo. Deve ter sido uma brincadeira de extremo mau gosto.

— Quem sabe eu...

— Não! — bramiu Caio. — Absolutamente. Isso compete somente a mim.

— Tudo bem — replicou Guido, num tom conciliador. — Estou às ordens para ajudá-lo, caso precise.

— Obrigado.

Guido saiu do quarto e, em seguida, Caio voltou a se levantar. Havia dormido mal, as palavras daquela carta não saíam de sua cabeça. Entretanto, sua mente registrara as palavras da irmã e ele havia decidido que iria até o escritório de Gregório. Havia mais de mês que adiava sua ida à Cia. de Perfumes. Maximiliano estava para regressar ao Brasil. Caio precisava arrumar um novo lugar para morar, mas, para isso, necessitava de um emprego decente, de uma renda que pudesse ajudá-lo a se tornar independente. E longe de sexo.

Ele não estava gostando de determinadas atitudes de Guido. Quando havia entre eles algum tipo de discórdia, um conflito que fosse, Guido atirava-lhe na cara que ele estava vivendo bem na cidade grande graças a ele. Isso o deixava triste e abatido. Caio sentia algo estranho no ar, uma desconfiança que não sabia de onde vinha. O único registro no seu corpo era a clara sensação de medo, de fuga. Ele sentia vontade de sair daquele apartamento o mais rápido possível. Resolveu que iria procurar Gregório. Não encontrava outra solução.

Norma andava de um lado para o outro do quarto, sem saber qual atitude deveria tomar. Carlota apareceu e aproximou-se dela.

— Você não deveria estar aqui. O ambiente às vezes fica pesado devido ao padrão vibratório dos pensamentos negativos de Guido. Ele não tem bons pensamentos e inunda o ambiente de energias de baixa vibração.

— Guido está manipulando meu irmão. Caio deseja ter uma vida independente e está praticamente preso a ele. Eu sinto que essa amizade não faz bem ao Caio.

— Seu irmão tem o livre-arbítrio, querida. Não se esqueça disso, jamais. Caio escolheu encontrar essas pessoas nesta etapa de sua jornada evolutiva. Ele poderia escolher outros caminhos, mas desejou que as coisas fossem por esse lado.

— Pelo menos eu tento soprar-lhe palavras de encorajamento, de força e de procura pela espiritualidade.

— Isso fará toda a diferença — tornou Carlota, esboçando lindo sorriso. — Se Caio procurar estudar e entender a vida espiritual, poderá passar pelos dissabores de maneira menos dolorida. Eu e você estamos fazendo nosso papel, inspirando-lhe bons pensamentos, ajudando-o a se afastar de atividades ilícitas, a manter um coração bom e puro. A revolta, muitas vezes, só nos afasta do caminho que traçamos na vida e, no fim das contas, percebemos que ficamos mais cansados e tristes.

— Meu irmão é bom. Não canso de repetir isso.

— Todavia — rebateu Carlota, com candura —, Caio é quem precisa acreditar que é bom. Enquanto isso não se concretizar, vamos vibrar e pedir às forças espirituais que o ajudem a manter-se em equilíbrio.

Os dois espíritos aproximaram-se do rapaz e lhe ministraram um passe revigorante. Caio havia se sentado na cama e sentiu vontade de se deitar mais um pouco. Assim que se deitou, imediatamente sentiu um bem-estar como há muito tempo não sentia. Em seguida, espreguiçou-se, bocejou, esticou os braços e dirigiu-se ao banheiro. Entregou-se a uma ducha forte, morna e reconfortante.

Passava das dez da manhã quando Caio entrou na elegante recepção da Cia. de Perfumes. Foi atendido por uma simpática recepcionista.

— O que deseja, senhor?

— Tenho entrevista com o senhor Gregório Del Prate.

A moça pegou uma agenda ao seu lado e checou o nome.

— Desculpe-me, senhor, mas não consta reunião para esse horário. Seu nome, por favor?

— Caio Abrantes Souza.

Ela novamente checou e nada. Pegou outra lista e nada.

— Desculpe-me, senhor, mas não...

O rapaz a interrompeu com delicadeza.

— Eu é que devo pedir desculpas. Essa reunião está marcada há bastante tempo e eu não avisei...

A recepcionista sorriu e lhe deu uma piscada.

— Como se trata de um moço bonito e simpático, creio que poderei checar com o senhor Gregório.

Caio sorriu sem graça. Afastou-se da recepção e sentou-se numa cadeira ali perto. Alguns instantes depois ela o chamou.

— O senhor Gregório vai atendê-lo. Dirija-se até o fim deste corredor — ela fez um gesto sensual com os dedos. — Depois tome o elevador da esquerda até o último andar. Vai sair diretamente na sala do presidente.

— Obrigado.

— Por nada. Às ordens. Meu nome é Meire.

Caio devolveu o sorriso.

— Obrigado, Meire.

Assim que ele se afastou, ela suspirou emocionada.

— Tão bonito! Ele me lembra o Marco Antônio — Meire disse emocionada. — Ah, Marco Antônio, por onde anda você?

Caio tomou o elevador e, ao chegar ao último andar, as portas se abriram e ele saiu diretamente na sala de Gregório. O homem estava sentado em sua poltrona, atrás de sua mesa e de costas para quem entrava. Parecia que Gregório apreciava a vista da cidade, através da imensa janela de sua sala.

Caio estugou o passo e aproximou-se da mesa. Gregório fez delicado movimento com o corpo e girou a poltrona com os pés. Os olhos de ambos se cruzaram. Caio sentiu um estremecimento, um mal-estar sem igual.

— Até que enfim. Se Maomé não vai até a montanha...

Caio pigarreou.

— Bom dia, senhor Gregório.

— Pode me chamar simplesmente de Gregório. O "senhor" me deixa mais velho do que já aparento.

— Desculpe-me.

— Sente-se, criança — Gregório fez gesto para que o rapaz se sentasse. Caio anuiu com a cabeça e sentou-se numa cadeira próximo à grande mesa talhada em ferro e com vidro. — Sabe que parece que o conheço de algum lugar?

Caio estremeceu. Será que Gregório o havia visto na casa de Loreta? Não. Era impossível.

— Eu tenho um rosto comum. Deve ser isso.

Gregório deu uma gargalhada espalhafatosa.

— Rosto comum?! Você? Está tirando sarro da minha cara, isso sim. Criança, você tem o rosto perfeito para minha nova campanha do perfume Nero. Preciso desassociar a imagem do perfume ao rosto do antigo modelo, Marco Antônio.

— Soube que ele se acidentou.

— De maneira tola. Um acidente doméstico. Imagine o que aconteceu ao garoto! Pobre Marco Antônio.

— E há chances de ele se recuperar?

— Sim. Mas queimaduras provocadas pelo álcool deixam marcas. Sorte dele que o rosto não foi afetado, porém os braços, ah, os braços ficaram bem machucados.

— Se o rosto não sofreu queimaduras, então...

— Deixe de sentimentalismo, criança. Os meus modelos aparecem de corpo inteiro nas propagandas. Quem compra perfume quer ver um rosto bonito e corpo bem-feito, esculpido. Marco Antônio já era. Agora quero um rosto novo. E aposto em você.

— Puxa, senh... quer dizer, Gregório. Eu sempre quis ser modelo. Você não sabe o bem que me faz ao me oferecer esse trabalho. Contudo...

Caio parou de falar. Gregório o encorajou.

— Contudo?

— Eu nunca fiz propaganda, nunca posei para fotos. Não precisaria fazer um curso?

— Eu arrumo uma equipe para você. Terá tudo e todos aos seus pés. Quando estará disponível para os primeiros ensaios fotográficos?

— No momento que quiser. Estou disponível.

— Muito bem. Vou confeccionar o contrato. Isso leva algum tempo, pois os advogados adoram encher os contratos com muitas cláusulas. Eu tive muita dor de cabeça com o Marco Antônio e não quero correr mais riscos.

— Você é quem sabe.

— Eu vou adiantar parte de seu cachê — Gregório apertou um botão sobre um dispositivo em sua mesa. — Meire, peça para que o departamento financeiro preencha um cheque no valor de...

Caio arregalou os olhos quando ouviu o valor que lhe seria adiantado. Nunca imaginara ganhar aquilo na vida. Era muito dinheiro...

Pelo menos agora teria condições de alugar um apartamento modesto, largar a profissão de call boy e encher sua mãe de orgulho. Faria Rosalina se sentir a mãe mais feliz do mundo.

Caio sorriu. Despediu-se de Gregório com imenso sorriso nos lábios. Chegaria até o apartamento e ligaria para suas clientes. Não iria mais atendê-las. Estava convicto disso.

O rapaz desceu e, ao entrar no elevador, olhou o cheque e conferiu o valor várias vezes.

— É muito dinheiro — disse para si mesmo.

Ao sair do elevador e deparar-se com Meire, retribuiu-lhe a piscada.

— Sua piscada me deu sorte. Obrigado.

Meire ficou sem palavras. Abanou o rosto com as mãos.

— Além de bonito, é simpático. Mas o Marco Antônio é mais bonito.

Caio saiu do prédio da Cia. de Perfumes feliz e contente. Tinha vontade de ligar para sua mãe e contar-lhe as novidades. Mas iria esperar até assinar o contrato. Guardou o cheque no bolso do paletó e tomou um táxi. Deu ao motorista o endereço de seu banco. Enquanto o motorista avançava pelo trânsito caótico da cidade, Caio cantarolava uma canção em voga, sentindo-se o mais feliz dos homens.

CAPÍTULO 9

O avião que transportava Maximiliano aterrissou na cidade numa linda manhã. O céu era de um azul intenso, não havia uma nuvem sequer. Max finalmente retornava ao seu país depois de longa ausência. Fazia meses que partira para Londres a fim de negociar uma exposição de quadros com um pintor que despontava no circuito das artes.

Entretanto, Max conhecera, nesta estada em Londres, o doutor Bryan Scott, médico fundador do Instituto Scott de Estudos Espirituais, voltado ao estudo de casos inexplicáveis para a ciência oficial.

Ele se encantou com o médico, com suas experiências, e resolveu permanecer em Londres e absorver todo o conhecimento espiritual que esse médico pudesse lhe passar.

Foi pensando no médico inglês que Max desembarcou no aeroporto. A história de Bryan Scott era impressionante.

Médico cético e ateu, Bryan Scott nunca quis saber de religião nem mesmo de espiritualidade. Considerava tudo isso uma grande bobagem, uma espécie de entorpecente para que as pessoas pudessem ser manipuladas e usadas por mentes mais fortes.

Não obstante, Scott tivera todo o seu sistema de crenças sacudido e abalado quando sua filha Stella, de apenas doze anos, morreu num desastre de trem que ia do condado de Norfolk a Devon, no Sul da Inglaterra. Isso ocorrera no meio da Segunda Guerra Mundial, havia muitos anos.

Triste e abatido, Scott fechou-se em seu mundo e tornou-se homem mais cético ainda. Deus, segundo sua observação, não passava de uma invenção, de uma força criada por homens espertos a fim de aproveitar-se da dor alheia.

Os anos foram passando e o coração de Scott foi embrutecendo na mesma proporção. Tornara-se homem amargo e descontente com a vida. Aposentou-se e, num dia particular, sonhou com sua filha. Stella dizia estar bem, já havia reencarnado e morava atualmente em Bristol.

Bryan Scott acordou com a cabeça embaralhada, não se recordava direito o que havia sonhado. Só se lembrava de ter visto o rosto de uma menina parecida com sua Stella, mas com os cabelos e as feições alteradas.

O tempo passou e Scott foi convidado para dar uma palestra acerca do impacto do aquecimento global sobre o planeta, tema que já era preocupação de algumas pessoas no início da década de 1980. O médico fez brilhante palestra, advertindo que aquela era a época certa para que toda a humanidade somasse esforços e todos os povos lutassem pela preservação do ambiente. Essa palestra foi muito comentada e discutida anos depois.

Ao sair da palestra e dirigir-se para seu hotel, Bryan Scott foi abordado por uma moça de olhos tristes e feições simpáticas. Ela implorava para que o médico lhe desse um minuto de sua atenção.

— Necessito falar-lhe urgente.

— Em que posso ajudá-la? — questionou o médico, num tom polido.

— Minha filha, Emily. Ela deseja lhe falar. Há meses quer conversar com o senhor.

— Sua filha? Mas você é muito jovem e...

Ela o cortou, com delicadeza.

— Desculpe-me, doutor Scott, mas Emily jura que o conhece e deseja lhe falar. Foi ela quem me mandou vir aqui. Disse que o senhor iria dar uma palestra e, ao terminar, eu deveria convencê-lo a ir até a nossa casa.

— Por que eu iria até sua casa?

A moça apertou as mãos com certo nervosismo. Seus lábios tremeram levemente e ela, por fim, declarou:

— Minha filha diz que é a reencarnação de sua filha Stella.

Uma bomba sob a cabeça do médico não teria surtido efeito tão devastador. Scott ficou parado por alguns instantes, mudo, estático, sem palavras mesmo. Aquilo era aviltante. Só podia ser brincadeira de mau gosto daquela desconhecida que vinha tocar-lhe em feridas profundas e não cicatrizadas do passado. Ou tratava-se de um milagre? Em *que* confiar? Ou melhor, em *quem* confiar?

Scott voltou do choque e balbuciou.

— Senhorita, por favor, não brinque com meus sentimentos.

Uma lágrima sentida escapou pelo canto do olho da moça.

— Sinto muito, doutor, mas minha filha afirma ter sido sua filha Stella.

— Ninguém sabe que tive uma filha. Quer dizer, isso faz muitos anos. As pessoas hoje nem se recordam e...

A moça tirou um pequeno papel do bolso. Havia ali algumas anotações.

— Emily diz que foi sua filha, que nasceu no condado de Norfolk em 1932, desencarnou em 1945 e...

Bryan Scott fez um gesto com as mãos para que ela parasse de ler.

— Por favor — tornou emocionado —, leve-me até sua filha. Eu lhe imploro.

O encontro do médico com a menina foi comovente e, ao mesmo tempo, surreal. Eram duas pessoas que nunca haviam se visto na vida, mas ligadas pelos verdadeiros laços do espírito.

Assim que entrou na sala e viu a pequena Emily, Scott ainda teve certa desconfiança. Achou que iria encontrar uma cópia perfeita de sua Stella, mas o que via na sua frente era uma menina magra, esquálida, doente. Os cabelos de Stella eram ruivos e encaracolados, a pele era de alvura estupenda. A menina à sua frente tinha os cabelos mal cortados, pretos e lisos. A pele era mais para morena, e a aparência, no geral, em nada lembrava sua finada filha.

Scott rodou nos calcanhares e fez menção de sair. Aquilo devia ser armação, das boas. E ainda tripudiavam sobre seus sentimentos. Deveria, isso sim, processar aquela mãe desmiolada e louca. Claro! Havia notado que a casa ficava em um bairro pobre, a família não tinha recursos e talvez, com esse "golpe" da reencarnação, pudessem tirar algum dinheiro dele.

O médico mordeu os lábios de raiva, estava chegando perto da porta de saída quando a menina se zangou:

— Papai, não faça isso. Sou eu, Stella. Em outro corpo, mas sou eu.

Ele se virou abruptamente e quase avançou sobre a menina. Tinha uma vontade louca de desferir-lhe uns bons bofetões. Antes de tomar atitude irascível, ela concluiu:

— O acidente de trem que me tirou deste mundo estava programado pelo plano maior. Era a minha hora de partir. A vovó Elizabeth resgatou meu espírito dos escombros. Eu juro que não senti nada quando desencarnei. Só me lembro de um forte estrondo, de alguns gritos e depois meu corpo começou a flutuar, como se eu estivesse boiando, como naquela vez em que você me levou para nadar numa praia, na região de Brigthon. Isso se deu logo depois que vovó Elizabeth morreu, lembra-se?

Scott não tinha palavras para rebater ou professar naquele momento. Seus olhos marejaram e ele sentiu um perfume de flores bem característico, que sua mãe costumava usar. Antes que ele pudesse dizer algo, Emily alegou:

— Vovó está aqui e diz que está com aquele perfume de flores de que você tanto gosta. Diz que o ama muito e...

Emily não disse mais nada. Scott ajoelhou-se e abraçou a menina, cuja debilidade física se fazia notar. Emily beijou-lhe a face.

— Eu não vou viver muito mais aqui nesta dimensão. Necessito partir. Vim para lhe provar a existência da vida após a morte do corpo físico, que o processo de morte nada mais é do que uma transformação e nosso espírito é eterno.

As lágrimas de Scott corriam insopitáveis. Ele acariciava os cabelos negros e lisos da menina, beijava-lhe as faces, inundado de felicidade.

— Você voltou para mim. Você voltou para mim!

— Por pouco tempo, papai. Você precisa acreditar na existência das forças superiores que regem o Universo. Pode chamar de Deus, se quiser. Mas não pode deixar de acreditar nessas forças. Você é homem muito inteligente e sempre esteve ligado às verdades espirituais. Médico de renome, no passado fez estudos que comprovaram a reencarnação. Vítima de pessoas inescrupulosas, que se sentiram ameaçadas com as verdades que você iria revelar ao mundo, foi parar na fogueira dos inquisidores. Por tudo isso, está tão relutante em aceitar a existência da vida após a morte do corpo físico. Eu reencarnei neste corpo frágil — ela fez um sinal, apontando para o próprio corpinho adoecido — porque precisava chamá-lo para a sua missão. Você não pode partir deste mundo sem antes se dedicar aos estudos espirituais.

— Eu vou estudar, eu quero estudar. Entretanto, não quero perdê-la de novo. De novo, não.

— Não vai me perder, papai. Só vou para outra dimensão. Assim que voltar para o nosso verdadeiro mundo, a pátria espiritual, vou me reequilibrar e logo estarei ao seu lado, inspirando-o, ajudando-o na fundação de seu instituto. É um trabalho grande e árduo. Você vai enfrentar preconceitos, mas não vai esmorecer, porquanto do outro lado estarão amigos espirituais determinados a ajudá-lo em seu intento.

— Não sei se nesta altura da vida...

— Nem pense nisso! — a pequena Emily o censurou. — Você ainda vai viver muito, vai morrer bem velhinho. Nunca é tarde para começar um novo trabalho. Será de grande importância para a humanidade. O mundo atualmente precisa cada vez mais se certificar da existência do universo espiritual. A humanidade encontra-se pronta para receber as verdades da vida.

Emily conversou algumas outras particularidades com Scott e, após se despedirem e marcarem novo encontro, ela finalizou:

— Mamãe ainda está em processo de recuperação, mas bem. Quem lhe manda lembranças é o William Moore, seu colega de faculdade. Ele está tão bem, que não tem mais medo de água. William também fará parte do projeto de criação do instituto.

Não havia mais nenhuma possibilidade de dúvidas. Bryan Scott nunca havia dito, nem mesmo à sua finada filha, sobre a existência e a forte amizade entre ele e William na época da universidade. William não sabia nadar e afogara-se no lago do campus da universidade, depois que um forte vento virou o barco que ele remava. Foi muito difícil para Scott superar a dor traumática da separação. Entretanto, mais de cinquenta anos haviam se passado e muito raramente Scott lembrava-se do amigo.

— Fico contente que William esteja ao meu lado. Sempre estimei muito sua amizade.

Bryan Scott despediu-se da pequena Emily e de sua mãe, Sarah. Saiu daquela humilde casa, no subúrbio de Bristol, atordoado, perturbado e... feliz. Sim, aquela conversa havia lhe aberto a mente. Tudo fazia sentido, e Scott teve uma vontade louca de começar a estudar e contatar pessoas que se dedicavam seriamente aos estudos espirituais.

O médico pensou em mudar-se para perto da casa daquela que julgava ser sua filha. Iria voltar na semana seguinte para visitá-la. Queria voltar no dia seguinte, mas alguns compromissos inadiáveis não lhe permitiriam esse intento. Ele faria uma proposta para Sarah. Talvez até pudessem viver todos juntos, como uma família. Afinal, Scott estava viúvo e Sarah havia sido mãe solteira. Ela nem imaginava quem era o pai de Emily.

Tudo em vão. Na semana seguinte, quando ele estava livre para passar alguns dias ao lado de Emily, nova bomba. A menina havia desencarnado dois dias antes. Sarah, em prantos, entregou ao médico uma carta que a filha, em letrinhas miúdas e ainda infantis, escrevera para ele no seu leito de morte.

Na carta, Emily lhe dava indicações de como começar o projeto e quais pessoas deveria procurar inicialmente. Deu nomes, profissões, endereços, tudo detalhadamente.

Bryan Scott encontrou todas as pessoas ali mencionadas. Juntos, criaram o Instituto Scott de Estudos Espirituais, que foi um sucesso desde o início e agora contava com a colaboração de muitos profissionais sérios que corriam o mundo provando a existência da reencarnação.

Maximiliano empolgou-se de tal maneira que foi esticando sua estada na Grã-Bretanha até o último instante. Uma exposição do pintor que ele queria trazer ao Brasil iria começar dali a uma semana. Ele planejava cuidar da exposição e, ao seu término, iria mudar-se de vez para a Inglaterra. Queria ingressar no instituto e dedicar-se ao estudo sério da espiritualidade.

Ele era homem culto e muito simpático. Fora alertado por Bryan Scott de que havia energias densas, bem pesadas, pairando sobre sua casa. Maximiliano deveria regressar ao Brasil, mas deveria ficar na casa de outra pessoa. Não na dele. Antes haveria a necessidade de uma boa limpeza energética para não interferir no seu sistema físico, psíquico e espiritual.

Maximiliano apanhou suas malas, botou-as no carrinho e sorriu feliz. Após passar pela Polícia Federal, atravessou a porta de saída e seus olhos perscrutaram o ambiente, em busca de sua amiga. Mais adiante viu uma mão delicada e bem cuidada, que balançava euforicamente. Ela deu um grito lá do fundo do saguão de desembarque:

— Sou eu, Max. Cheguei a tempo.

Ele sorriu e, quando se aproximou dela, abraçaram-se com ternura. Eram amigos de longa data. E de longas vidas. Max a beijou várias vezes na face.

— Renata, não sabe quanta saudade eu estava sentindo de você.

— E eu? Acha que vim do escritório até aqui para buscá-lo por quê?

Max riu gostoso.

— Você não larga o trabalho por nada! Se veio até aqui no meio do serviço, é porque gosta de mim.

— Bobo! — exclamou ela, contente. — Eu sempre faço tudo pelos meus verdadeiros amigos. Você me ajudou tanto, sou-lhe eternamente grata pela ajuda que me deu. Aliás, esse emprego, eu devo a você.

— Nem diga isso. Eu sou amigo do dono da empresa. Ele é sério, competente, jamais contrataria alguém por conta de nossa amizade. Você foi contratada porque é excelente profissional. É isso.

Abraçaram-se novamente. Foram caminhando até o carro de Renata.

— Pensei que não voltaria mais.

— Eu também. Vim a trabalho, mas quero voltar em definitivo. Londres é minha casa.

— Mesmo? — uma nuvem de tristeza cobriu os olhos de Renata. — Pensei que estivesse enjoado dos ingleses, que agora iria ficar aqui com seus amigos.

— Eu adoro o Brasil, Renata, mas pertenço àquele mundo. Eu gosto de cumprir horário, gosto de organização. Nosso país é maravilhoso, porém ainda estamos longe disso. Mesmo com os problemas existentes na Inglaterra, eu me identifico mais com aquele país.

— Vai ver, viveu lá muitas vezes.

Ele sorriu.

— Não tenha dúvidas. Por falar nisso, tenho tanta coisa para lhe contar!

— Adoro suas histórias!

— Pena que tenha que voltar ao trabalho — suspirou ele, triste.

Renata piscou o olho de maneira maliciosa.

— Tirei o dia para nós. Eu amo meu trabalho, mas está tudo acertado com meus funcionários. Sabe o quanto sou organizada e deixei todos sob as devidas orientações. Transferi uma reunião com um cliente importante para amanhã. Pode abusar de mim à vontade.

Max abraçou-a novamente.

— Como gosto de você, Renata. Se eu tivesse outra orientação sexual, com certeza você não me escaparia.

— É, nem tudo é perfeito...

Ele deu um tapinha em seu ombro e riram a valer.

— Está na hora do almoço. Sente fome?

— Muita. Sabe que sou um bom garfo.

— Vamos àquele nosso restaurante predileto. Depois para casa. Você deve estar cansado da viagem.

— Um pouco. Tenho de conversar seriamente com você sobre voltar para casa.

— O que aconteceu?

Max fez um sinal com o indicador, apontando para cima.

— Aviso dos amigos do Além. Recebi um comunicado de que não devo, em hipótese alguma, botar os pés em minha casa, por ora.

— A Mafalda, lá do centro espírita, alertou-me sobre algo esquisito no nosso prédio. Talvez seja no seu apartamento que resida o problema.

— O problema reside em Guido. Mas não quero tocar neste assunto agora. Vamos almoçar e, quando chegarmos a sua casa, eu lhe conto tudo.

— Minha casa? — perguntou Renata, exagerando propositalmente no tom.

— Sim, senhora. Vou ficar hospedado na sua casa. Não sei por quanto tempo, mas vou ficar lá, até os espíritos me liberarem para voltar para a minha casa.

Entraram no carro e Renata deu partida. Saíram do aeroporto e, ao pegarem larga avenida, foram conversando, animados, sobre os mais variados assuntos.

Genaro chegou em casa radiante. Fora eleito deputado federal. Um dos mais votados do país.

— Essa gente que vota é muito ignorante. Como é fácil iludir o povo. Daqui para a frente, agora o caminho será o Planalto! — exclamou, enquanto batia a mão no peito.

— Falando sozinho, Genaro?

Ele se virou para trás e se deparou com Eunice. Sorriu.

— Estúpida!

Ela fez uma careta e ele replicou:

— Você é estúpida e deve me tratar com deferência. De agora em diante devo ser chamado de senhor deputado.

— Para mim será sempre Genaro. Que é isso, menino? Quando você mal saiu dos cueiros, eu já estava batalhando na vida.

Ele deu uma gargalhada.

— De que adiantou tanta batalha? Vai terminar a vida lavando e passando roupa para os outros. Vai morrer doméstica. Pobre.

— Valeu o esforço.

— De que valeu tanto esforço?

— Eu durmo com a consciência tranquila, senhor deputado — ela aumentou o tom. — Não estou comprometida com nada nem ninguém.

— Não disse que você é estúpida? O mundo, minha cara Eunice, pertence aos espertos, àqueles que sabem tirar proveito desse povo ignorante que habita o Brasil em profusão. Adoro o povão.

Eunice balançou a cabeça para os lados, de maneira negativa.

— Isso ainda vai acabar mal. Você deverá prestar conta do que faz. Tem responsabilidade social e, se falhar, o peso da cobrança poderá ser muito maior do que talvez possa carregar.

— Que papo mais estúpido! Que responsabilidade social que nada! Eu quero mais é maracutaia. Quero meter a mão no caixa do governo e ganhar muito dinheiro. Acha que quero ser deputado e futuro presidente para quê? Para fazer algo pelo país? Ora, Eunice. Eu quero é tirar tudo e um pouco mais. Eu sou inteligente, preciso aproveitar a ignorância das pessoas.

— Vai se dar mal.

— Isso é praga?

— Pode ser.

— Praga de pobre não pega em mim.

— Cuidado para não ser preso.

Genaro riu com desdém.

— Você já viu político ser preso ou cassado neste país? Já viu?

— Ainda não, mas nunca é tarde. Se continuar assim, vai se dar mal. Sei que vai.

Genaro fez gesto obsceno com um dos dedos. Eunice levou a mão à boca, estupefata.

— Grosso!

— Anda, anda. Sai da minha frente. Quero ver minha esposa. Onde está a donzela?

— No quarto, arrumando-se.

— Arrumando-se para ir aonde?

— Vai ao banco.

— Só torra o meu dinheiro. Luísa pensa que eu sou o quê? Cofre público? Ela vai se ver comigo.

— Não a maltrate, por favor — suplicou Eunice.

Genaro deu-lhe um empurrão e ela caiu sentada no sofá.

— Eu não maltrato minha esposa. Apenas lhe aplico uns corretivos, quando necessário.

Genaro falou e subiu as escadas. Eunice balançou a cabeça para os lados. Até quando Luísa iria suportar aquele homem? Ela amava Luísa como se fosse sua filha. Conhecera-a quando Luísa era ainda pequenina. Havia uma ligação de amor muito forte que as mantinha unidas, sob quaisquer circunstâncias.

Eunice voltou à cozinha em seguida. Foi atrás de seus afazeres. Genaro entrou no quarto e Luísa estava sentada na banqueta defronte à penteadeira. Escovava seus cabelos castanhos e sedosos.

— Estou feliz — admitiu ele. — Fui eleito. Agora sou deputado federal.

Ela continuou escovando os cabelos. Sem virar o rosto, encarando-o pelo espelho que refletia sua imagem, Luísa tornou:

— Você comprou quase todos do seu partido. Estava na cara que seria eleito.

— Não importa como fui eleito. O que importa é que fui eleito. Isso sim.

— Entendo.

— E trate de se preparar, porque nossa vida vai mudar.

— Mudar?

— Sim, viajaremos muito a Brasília. Sempre que possível você vai me acompanhar.

— Está certo. Serei a esposa de deputado mais correta e educada do mundo. Você vai ver.

— Isso sim. Nenhum deslize. Não foi à toa que me casei com você. Tem um passado imaculado. Só falta agora me dar um filho.

Luísa estremeceu. De novo Genaro vinha com a história de filhos. O casamento ia de mal a pior. Ela estava esperando o resultado das eleições para poderem sentar e falar sobre a separação e agora ele vinha tocar no assunto de filho?

— Você precisa ir ao consultório do doutor Ribeiro. Há exames que precisam ser feitos para diagnosticar se você é estéril.

O sangue subiu pelas faces de Genaro. Ele se aproximou e levantou a mão. Luísa defendeu-se com a escova.

— Por favor, não me bata! — ela suplicou, de maneira comovente e apavorada.

— Você me irrita.

— Desculpe-me, mas...

Genaro a cortou, seco.

— Por que afirma que sou estéril? Eu não lhe disse que já fui pai?

— Sim... vo... você me disse. Mas aquele menino em Bauru não tem nenhum traço seu. Como pode afirmar que seja mesmo seu filho? Que aquela mulher não seja uma embusteira e esteja com vontade de chantageá-lo pelo resto da vida?

— Como saber? Ora, eu me deitei com ela, puxa vida! Tenho certeza de que o filho é meu. E meus advogados acreditam que o melhor é aceitar e dar-lhe gorda mesada para que ela não venha a público arranhar minha imagem. Imagine uma notícia dessas na imprensa? Minha reputação conta muito.

— Eu fiz todos os exames, Genaro. Não tenho problema algum. Custa você ir ao consultório do doutor Ribeiro? Só para tirar essa dúvida?

— Vamos tirar a dúvida agora.

Genaro falou de maneira libidinosa. Seus olhos ardiam de paixão e Luísa assustou-se. Ela tentou se levantar, mas ele era bem mais forte. Arrancou-lhe a escova das mãos, rasgou seu vestido e a arrastou até a cama, puxando-a com extrema força. Genaro jogou a esposa sobre o leito, arrancou suas vestes de maneira rápida e, antes que Luísa pudesse escapar, ele se jogou sobre ela e a possuiu de maneira violenta.

Dessa vez, Luísa não conteve a ira, e o desespero invadiu sua alma. Ela gritou de dor e de humilhação. Eunice ouviu os gritos dela, mas não podia fazer nada. Absolutamente nada. Uma lágrima correu pelo canto de seu olho e ela chorou, chorou e rogou a Deus que ajudasse sua menina a se livrar daquele brutamontes sem coração.

Genaro foi rápido. Em cinco minutos havia consumado o ato. Suando muito, ele se desprendeu do corpo da esposa.

Virou de lado e fez o mesmo ritual de sempre: abriu a cômoda, pegou um paninho, limpou-se, virou-se novamente e caiu num sono profundo e pesado. Em instantes seu ronco ecoou pelo quarto, de maneira irritante.

Luísa levantou-se, sentindo uma dor sem igual no baixo-ventre. As lágrimas escorriam insopitáveis pelo rosto e ela mal tinha forças para se levantar. Foi ao banheiro, encheu a banheira, temperou a água e entregou-se ao relaxamento. Naquele instante pensou em se afogar. Seria melhor.

Ela tentou uma vez. Depois outra. Quando ia tomar coragem para cometer o ato insano, Eunice entrou no banheiro.

— Eu ouvi os gritos e orei bastante. Quando ele começou a roncar, decidi entrar. Como está?

Luísa começou a chorar novamente.

— Genaro é um crápula, Eunice. Trata-me como se eu fosse um objeto, uma boneca. Ele mal liga para meus sentimentos. Veio para cima de mim, machucou-me.

— Ele a estuprou, essa é a verdade.

— Eu não aguento mais viver ao lado dele.

— Então se separe. Você tem seus pais e...

Luísa foi categórica:

— Meus pais foram comprados pelo Genaro. Eles nunca permitirão que eu me separe dele. Acha que minha mãe vai me defender? Vai ficar ao lado da filha e correr o risco de perder a casa, o carro, a mesada que Genaro lhe dá? Nunca, Eunice. Eu não tenho ninguém que possa me ajudar. Só tenho você. E Renata.

— Converse com sua amiga. Vá ao centro espírita.

— Sinto medo.

— Mais medo do que apanhar de Genaro? Duvido. Depois de tudo o que você tem passado ao lado desse brutamontes, nada mais poderá lhe causar medo.

Luísa titubeou por um instante.

— Creio que você tenha razão. Renata me disse a mesma coisa dias atrás. Em outras palavras, mas com o mesmo significado. Talvez esse seja um sinal para eu procurar ajuda espiritual. Estou a ponto de explodir, Eunice.

— Ligue para sua amiga. Eu fiz almoço, mas posso guardar para o jantar. Convide-a para sair e almoçar.

— Até pensei em ligar, mas Renata tinha compromisso hoje. Um amigo querido regressou de Londres e ela iria passar o dia com ele. Não quero, de maneira alguma, atrapalhar. Eles devem ter muitas coisas para conversar. Eu prefiro sair, dar uma volta.

— Ótimo! Vá dar uma volta.

— Você poderia vir comigo, Eunice.

— Não posso. O técnico vem consertar a máquina de lavar roupas logo mais. Se ele não der um jeito nisso hoje, terei de voltar ao tanque e não tenho mais idade para esfregar roupa. Imagine eu no tanque esfregando as cuecas de Genaro? Não mereço esse sofrimento!

Luísa riu.

— Só você para me fazer rir numa hora dessas. Não gostaria de vê-la fazendo os serviços da casa. Poderia muito bem acompanhar-me nos eventos. Eu contrato uma empregada.

— De maneira alguma. Eu não vou deixar de fazer o que gosto. Adoro cuidar da casa, das roupas, da comida, de deixar tudo limpo e em ordem. Eu nasci para isso e gosto disso. Por favor, não deprecie o meu trabalho. Afinal de contas, eu não trabalho para você, mas conduzo os serviços da casa porque gosto. Ponha isso na sua cabeça.

— Eu adoro você, Eunice.

— Eu também adoro você, minha querida.

Eunice levantou-se da beirada da banheira.

— A água deve estar esfriando. Vamos sair daí, antes que pegue um resfriado.

Luísa assentiu. Levantou-se, apanhou a toalha das mãos de Eunice e enxugou-se com vagar.

— Por que não vai almoçar fora e depois compra alguma coisa para você? Um vestido, um mimo qualquer. Dar-se um presente sempre eleva a autoestima.

— Você tem razão, querida. Farei isso. Entretanto, estou sem cheque e sem dinheiro. O Genaro vive monitorando meus gastos. Você me deu uma boa ideia. Vou me arrumar e ir ao banco. De lá vou a um shopping, almoço e depois compro algo para mim e para você.

— Eu não preciso de nada. Seu bem-estar é o meu maior presente.

— Não, senhora! Vou comprar sim. Um vestido bem bonito, do jeito que você gosta.

— Obrigada. Mas não vá gastar muito. Não confio na fonte de onde vem esse dinheiro.

Luísa riu.

— Eu vendi algumas peças de roupas num bazar e tenho umas economias. Vou comprar com o meu dinheiro. Fique tranquila.

Eunice sorriu. Fez sentida prece ao Alto, pedindo para que os amigos espirituais pudessem ajudar Luísa a se livrar de Genaro. O mais rápido possível.

CAPÍTULO 10

Renata encostou o carro no meio-fio.
— Chegamos.
— Adoro esse lugar — aquiesceu Maximiliano.
— Eu também. A comida é deliciosa, e o atendimento, um primor.

Renata entregou a chave do carro ao manobrista. Entraram no restaurante e, como ela e Max eram fregueses assíduos do estabelecimento, logo o gerente apareceu, cumprimentou-os e os conduziu a uma mesa afastada do burburinho. Naquela hora de almoço, o restaurante estava quase lotado e eles queriam privacidade.

Sentaram-se atrás de uma coluna, fizeram seus pedidos e, quando o garçom os serviu de água e refrigerante, entabularam conversação.

— Eu tenho muitas coisas para lhe falar — tornou Max, de maneira alegre. — Agora faço parte do Instituto Scott de Estudos Espirituais.

— O instituto é rigoroso na seleção de seus alunos. Como chegou lá?

— Uma noite, durante um jantar com um dos artistas que pretendia trazer ao Brasil, fui apresentado ao doutor Bryan Scott.

— Você o conheceu?

— Em carne e osso, minha amiga. Um homem admirável. Está bem velhinho, mas tem uma lucidez, uma percepção das coisas que é fascinante. Que homem brilhante!

— Eu adoraria conhecer o instituto.

— Poderá conhecê-lo, Renata. O doutor Scott quer fazer um intercâmbio com os médiuns e outros estudiosos da vida espiritual daqui. Você bem sabe que o Brasil é o maior país espírita do mundo.

— Como também acolhemos as religiões africanas, que também acreditam no mundo espiritual e utilizam-se da mediunidade de seus trabalhadores.

— Por certo. Não é à toa que muitos estudiosos estão de olho na nossa nação.

Renata estava exultante.

— Adoraria participar. Tenho estudado muito e tornei-me amiga de Mafalda, a dirigente do centro. Você a conheceu antes de ir para Londres.

— E se conheci! A Mafalda foi quem me disse que essa viagem seria um marco decisivo em minha vida.

— Ela lhe disse isso?

— Disse. Mas foi um tanto vaga. Talvez estivesse querendo que eu entrasse em contato com os estudos para depois podermos conversar. Pensei muito em Mafalda durante minha estada na Inglaterra.

O garçom trouxe os pedidos e eles pararam de falar por instantes. Após o rapaz se afastar, Maximiliano falou, com voz apreensiva:

— Sabe, Renata, eu recebi um aviso de que preciso fazer um trabalho de limpeza espiritual em meu apartamento antes de voltar a morar lá. Vou precisar dos préstimos de Mafalda. E contarei com sua ajuda também. Precisarei ficar em sua casa por alguns dias.

— Por mim, meu amigo, pode ficar em casa o tempo que for necessário.

— Eu fui invigilante, Renata. Coloquei em minha casa um rapaz que mal conhecia. Um perigo.

— Eu mal paro em casa. É muito difícil encontrar algum vizinho. Creio que nunca tenha visto esse... como é o nome?

— Guido — respondeu ele, de maneira enfadonha. — Fui tomado de pena e comiseração e resolvi convidá-lo para morar comigo. Nunca cometi um erro tão crasso em toda a minha vida.

— Você se deixou levar pela pena e esse sentimento nunca deve ser alimentado. Mas você colocou o menino lá. Por acaso aconteceu alguma coisa? Eu recebi uma mensagem dos amigos espirituais de que havia algo estranho no prédio e que deveria fazer determinadas orações. Tive de comprar inclusive um livro de salmos. Leio o de número 91 diariamente.

— A leitura dos salmos é poderoso instrumento de ligação com as forças espirituais superiores. No instituto, há um grupo de estudiosos que se debruçam sobre o poder dos salmos e como sua leitura nos beneficia, trazendo paz e equilíbrio.

— Por enquanto é o que faço. Mas você soube de mais alguma coisa?

Maximiliano passou a mão pelos cabelos.

— Sim. Fui alertado de que o ambiente em casa está impregnado de energia sexual de baixa vibração. Parece que Guido usou minha casa como local para promover orgias.

— Nunca vi nenhum movimento estranho no prédio.
— Ele botou um rapaz para morar lá.
— É sério?
— Sim.
— Sem o seu consentimento?
— Eu nunca deveria ter deixado minha casa nas mãos de um estranho.
— Não adianta se lamentar. O estrago foi feito e, pelo jeito, o apartamento está impregnado de energias negativas.
— Por essa razão eu não posso entrar lá. Há necessidade de uma defumação e da utilização de algumas ervas que talvez Mafalda nos oriente a usar.
— Mafalda é boa na indicação de ervas. Tenho certeza de que vai conseguir reequilibrar as energias de sua casa.
— Assim espero.
— Escute, Max.
— Sim?
— Você, eu, Mafalda e os espíritos amigos vamos promover essa limpeza no ambiente, certo?
— Certo.
— E o que vai fazer com esse tal de Guido?
Max suspirou.
— Precisaremos ter uma conversa dura e firme. Eu não posso mais alimentar essa pena que sinto dele. Isso só vai nos causar mais dissabores. Um amigo meu, em viagem recente a Londres, disse que o viu várias vezes na companhia de outro jovem. Eu sabia que ele tinha hospedado um moço no prédio, mas, engraçado, não sinto que esse rapaz passe algo de negativo.
— Vai ter de tirá-los de sua casa.
— O que me preocupa, Renata, é que alguns amigos me alertaram que Guido anda com aquele empresário, Gregório Del Prate.

Renata levou a mão à boca, estupefata.

— Que horror! — ela bateu três vezes a mão sobre a mesa. — Se seu amiguinho anda metido com Gregório Del Prate, então vamos ter de exorcizar a sua casa!

Maximiliano riu a valer.

— Você é danada, Renata. Danada!

— E não? O mundo todo sabe que Gregório é o capeta em forma de gente. Sabemos de tantas coisas ruins que ele aprontou com pessoas próximas a nós, gente do bem...

— Pois é. Vou ter uma conversa definitiva com Guido. Quero marcar um encontro com ele hoje mesmo.

— Pode ser lá em casa.

— Não acho uma boa ideia. Ele pode se revoltar e...

— E o quê? Ora, Max, estamos ligados ao bem. Aliás, somos pessoas de bem. Vamos orar e pedir ajuda aos nossos amigos do astral superior. Minha casa é um santuário e tenho certeza de que, sendo lugar neutro, seu amiguinho Guido não vai fazer nada. Podemos também recorrer à Mafalda.

— Ela poderia nos atender hoje?

Renata deu um risinho abafado.

— Conversei ontem com Mafalda. Ela disse que posso procurá-la a hora que quiser. Podemos almoçar e ir ao centro espírita. Não está cansado?

— Não. Estou ótimo. Quero resolver essa situação o mais rápido possível.

Caio entrou no banco e foi até o caixa. A instituição estava vazia e ele logo foi atendido. Chegou ao caixa e fez o depósito em sua conta.

— Preciso sacar algum dinheiro.

— Vou verificar com o gerente, senhor. O cheque é desta mesma agência e, se tiver fundos, o senhor poderá retirar quantia limitada. Este valor — o caixa apontou para o cheque — somente é liberado caso o senhor faça pedido de saque com quarenta e oito horas de antecedência.

— Onde aguardo?

— Aqui mesmo. Já volto.

Caio sorriu e assentiu com a cabeça. O caixa foi até o gerente, que viu o cheque e imediatamente ligou para a Cia. de Perfumes. Conversou com Gregório e, em seguida, permitiu que Caio sacasse determinada quantia. O gerente assinou o cheque e o devolveu ao caixa, que pegou o dinheiro, contou as notas por duas vezes e, em seguida, entregou-as a Caio.

— O senhor pode conferir?

— Não é necessário, você já fez isso duas vezes.

O caixa sorriu e agradeceu. Caio rodou nos calcanhares e, enquanto contava algumas notas, de cabeça baixa, deu tremendo esbarrão na moça que também saía do banco. O choque foi tão grande que ela se desequilibrou e caiu.

— Mil desculpas — foi o que ele pôde pronunciar. Caio abaixou-se imediatamente e a ajudou a se levantar e se recompor. — Machucou-se?

— De maneira alguma. Eu me desequilibrei, mais nada. Está tudo bem.

— Mesmo? Não quer um copo d'água?

Luísa sorriu e Caio estremeceu. Nunca vira mulher mais bonita em toda a sua vida. Seu coração bateu descompassado e ele procurou ocultar a emoção.

— Desculpe-me mais uma vez.

Ela estendeu a mão. Achou-o bonito e simpático.

— Eu adoraria tomar um refresco.

— Está muito calor — tornou Caio.

— Quer me acompanhar?

— Desde que eu pague.

— Ora, por quê?

— Eu fui o responsável pelo acidente. Depois, vou levá-la para casa.

— Não será necessário — Luísa apontou com o dedo. — Há uma lanchonete na outra esquina. Vamos até lá?

— Meu nome é Caio.

— Muito prazer. O meu é Luísa.

Caio assentiu com a cabeça. Não tinha palavras. Estava atordoado com tamanha beleza. Seu coração continuava batendo descompassado. A cada esbarradinha, a cada toque entre seus corpos, Caio sentia um leve tremor, uma sensação que nunca sentira na vida. Nem mesmo nos braços de Sarita.

Será que isso era o que Sarita lhe dissera sobre cara-metade?

Caio estava com os pensamentos confusos, não conseguia articular direito as palavras, tamanha a emoção diante daquela mulher que lhe despertava os mais nobres e puros sentimentos. Caio estava encantado. Era como se a conhecesse, como se já a tivesse visto em algum lugar. Ele tinha essa certeza. De onde a conhecia?

Enquanto caminhavam em direção à lanchonete, Henry suspirou feliz.

— Até que enfim eles se encontraram. Eu pensei que isso nunca fosse acontecer.

— Continua ansioso, não é mesmo? — inquiriu Carlota.

— Por certo. Eles foram meus pais. E serão de novo.

— Você não vê que tudo na vida ocorre na hora e no tempo certos?

— Sim, mas...

Carlota prosseguiu, sem deixá-lo falar.

— Quantos cursos fez aqui no astral? Será que não aprendeu nada?

Henry abaixou a cabeça, envergonhado.

— Não é isso, Carlota. A ansiedade é natural. Sei que tudo corre no tempo certo, tudo está programado no Universo e não cai uma folha de uma árvore sem o consentimento do Alto. Entretanto, fui abandonado pelo meu pai e demorei muito para perdoá-lo. Amargurado pelo seu abandono, tornei-me um péssimo filho para minha mãe. Ela não merecia esse desgosto. Já havia sido abandonada, e eu me senti revoltado. Não juntei forças para lhe dar suporte, carinho e atenção.

Carlota levou a mão delicadamente sobre seus lábios.

— Você fez o que achou melhor.

— Agora quero fazer tudo diferente.

— Primeiro, aguardemos até que Luísa torne-se mais forte, dona de si. Há necessidade de ela mudar crenças e atitudes que a impedem de crescer. Ela é muito insegura, ainda. Ao lado de Genaro, ela deve ter a noção de que também tem força, e, assim, tudo poderá ser diferente.

— Eu gosto de Caio. Ele aprontou muito e deixou minha mãe numa situação de penúria.

— Ele fez o melhor que pôde. Sabe que ele se comprometeu a ajustar-se com vocês dois. Vamos ver se ele é forte o suficiente para aguentar o tranco que virá pela frente.

— Farei o possível para ajudá-lo. Meu pai ontem, meu pai hoje...

— Calma, Henry. Ainda nem conversamos com eles. Essa etapa, o seu reencarne, só poderá ocorrer depois de situações mal resolvidas entre Caio, Gregório, Luísa e Genaro serem desfeitas. Depois que isso se resolver, poderemos traçar sua nova vida.

— Estou louco para voltar ao orbe, Carlota. Quero jogar bola, dormir de tarde, tirar férias. Aqui no astral se trabalha e se estuda muito. Estou cansado de tantas atividades.

Carlota riu.

— Pena que os encarnados não pensem como você. Para os habitantes da crosta terrestre, o nosso mundo é o do descanso. Pobres coitados, não sabem aproveitar essa vida cheia de situações que lhes permitem viver entre doses cavalares de descanso.

— Quem me dera poder ir a uma praia e refestelar-me na areia, tomar banho de mar, ficar deitado e receber os raios benéficos do sol em minha pele. Ah, Carlota, que saudade dessa vida boa!

— Ora, ora, você nunca viveu no Brasil!

— Mas agora eu quero viver aí, sim. Quero reencarnar nesse solo sagrado e, se possível, fazer meus pais se mudarem para uma cidade litorânea.

— Você e seus planos. Vamos, Henry. Deixemos Caio e Luísa se conhecerem, ou melhor, se reconhecerem. Era chegado o momento.

— Só um instante.

Henry afastou-se e aproximou-se de Luísa, beijando-lhe a fronte.

— Cuide-se mãe! Logo estaremos juntos.

Luísa não registrou o beijo, mas sentiu tremendo bem-estar. Assim que recebeu o beijo de Henry, ela sorriu. Caio novamente encantou-se com aquele sorriso singelo e sincero.

Entraram na lanchonete, sentaram-se em banquetas ao redor do balcão. Pediram um guaraná.

— O que você faz afinal, Caio? — perguntou Luísa, de maneira inocente.

— Sou modelo.

— Modelo?

— Sim. Farei campanha para um perfume.

— Adoro perfume. Poxa, um rapaz importante.

Caio sorriu.

— Nem tanto. Ainda não assinei contrato, sabe? Mas recebi um adiantamento. Estava agora há pouco no banco para efetuar o depósito em minha conta.

— Eu estava sem dinheiro e vim para pegar algum.

Caio notou a aliança dourada no dedo anular dela. Sentiu uma tristeza, um desapontamento sem igual. Quis que o chão se abrisse e ele sumisse.

— O que foi? Parece triste.

Caio dissimulou.

— Seu marido não lhe dá dinheiro?

— Como sabe que sou casada?

— Notei sua aliança.

Luísa corou.

— Bom observador — ela baixou os olhos, um pouco envergonhada.

— Você está bem? Também me parece triste.

— Eu sou uma mulher triste. Vivo presa a um casamento sem amor.

O semblante de Caio iluminou-se. Havia uma chance...

— Ora, então por que não se separa? Hoje é tão comum entre os casais.

— Adoraria ter essa coragem. Mas meu marido é político, acabou de se eleger deputado federal. Uma separação a essa altura dos acontecimentos não lhe faria bem.

— Você é pura de coração — rebateu Caio.

— Por que diz isso?

— Está interessada no bem-estar de seu marido.

— Não é bem assim. Minha família também está metida nisso — Luísa afastou os pensamentos com as mãos. — A história é longa.

— E quem vai cuidar do seu bem-estar?

— Você tem razão. Entretanto, o que fazer? Eu não tenho formação, sempre fui criada para ser dona de casa. Se eu me separar de meu marido, como sobreviverei?

— Para tudo tem jeito na vida — redarguiu Caio. — Eu sou do interior, sabe? Cheguei a São Paulo, determinado, a princípio, a seguir a carreira de modelo. Mas no começo eu me afastei de meus objetivos e acabei me envolvendo em outras atividades.

— O que você fez?

Caio enrubesceu.

Luísa o fitou. Estava esperando a resposta. Será que podia confiar nela? Eles mal se conhecem, entretanto, Caio sentiu-se tão à vontade na companhia dela, que não hesitou em ser franco e direto.

— Eu sempre fui ligado em sexo — ele pigarreou e Luísa arregalou os olhos. Ele iria parar, mas ela fez menção com a cabeça para que ele continuasse. — Cheguei a São Paulo e, influenciado por um amigo, comecei a ganhar dinheiro com sexo. Eu me prostituía.

Luísa levou a mão à boca.

— Oh, que triste! Como pôde ter estômago para viver disso?

— Prazer e necessidade, aliados. Eu sempre tive um fraco por sexo e também precisava de dinheiro. Juntei a fome com a vontade de comer.

— E você ainda faz... isso?

— Não mais.

— Não mesmo?

Caio meneou a cabeça para os lados.

— Pensei muito em minha mãe, que vive lá no interior. Ela não merece isso. Deu duro para criar a mim e minha irmã.

— Ah, você tem uma irmã?

— Tive. Norma morreu anos atrás.

— Sinto muito — respondeu Luísa.

— Eu também não tenho pai. Ele morreu quando éramos pequenos. Eu tinha dois anos e nem me lembro da figura paterna. Mamãe sempre foi mulher batalhadora e fez de tudo para que eu me tornasse alguém na vida. Por essa razão, prometi a mim mesmo que, de agora em diante, só serei motivo de orgulho para ela.

— Fico feliz que pense dessa forma.
— Você continua sorrindo e conversando comigo.
— E daí?
— Não me recrimina pela vida que tive?
— Por que o recriminaria?
— Preconceito, talvez...
— Eu acabei de conhecê-lo e o que você fez de sua vida até agora não é do meu interesse. Claro, de agora em diante, ficarei de olho em você. Creio que ganhei um amigo.

Caio sentiu brando calor no peito. Nunca tinha sentido algo semelhante por alguém. Ele se sentiu imediatamente atraído por ela. Apaixonado seria o termo mais adequado. Amor à primeira vista seria perfeito para traduzir esse encontro. Mas o que fazer? Luísa era casada. Acima de tudo, deveria — e queria — respeitá-la.

— Você é muito legal, Luísa. Obrigado por não me recriminar. Eu prometo a você que serei um grande amigo e você terá muito orgulho de mim.
— Assim espero.

Terminaram de beber o refrigerante. Caio pagou a conta e, antes de se despedirem, ele disse:

— Eu ainda não tenho lugar para ficar. Estou de mudança. Importa se me der seu telefone? Espero, até a semana que vem, estar em outro apartamento. Só meu.
— Que inveja! Adoraria ter um cantinho só para mim, uma vida independente, ser feliz.

Caio encarou-a nos olhos.

— Você tem tudo para ser feliz.

Luísa estremeceu. A presença de Caio desestabilizou-a. Não sabia se pela beleza ou pela inocência, ou por outros fatores que por ora ela não saberia explicar. Mas sentia algo como há muito tempo não sentia. Ela disfarçou.

— Espero que um dia isso aconteça.

— Bom, preciso ir e cuidar de minha vida. Apenas diga-me uma coisa...

— Sim?

— Gostaria de me ajudar na decoração do apartamento?

— Oh, adoraria!

— Eu devo arrumar um lugar por estes dias. Depois, terei de comprar móveis, objetos para a casa e não levo muito jeito para isso. Você me ajudaria, Luísa?

— Mas é claro. Façamos o seguinte. Eu vou lhe dar o telefone de casa.

Caio hesitou.

— E seu marido? Não pode arrumar encrenca com você?

— Não. Ele é muito ocupado com política. Agora, que se elegeu deputado, deve ficar mais em Brasília que em casa. Graças a Deus.

Caio riu por dentro. Parecia que Luísa era infeliz no casamento. Para ele, havia uma chance. Ele disfarçou o que ia em seu coração.

— Assim que arrumar o apartamento, eu ligo.

— Combinado — Luísa abriu a bolsa e retirou um cartão. — É melhor me ligar após o almoço. Nesse horário meu marido nunca está em casa.

— Eu ligarei sim — Caio lhe estendeu a mão. — Prazer em conhecê-la, Luísa.

— O prazer foi todo meu.

Caio a viu sumir pela rua. Sentiu novamente aquele calor no peito. Não queria se separar dela. Não queria que aquela conversa terminasse. Já sentia saudade da companhia de Luísa. Será que era normal?

Ele não saberia responder. Sorriu para si mesmo e voltou para casa, feliz.

CAPÍTULO 11

    Maximiliano e Renata chegaram ao centro espírita pouco antes da abertura dos trabalhos espirituais da tarde. Geralmente, durante as tardes, eram feitas consultas e tratamento de passes. Caso houvesse algum problema espiritual mais sério, como obsessão, por exemplo, a pessoa era encaminhada para o horário da noite, no qual havia um grupo de médiuns da casa treinados para esse tipo de trabalho.

    Os dois foram recebidos por uma moça simpática que os conduziu imediatamente à sala de Mafalda. Ela bateu levemente e Mafalda deu ordem de entrar.

— Mafalda, aqui estão a Renata e seu amigo.

— Faça-os entrar.

    A moça fez sinal para os dois e eles entraram. Em seguida, perguntou solícita:

— Aceitam uma água, um café?

— Não quero nada — respondeu Renata.

— Eu também não desejo nada. Obrigado — redarguiu Maximiliano.

Mafalda levantou-se e foi até eles. Cumprimentou Renata com um beijo e um abraço. Era mulher muito afetuosa e demonstrava isso nos cumprimentos e trato com as pessoas.

— Como vai, minha querida?

— Estou muito bem, Mafalda. Melhor, impossível. Sempre ligada com os amigos espirituais do bem.

— É assim que se faz — ela encarou Maximiliano e abriu largo sorriso. — Estava lhe esperando, meu amigo. Bom ter vindo aqui.

— Nosso último encontro foi tão rápido! Espero poder ter mais de seu tempo.

Mafalda o beijou na face e o abraçou efusivamente. De seu corpo emanava um calor agradável, que fez Max se sentir muito confortável.

— Os espíritos me avisaram que você viria.

— Mesmo?

— Sim. Por favor — ela fez sinal em direção a duas poltronas —, sentem-se.

— Eu sabia que você poderia nos atender, Mafalda.

— Você foi intuída a trazer o Max até aqui.

— Eu?!

— Sim. Você tem progredido bastante aqui em nosso centro. Procura estudar com afinco, tem construído dentro de si uma fé inabalável. Tem progredido bastante no caminho do bem. Os espíritos amigos contam com encarnados como você.

— Obrigada, Mafalda. Desde que vim para cá, minha vida mudou para melhor. Eu cresci muito, em todos os níveis. E creio que os espíritos amigos podem contar comigo para o que der e vier.

— Por isso, usaram-na como instrumento para trazer nosso nobre amigo até aqui.

— Eu sou um simples mortal — rebateu Max. — Tenho ainda muito que aprender.

— Por certo, meu amigo. Entretanto você se ligou a um poderoso grupo de estudiosos lá na Inglaterra e juntos realizarão grandes feitos no mundo.

Max estava estupefato.

— Como sabe disso?

— Eu sei de muitas coisas — respondeu Mafalda, num sorriso encantador. — E sei que, neste momento, precisamos nos dedicar à limpeza astral de sua casa.

— Parece que o ambiente está bastante contaminado por energias perniciosas.

— A energia sexual — tornou Mafalda, numa voz levemente alterada — é rica em ectoplasma. Os espíritos desencarnados, perdidos entre esta e a outra dimensão, necessitam desse fluido para se sentirem "vivos". Afinal, não aceitam a morte do corpo físico, tampouco querem se desligar dos prazeres da carne.

Eles nem piscaram os olhos. Absorviam cada palavra.

— Todavia, nos tempos atuais, o sexo descontrolado e inconsequente será freado por um tipo de vírus, digamos assim, que já está se instalando no corpo de algumas pessoas aqui no orbe. Esse vírus vai trazer à tona o questionamento acerca do sexo e suas consequências, quando mal utilizado.

— Faz sentido — disse Max. — Lá na Inglaterra li algo sobre um tipo raro de câncer que está destruindo a imunidade das pessoas. Parece um tipo de vírus que é transmitido pelo sangue contaminado e relações sexuais.

— Pois é. A humanidade passará por um período sombrio nesse aspecto e teremos de repensar a maneira como praticamos o sexo.

— Eu não ouvi nada a respeito — comentou Renata.

— Logo você saberá. O mundo inteiro vai ser atingido por esse vírus. Ele não vai respeitar sexo, cor, raça, nada. Será um vírus democrático, atingirá todos aqueles que fazem mau uso das funções sexuais. E por essa razão — Mafalda refletiu — precisamos retirar as energias que permeiam sua casa.

Maximiliano sentiu-se envergonhado. Nunca deveria ter permitido que Guido morasse em sua casa. Sentira pena do rapaz e estava agora diante de uma grande encrenca. Mafalda absorveu-lhe os pensamentos e rebateu:

— Agora não adianta se martirizar, meu amigo. Você deve conversar com o rapaz que mora em sua casa e afastá-lo de lá o mais rápido possível. Nossos amigos espirituais estarão ao seu lado para ajudá-lo.

— Fico agradecido, Mafalda.

— E tem mais.

Max levantou o sobrolho.

— Mais?

— Sim. Esse rapaz que está na sua casa está consorciado a espíritos de baixa vibração. Ele foi à procura de um médium que utiliza sua sensibilidade de maneira torpe e pediu que fizessem um feitiço para prejudicar você.

— Um feitiço para me prejudicar?

— Acha que colocou o rapaz dentro de sua casa só por conta da pena que sentiu dele?

— E não foi? — perguntou Max, aturdido.

— Não. Alguns espíritos negativos aproveitaram o seu fascínio pelo garoto e assim conseguiram influenciar sua mente para que ele ficasse em sua casa. Por tempo indeterminado.

— Não posso crer!

— Mas é verdade. Recomendo que sempre precisamos ter controle absoluto de nossa mente. Não podemos nos deixar influenciar por pensamentos maledicentes vindos de encarnados ou desencarnados.

— Vou tomar conta de meus pensamentos, Mafalda, pode acreditar. Não vim aqui por acaso.

— Conte comigo — finalizou ela. — E com os espíritos de luz que prestam serviços aqui nesta casa espírita.

Mafalda abriu uma gaveta, pegou um bloco de papel e fez algumas anotações. Depois, entregou-o a Max.

— Você deve comprar essas ervas e utilizá-las na defumação de sua casa. Sabe fazer defumação?

— Nunca fiz, mas não acredito que seja um bicho de sete cabeças.

— E não é. A energia extraída da queima dessas ervas higieniza o lar, arrancando dele formas astrais nocivas ao nosso corpo físico e, por conseguinte, espiritual. Você terá de fazer isso por sete dias seguidos, sem interrupção.

— Como procedo? — perguntou Max, interessado.

— Comece pela compra das ervas. Compre também um defumador.

— Onde compro isso?

— Em casas que vendem artigos religiosos.

— E depois?

— Coloque as ervas no defumador, acenda-as e, quando começarem a produzir fumaça, está na hora de trabalhar na queima das energias nocivas. Comece pelos fundos da casa.

— Eu moro em apartamento.

— Comece pela área de serviço. Depois, se tiver banheiro e quarto de empregada, passe por eles. Vá para a cozinha, os quartos, banheiros, vá passando por todas as dependências do apartamento até chegar à sala e à porta de entrada. Passe o defumador pelos quatro cantos de cada parede, em todos os cômodos. Não se esqueça de abrir todas as janelas, porque essas ervas produzirão bastante fumaça. E não se espante caso a fumaça aumente em determinados cantos.

— Por que isso?

— Quando a fumaça aumenta, é porque há uma forte concentração de energia negativa no local. É natural. Enquanto você defuma a casa, Renata pode auxiliá-lo.

— Em que eu poderia ajudá-lo, Mafalda?

— Assim que Maximiliano começar a defumação da casa, gostaria que você ficasse ao lado dele e fosse lendo, em voz alta, o salmo de número 91. Esse salmo é poderoso. A vibração da leitura dele, em voz alta, ajuda na limpeza.

— E quando acabar a leitura do salmo?

— Recomece. Leia-o quantas vezes for preciso, até que Maximiliano termine a defumação. Depois, peguem o defumador e deixem-no na porta de trás da sala, por sete dias seguidos. Seria importante — ela ressaltou — que nesses dias ninguém entrasse na casa. Nem empregados, ninguém.

— Para mim não tem problema — tornou Max. — Eu farei tudo o que for possível para que sejam restabelecidos o equilíbrio e a harmonia em meu lar.

— Quando passarem os sete dias, é prudente que você pinte as paredes de sua casa, além de providenciar uma boa faxina na casa toda. Limpe armários, jogue fora tudo de que não precisa mais. A limpeza física também é importante. Livre-se de roupas, objetos, livros, tudo que não for necessário, que seja retirado de sua casa e doado a alguma instituição filantrópica.

— Posso trazer para cá. Vocês não organizam bazares para arrecadação de dinheiro para manter o funcionamento do centro?

Mafalda sorriu.

— Faça o que achar melhor, meu filho. Agora vá. O tempo urge. Quando tiver feito tudo o que falamos aqui, volte para nova conversa.

Max e Renata se despediram de Mafalda com largo sorriso nos lábios. Depois, ambos foram convidados a tomar um passe. Aceitaram imediatamente. Foram conduzidos a uma salinha aconchegante. Nada de luxo. Algumas cadeiras em círculo, uma mesa lateral, um jarro d'água e alguns copinhos com água fluidificada. A música na sala era acolhedora e envolvente.

Os dois se sentaram nas cadeiras e dois médiuns ministraram-lhes um passe reconfortante. Renata e Maximiliano sentiram agradável sensação de bem-estar. Terminado o passe, tomaram a água fluidificada e saíram em paz.

Foram até o carro.

— Max — ponderou Renata —, somos vizinhos há anos. Creio que agora chegou o momento de eu retribuir toda a ajuda que você me prestou nos tempos de vacas magras. Como lhe disse no restaurante, pode ficar em casa o tempo que for necessário. Tenho um quarto de hóspedes e ele será todo seu.

— Agradeço, de coração. Vou adorar ficar em sua casa. Adoro sua companhia.

Entraram no carro. Renata deu partida e foram para o prédio em que moravam.

※※※

Luísa chegou em casa e o brilho em seus olhos se fazia notar. Eunice, vendo-a em estado de graça, não conteve a alegria e perguntou:

— Há muito tempo não a vejo assim tão feliz. Como foi o passeio?

— Eunice, você tem razão. Faz tempo que não me sentia tão bem. Tive uma tarde tão agradável...

— Fico feliz em vê-la dessa maneira. Essa é a Luísa que conheço. Alegre, sorridente.

— O Genaro já voltou?

— Está lá em cima. Disse que vai a Brasília amanhã. Quer que você vá junto.

— Não! Isso não. Eu quero ficar aqui. Não gosto de política e não quero me meter nesse mundo.

— Vá com calma e exponha o assunto ao seu marido.

— É o que vou fazer.

Luísa deixou a bolsa sobre o aparador, ajeitou os cabelos e subiu decidida a enfrentar o marido. Com jeito. Entrou no quarto e Genaro terminava de arrumar a mala.

— Demorou muito. Precisa fazer sua mala.

— Não quero ir a Brasília. Sabe que não gosto de política. Nem mesmo o acompanhei nos seus comícios.

— Agora é diferente, Luísa. Tenho reputação a zelar. Você é minha esposa, precisa estar ao meu lado. Pelo menos agora. Só para a posse.

— Ninguém vai notar a minha falta.

— Você é caipira mesmo. Às vezes me pergunto por que me casei com você. E ainda gasto um dinheiro danado com a sua família.

— Não precisa me ofender.

— Tudo bem que tenha um passado incólume, limpo. Mas é muito sonsa. Você não tem gosto pelo poder?

— De maneira alguma. O poder não me seduz.

— Boba. Como pode dizer uma coisa dessas?

— O poder não me seduz. Em absoluto.

— Você é quem sabe. Quer ficar? Pois que fique. Eu vou. Mas, se começarem a perguntar sobre minha esposa, você terá de ir a todo custo para o Planalto. Não quero dar motivo para fofocas.

Luísa riu com gosto. Genaro irritou-se.

— O que é? Está rindo de quê?

Ela tentou parar de rir.

— Você fala sobre reputação. Tem medo de que seu nome vá para a lama. Mas você esquece que é irmão de Gregório?

E os comentários acerca de seu irmão são os mais sórdidos possíveis.

— Gregório é um torto, um anormal.

— Não o julgo pela sua homossexualidade, mas Gregório é maledicente, provocativo, atiça as pessoas. Ele desrespeita todos ao seu redor.

— As pessoas têm pena de mim porque eu tenho um irmão pederasta.

— Mas que fofocam sobre vocês, ah, fofocam.

Luísa falava de maneira espontânea. Não tinha a intenção de ser maldosa. Mas não foi o que Genaro interpretou. Acreditou que ela estivesse tripudiando sobre ele.

O soco veio de maneira rápida, violenta e dolorida. Luísa o recebeu de maneira desprevenida e seu corpo tombou para trás. Ela imediatamente foi ao chão.

Genaro avançou sobre a mulher e desferiu-lhe violentos golpes. Na cabeça, nos braços, no abdome. Luísa urrava de dor. Mal podia se defender. Genaro era alto, forte. Ela possuía estatura mediana, era magra.

Eunice ouviu o barulho e os gritos. Subiu os degraus da escada aos pulos. Entrou no quarto e mal podia acreditar no que via. Genaro sentado sobre a esposa, enchendo-a de sopapos.

— Desgraçada! Maldita! Nunca mais ouse falar de mim, de meu irmão, de minha família. Inútil! Você deve me agradecer por me ter como marido. Eu sustento seu pai, sua mãe, seus irmãos vagabundos. Bando de parasitas. Eu os odeio! Odeio!

Luísa não tinha mais forças para se defender. A vista estava embaçada, o sangue escorria-lhe pela fronte. Um dos socos cortou-lhe o supercílio. Outro arrebentou o lábio superior.

Diante da cena tão cruel, Eunice, num ato de defesa, pulou sobre Genaro. Passou a mordê-lo na orelha e puxou-lhe os cabelos. Genaro sentiu tremenda dor e saiu de cima da esposa. Luísa teve forças ainda para se arrastar e esconder-se embaixo da cama. Eunice o enfrentou.

— Covarde! Você é um covarde.

— Cale a boca ou vou acabar com você também — vociferou ele, levando a mão à orelha.

Eunice encheu-se de coragem.

— Pois venha e bata! Bata bastante. Porque eu vou sair daqui com sua esposa e vamos direto para uma delegacia. Vamos prestar queixa contra você.

Ele riu à beça.

— Estúpida. Crê que algum delegado vai acreditar em vocês? Não se esqueça de que somos homens e pensamos da mesma forma.

— Eu quero ver o estrago que isso vai causar na sua imagem de bom político.

Genaro mordeu os lábios de raiva.

— Se forem à delegacia, eu corto o dinheiro que mando para a família de Luísa. Quem vai custear o tratamento do pai dela? O espírito santo?

— Chega de ameaças.

— Não chega, não! Luísa está presa a mim. Eu mando e desmando nela. A família dela está do meu lado. Eu comprei todos eles. Vá, Eunice — Genaro bramia —, vá e faça um boletim de ocorrência. Eu destruo a família de Luísa. Acabo com a doce vida da Neuza. E destruo você também.

Ele falou, voltou até a cama, fechou a mala e saiu do quarto, batendo a porta com força. Desceu as escadas, saiu de casa, ganhou a rua e entrou no táxi que já o aguardava.

Eunice correu até a cama. Abaixou-se e delicadamente puxou Luísa pelo braço.

— Minha menina — disse entre lágrimas —, desta vez ele passou dos limites. Você está muito machucada.

Luísa balbuciou:

— Ligue... ligue para a Renata. Peça que ela venha até aqui. Por favor.

— Não! De maneira alguma. Primeiro precisamos de um médico. Vou ligar para o doutor Ribeiro.

— Eu suplico... por... fa... vor... ligue para Renata.

Luísa falou e imediatamente pendeu o rosto para o lado. Desmaiou, tamanha a surra que levara do marido.

Maximiliano instalou-se confortavelmente no quarto de hóspedes que Renata lhe oferecera. Era um quarto simples, com uma cama de viúvo, uma cômoda e um guarda-roupa de duas portas. Numa delas havia um espelho oval. Era um quarto de solteiro de fins do século 19, estilo art nouveau.

Renata tinha bom gosto. As paredes eram pintadas de verde bem clarinho, e o lustre e o abajur eram peças de vidrilhos coloridos, em tons de amarelo. No chão, para completar a decoração, um tapete de cor delicada.

— Vou gostar de ficar aqui. Adoro esse estilo de móveis.

— Eu também, Max. Esses móveis eram de meu avô, quando solteiro. Ficou na casa dele até sua morte. Quando ele morreu, meus irmãos quiseram jogar tudo fora. Afirmaram que era velharia, lixo.

Max meneou a cabeça para os lados.

— Seus irmãos não têm percepção pelo belo. Olhe só para esses móveis — apontou. — Não tem um prego sequer. Tudo era feito por encaixe. Algo que não se faz há muitos anos.

— Agora estão bem cuidados, em boas mãos e serão usados por você. Faça bom uso deles.

— Obrigado.

A empregada apareceu, aflita.

— Dona Renata, telefone para a senhora.

— Quem é?

— Da parte de dona Luísa. Parece que aconteceu alguma coisa séria lá na casa dela.

Renata coçou a cabeça.

— Genaro deve ter aprontado alguma — ela se virou para Max e solicitou: — Tome um banho, descanse e depois ligue para o Guido. Pode chamá-lo aqui em casa. Antes de ele entrar aqui, não se esqueça de fazer prece e pedir a presença e orientação de nossos amigos espirituais.

— Você não vai ficar?

— Não, Max. Você deve estar sozinho com ele. A Alzira estará por aqui se precisar. Eu vou atender ao telefone. Sinto que minha amiga Luísa precisa de mim.

— Está certo.

Renata foi até a sala e atendeu ao telefone. Ficou espantada com o relato de Eunice. Genaro tinha passado dos limites. Ela precisava ir ao encontro da amiga e convencer Luísa a acompanhá-la a uma delegacia e, depois, ao centro espírita. Sentia que Luísa corria sério risco de morte.

Enquanto isso, Maximiliano tomava um banho reconfortante. Depois, descansou por duas horas. O sono reparador, aliado ao passe de horas atrás, fez-lhe muito bem. Ele despertou disposto. Lavou o rosto, escovou os dentes. Abriu um livro espírita e fez a leitura de um trecho. Fez uma prece pedindo ajuda aos amigos espirituais e solicitou que Guido fosse beneficiado pela energia emanada pelos espíritos de luz.

Feito isso, Max ligou para seu próprio apartamento. Guido atendeu de maneira eufórica.

— Pensei que não viesse mais. Você deveria estar aqui há algumas horas. O que aconteceu?

— Preciso conversar com você.

— Aconteceu alguma coisa, Max?

— Não, nada. Você poderia vir até o quarto andar?

— Quarto andar? Por quê?

— Estou hospedado na casa de uma amiga aqui no prédio e preciso conversar com você.

Guido ficou com a pulga atrás da orelha.

— O que é isso? Hospedado na casa de uma amiga?

— Sim.

— Aqui é sua casa, ora!

— Eu sei, Guido, mas não posso ir até aí. Poderia vir até o quarto andar?

— Está bem, irei.

Guido desligou o aparelho de maneira intrigante. Por que Maximiliano não queria subir até seu próprio apartamento?

— Que coisa estranha! — disse para si mesmo. — Homem esquisito esse Max.

Guido estava só de shorts. Foi até seu quarto, pegou uma camiseta, calçou um par de sandálias e desceu. Alguns minutos depois, estava na porta do apartamento de Renata.

Alzira sabia de sua chegada e, assim que ele tocou a campainha, conduziu-o até pequena saleta.

— Seu Max já vem.

— Obrigado.

Guido ficou sentado por alguns minutos. Logo, Maximiliano entrou na saleta. Estava trajando um robe de algodão branco. Sua aparência estava ótima. Guido levantou-se e procurou abraçá-lo. Max deu um passo para trás e lhe estendeu a mão.

— Como vai, Guido?

O rapaz estranhou a maneira fria e distante de Maximiliano. Sentiu que estava em apuros. Ele apertou a mão de Max, meio sem-graça.

— Nossa, quanto tempo fora!

— Pois é. Agora estou de volta. Precisamos conversar.
— Qual é o assunto?
— Vou direto ao ponto.
— Sou todo ouvidos.
— Eu gostaria que você saísse de minha casa.

Guido não entendeu. Ou fez que não entendeu.

— Como é que é?
— Isso mesmo, Guido. Eu não o quero mais morando em minha casa.
— Você não pode fazer isso comigo, Max. Volta de Londres e me despacha assim, sem mais nem menos?
— Sinto muito, mas não o quero mais em minha casa.
— Eu cuidei de tudo direitinho, paguei os empregados, as contas. Por que isso agora?
— Porque chegou a hora de implementar mudanças em minha vida. Quero e preciso estar só. Eu o coloquei em casa porque tive pena de você — Max nem quis falar sobre o tal médium que tentara enfeitiçá-lo. — Confesso que essa atitude minha foi um erro. Nunca tivemos laços afetivos.
— Como não?
— Tudo em nossa relação foi por conta de interesse.
— Imagine, Max...
— Você não gosta de mim.

Max falou sem tirar os olhos dos de Guido. O rapaz sentiu-se invadido por aqueles olhos firmes e penetrantes. Abaixou o rosto.

— Somos amigos. Eu nunca fiz nada que você pudesse...

Max o cortou.

— Você trouxe um desconhecido para casa. Para dentro de minha casa.
— Ele é um cara legal. Achei que não tinha problema algum. Aliás, se esse for o problema, estamos resolvidos. Eu o alertei de que teria de mudar caso você chegasse.

— Se fosse só isso... — Max hesitou. — O Valter esteve em Londres meses atrás e me disse que você continua circundando o parque Trianon.

Guido sentiu as faces arderem. Então Maximiliano sabia de suas estripulias? Ele prometera que não se envolveria com mulheres e sexo. Precisava ganhar novamente sua confiança. Era isso.

— Escute, Max. Eu errei. Perdoe-me, sim? Eu cometi alguns deslizes, mas quem não os comete? Vamos passar uma borracha em cima disso. Vamos recomeçar do zero.

— Eu não tenho de recomeçar nada. É um bom rapaz, mas não quero mais nada com você. Quero ficar só.

Guido o encarou.

— Conheceu alguém! Só pode ser isso.

— De forma alguma.

— Quem é o desgraçado que vai me substituir? Quem é?

— Não tem ninguém em minha vida. Ninguém vai substituí-lo. Simplesmente quero viver sozinho e em paz.

— Não pode arrancar-me de sua casa de uma hora para outra. Eu não saio.

— Por favor — pediu Max, num tom apaziguador.

— Quero ver quem me tira de lá.

— Eu já previa essa sua atitude. Por essa razão, liguei para o delegado Telles, conhecido meu. Ele está a caminho do prédio.

Guido desesperou-se. Tinha pavor de polícia. Não queria saber de encrenca. Não gostava de delegados de polícia.

— Não precisa botar a polícia no meio disso.

— Infelizmente, terei de usar de força policial, caso não queira sair de minha casa de maneira civilizada.

Max saiu da saleta e voltou minutos depois.

— Neste envelope tem um punhado razoável de dinheiro. O suficiente para você poder se hospedar num hotel simples por alguns dias.

Guido pegou o envelope, abriu-o e apanhou o maço de notas, dizendo de forma irônica:

— É. Isso dá para uma semana, caso eu me instale numa boca-de-porco, no centro da cidade.

— É tudo o que posso fazer por você — respondeu Max, de maneira firme.

— Você vai se arrepender de ter feito isso comigo. Vai pagar por isso.

— Pode me ameaçar e fazer o que quiser. Telles já está a caminho.

A janela da saleta dava para a rua e Max foi até ela. De repente, uma sirene se fez ouvir.

— O delegado Telles chegou.

— Não!

— Você tem meia hora para fazer sua mala e sair.

Guido bufou de raiva. Não tinha saída. O barulho da sirene o deixava em pânico. Já passara pela polícia quando adolescente. Sabia que, se fosse para uma delegacia, talvez não mais saísse dela. Era melhor pegar o dinheiro, fazer sua mala e partir. Pelo menos por ora.

— Eu vou embora, mas ainda vou cruzar seu caminho.

— Pode me ameaçar. Estou ligado ao bem. Nada de mal pode me acontecer. Não se esqueça de que tudo o que fizer voltará para você. Faz parte da vida. É lei.

Guido amassou o punhado de notas, cerrou o punho. Saiu batendo as portas. Alzira ouviu o barulho e correu até a saleta.

— Deu tudo certo, seu Max?

— Por enquanto, sim. Creio que o pior já passou.

Max apareceu na janela e fez sinal positivo para o delegado. Telles sorriu e repetiu o sinal.

— Tem certeza de que está tudo bem?

— O rapaz já se foi, Telles. Obrigado.

— Se precisar, pode ligar. Estarei de plantão no distrito.
— Obrigado.

O delegado entrou no veículo, desligou a sirene e ficou à espreita, esperando o rapaz sair. Telles estacionou o carro do outro lado da calçada.

— Vou me certificar da saída desse garoto. Depois vou embora.

Guido entrou no apartamento feito uma bala de canhão. Pegou suas roupas e meteu-as numa mala grande. Pegou outros pertences de Max, como alguns objetos de valor e um quadro que ele julgava ser autêntico e valer uma fortuna.

— Esse desgraçado vai me dar mais dinheiro. Eu ainda vou voltar aqui.

Ele disse isso em voz alta e em seguida Caio apareceu na soleira, enrolado numa toalha.

— O que foi? Está com uma cara!
— O Max me expulsou de casa. Quer dizer, expulsou nós dois — fez sinal com os dedos.
— Onde ele está?
— Alguns andares abaixo. Está hospedado na casa de uma amiga.
— Ué! Estranho. Por que ele não vem para a própria casa?
— Vai entender o que se passa na cabeça dessa bicha excêntrica!
— Não precisa ofendê-lo, Guido. Ele deve ter suas razões.
— Eu não me conformo. O pai de santo me garantiu que o Max iria voltar para mim, sabe?
— Ainda frequenta esse lugar?
— Claro! Os espíritos sempre me ajudaram.

Caio riu.

— Ora, se os espíritos o ajudam, por que está sendo expulso da casa de Max?
— Alguma interferência, das bravas. Pode ter certeza. Ainda vou tirar essa história a limpo.

— Melhor não se meter em encrenca, Guido. Olhe só — Caio retirou um maço grande de notas do bolso —, fui contratado pelo Gregório. Recebi um bom adiantamento. Vou procurar apartamento e você poderá ficar comigo. É o mínimo que posso fazer. Você foi tão legal comigo. Ajudou-me desde que aqui cheguei.

— Agradeço a oferta, mas não posso aceitar. Eu vivo num apartamento de luxo, encravado num dos bairros mais caros do país. Não vou morar num apartamento pequeno e apertado. Não nasci para isso.

— E vai para onde?

— Para a casa do Gregório, é claro.

— Do Gregório?

— Ele me deve alguns favores. Não vai recusar-me estada. Até que o pai de santo me ajude a voltar para cá.

— Bom, se você pensa assim... Não quer ir comigo até um hotel? É tarde e talvez o Gregório não esteja em casa.

— Ele vai me atender, Caio. Gregório sempre me atende. Eu afastei o Marco Antônio do caminho dele, não afastei? Agora chegou o momento de ele me retribuir.

Guido terminou de arrumar suas coisas. Caio notou que ele pegava alguns objetos de valor.

— Isso lhe pertence?

— Não pertencia, mas agora pertence. O Max pensa que vou sair só com a ninharia que ele me deu? Essas peças valem um bom dinheiro. Conheço um antiquário na cidade que vai me pagar boa quantia por elas.

— É roubo.

Guido fuzilou-o com os olhos.

— Não se meta em minha vida! Ficou morando aqui de favor esse tempo todo e não tem o direito de me recriminar.

Caio baixou os olhos. A amizade de Guido estava mesmo por um fio. Ele não era rapaz confiável. Sentiu que precisava se afastar dele o mais depressa possível. Foi até seu quarto, fez sua mala e saiu. Na portaria, pediu auxílio a Malaquias para lhe chamar um táxi.

— Conhece algum hotel bom e barato aqui por perto, Malaquias?

— Olha, seu Caio, tem uma pensão muito boa na Rua Humaitá. Não é longe daqui.

A pensão da Rua Humaitá! Como Caio havia se esquecido dela? Fazia meses que tinha chegado a São Paulo e havia se esquecido completamente do endereço que Sarita lhe dera.

— Malaquias, é uma pensão decente?

— Uma das melhores da região. Fica num casarão antigo, bem bonito, bem-conservado. Parece que é frequentado por gente de nível.

— É para lá que eu vou.

— O senhor é um bom homem, seu Caio. Não tem nada a ver com seu primo. Nem parecem parentes.

Caio riu. O táxi chegou e ele abriu a porta de trás. Meteu a mala no bagageiro e curvou o corpo para dentro. Antes de entrar, encarou Malaquias e redarguiu:

— O Guido não é e nunca foi meu primo.

— Como?

— Nem meu amigo ele é mais.

Caio entrou no táxi e deu ao motorista o endereço da pensão de Fani.

Malaquias ficou na porta do prédio, coçando o queixo.

— Não são primos? Então são o quê? — uma nuvem de dúvida perpassou pela cabeça de Malaquias. Ele a rebateu e fez o sinal da cruz. — Cruz-credo! Homem com homem dá lobisomem!

A rua estava escura. Telles, ao ver Caio colocando a mala no táxi, acreditou que fosse Guido. Satisfeito com a partida do rapaz, ligou o carro, acelerou e foi embora.

CAPÍTULO 12

Norma acompanhava o irmão dentro do táxi. Estava feliz com sua decisão de se afastar de Guido.

— Oh, Caio, estou tão feliz que tenha partido. Você vai gostar da Fani. O lugar e as pessoas são amáveis. E ainda terá uma surpresa tão agradável...

Caio não registrou as palavras da irmã, mas se lembrou de Norma com carinho. Disse para si mesmo:

— Minha irmã, sinto tanta saudade de você. Será que depois que morreu você virou pó? Uma menina tão bonita, tão alegre — uma lágrima escapou de seu olho —, tão cheia de vida! Norma, será que você continua viva em outro mundo? Será isso possível?

Caio abaixou a cabeça e chorou baixinho. O motorista percebeu. De maneira gentil, apanhou uma caixinha de lenços no porta-luvas e a estendeu para o rapaz.

Norma, emocionada, passava delicadamente as mãos nos cabelos do irmão amado.

— Querido, eu estou bem. Muito bem. Tenho aprendido muitas coisas. Sinto-me mais amadurecida. Entretanto, preocupo-me com você. Sei que cada um é responsável por si, mas eu não posso deixar de ajudá-lo, na medida do possível. Não gostaria que você se envolvesse com Gregório. Ele é um homem mau. Nutre uma paixão doentia por você, que vem de outras vidas. Afaste-se dele o quanto antes.

Caio absorvia os dizeres da irmã de maneira entrecortada. Registrava pouca coisa, visto que nunca fora um rapaz de fé. Por essa razão, a inspiração da irmã lhe vinha de maneira débil, tosca.

De repente, veio à sua mente a imagem de Gregório, e ele sentiu um frio percorrer-lhe a espinha. Desde sempre tivera reservas com o empresário, todavia o homem iria lhe abrir as portas do sucesso, da fama. Deveria seguir sua intuição e se afastar? Ou deveria seguir adiante, fazer dinheiro, ter fama? Caio estava indeciso. Não sabia ao certo o que fazer.

O táxi chegou e ele levantou a cabeça. Pagou o motorista, pegou sua mala e, ao descer, parou por instantes na porta da pensão.

O prédio era um casarão no estilo eclético, muito em voga nas construções brasileiras de classe abastada no início do século 20. Predominavam vários estilos arquitetônicos. Tratava-se de um casarão enorme, muito bem conservado. A pintura, em tons de amarelo e laranja, dava certo realce à construção.

— De dia deve ser muito bonito — disse Caio para si mesmo. — Mal parece uma pensão.

Ele tocou a sineta e, em seguida, uma moça bem novinha e bem simpática o atendeu.

— O que deseja?

— Vim procurar dona Fani. Ela está?

— Ih, moço, dona Fani está em Bauru. Volta somente daqui a alguns dias.

— Poxa, eu precisava muito falar com ela. Eu venho de Bauru. Foi uma amiga em comum que me deu o endereço.

A menina sorriu e o convidou a entrar.

— Ela não está, mas o senhor pode falar com o José. Ele cuida da pensão quando dona Fani viaja.

— Será que ele pode me atender?

— O senhor espere aqui na recepção que eu vou chamá-lo, está bem?

A menina saiu e Caio sentou-se numa poltrona antiga, porém conservada. Olhou ao redor. O local era muito bem cuidado. As paredes bem pintadas e ornamentadas com graça e sem ostentação. Alguns objetos bonitos, quadros de arte, um tapete oval e a própria estrutura da casa davam certo charme ao ambiente. Logo em seguida apareceu um senhor na faixa dos cinquenta, parrudo e de estatura mediana. Entretanto, possuía belo sorriso.

— Boa noite.

— Boa noite, senhor. Meu nome é Caio, venho de Bauru.

— Celinha me contou. Quem o mandou para cá?

— Foi uma amiga em comum, a Sarita.

O rosto de José iluminou-se.

— Você é amigo de Sarita? A Sarita da Casa da Eny?

— Essa mesma. Um anjo bom que me ajudou bastante. Foi a Sarita que me mandou procurar a dona Fani.

— Fani está tratando de negócios em Bauru e regressa a São Paulo na semana que vem. Você vai querer um quarto?

— Se possível.

José coçou o queixo. A pensão estava lotada. Era muito popular e estava sempre cheia. Celinha ouviu a conversa e os interrompeu.

— Seu José, o Itamar ainda não voltou de viagem. Ele vai demorar a chegar de Araçatuba.

— É verdade. A família do Itamar está lhe dando muito trabalho. É — disse pensativo —, acho que você pode ficar no quarto dele. Não é o melhor da casa, mas é aconchegante.

— Para mim está ótimo, seu José. Um quarto é tudo o que estou precisando.

— Pretende ficar quanto tempo aqui?

— Não sei ao certo. Acabei de arrumar trabalho e logo terei condições de alugar um apartamento.

— Você é solteiro?

— Sou, sim senhor.

— Tem namorada?

— Não.

— Meu filho, guarde seu dinheiro ou use-o para fazer uma poupança e comprar seu próprio imóvel. Vai pagar aluguel para quê, se tem a pensão da Fani? Aqui você vai gastar bem menos, vai ter roupa lavada e comida todo dia. Quer dizer, café da manhã e almoço. Não servimos jantar.

— Não sou de comer muito.

— Fechado — José fez um sinal para Celinha. — Leve o moço até o quarto do Itamar. Providencie roupas limpas e mostre-lhe onde fica o banheiro.

— Pode deixar, seu José.

Celinha conduziu Caio até o andar superior. Eram várias portas, circundadas por um corredor bem iluminado. No fim do corredor havia outra escada, menor.

— O que é isso?

— O quarto do Itamar fica no sótão. É um pouco menor, porque dona Fani o dividiu em dois, mas proporciona privacidade. Você poderá ficar mais à vontade ali.

Caio subiu as escadas e entrou no primeiro quarto. Era um cômodo todo pintado de branco, que lhe causou agradável sensação. O chão era de tábuas corridas. Havia uma cama de solteiro, uma cômoda e uma pequena escrivaninha, com uma cadeira. Ao lado da cama, uma mesa de cabeceira e um pequeno abajur.

— O quarto é muito bom. Gostei.

— Sabia que o senhor ia gostar. Vou pegar roupa de cama limpa. Volto já.

Celinha saiu e Caio colocou a mala sobre a cama. Abriu-a e retirou suas roupas. Ajeitou-as na cômoda. Naquele instante, lembrou-se de Luísa. Sentiu uma sensação esquisita no peito, uma dor que não era física.

— Será que ela está bem? Será que vai querer me ver de novo?

Caio não percebeu, mas o espírito de sua irmã Norma, ao seu lado, enquanto lhe ministrava um passe reconfortante, respondeu-lhe:

— Ela não está bem, mas vai ficar melhor. Você vai vê-la sim, muitas outras vezes, se Deus quiser.

Renata chegou à casa de Luísa e, ao vê-la toda machucada, ficou arrasada.

— Custo a crer que o crápula tenha feito essa crueldade com você, minha amiga.

Renata falou e aproximou-se de Luísa. Ela estava com o rosto inchado e os olhos semicerrados. O lábio superior também estava dilatado e uma atadura no supercílio completava o quadro de sua desgraça. Ambas se abraçaram e foi inevitável que as lágrimas corressem, em ambas as faces.

— Luísa, pelo amor de Deus, largue esse homem. Genaro ainda vai matá-la.

— Ele disse que — Luísa falava com certa dificuldade —, se eu o largar, vai parar de sustentar minha família, vai deixar de custear o tratamento do meu pai.

— E o que você tem a ver com isso? Seu bem-estar não conta? Saiba que, se você morrer, Genaro vai deixar de ajudar sua família. Não acha melhor arregaçar as mangas, ir à luta e fazer algo por si mesma? Melhor arrumar um emprego, alguma função. Assim poderá ajudar no tratamento do seu pai.

— E meus irmãos?

— Francamente, Luísa! Seus irmãos são adultos e saudáveis. Eles podem trabalhar.

— E o que posso fazer? Eu não sou formada em nada.

— Tem tanto emprego que não precisa de formação! Você pode ser vendedora, telefonista, sei lá, Luísa — a voz de Renata era enérgica —, tem muita coisa aí para fazer. É só querer.

— Tenho medo.

— Você é insegura. Sempre foi. Desde o tempo de colégio. Nunca sabia em que time jogar, nunca sabia qual doce escolher, se queria chocolate ou paçoca. Será que ainda vai ter de levar mais surras como esta para aprender a ser dona do próprio destino?

— Assim você me insulta.

— Sou sua amiga, ora.

— Sou vítima de um crápula, de um homem que me iludiu esses anos todos.

— Conversa fiada.

— Fala assim porque não precisa. Vive bem, tem salário, é independente.

— Sou independente porque corri atrás de minha independência, ora! Acha que tudo caiu do céu? Você bem sabe que comi o pão que o diabo amassou, Luísa. Passei muito aperto nesta vida, mas sempre confiei em mim, na minha força de vencer toda e qualquer adversidade.

Luísa começou a chorar baixinho. Eunice entrou na sala.

— Renata, quer um chá?

— Aceito, Eunice. Pelo jeito, a noite aqui vai ser longa.

Eunice assentiu com a cabeça e saiu. Gostava de Renata e ela tinha a peculiaridade de dizer tudo o que ela, Eunice, queria falar à sua menina, mas não tinha coragem.

— Que Luísa abra essa cabeça e enxergue que precisa largar esse homem. Só assim ela será feliz.

Eunice fez o sinal da cruz e foi para a cozinha.

Renata aproximou-se de Luísa e acariciou sua face — procurou o lado que não estava inchado ou machucado.

— Minha amiga, eu tenho a obrigação de lhe falar às claras. A verdade dói, mas é necessária. Você precisa abrir os olhos. A vida está lhe mostrando o quanto você se maltrata.

— O quanto eu me maltrato?

— Sim, Luísa. Você não percebe, mas está deixando de fazer o que quer. Está se privando de uma vida melhor, mais feliz, não quer arriscar, fica com medo e por isso está acuada, sentindo-se pequena, frágil e indefesa.

— É assim que me sinto. Estou tão cansada de tudo isso...

— E não crê que esteja na hora de uma mudança? Rever suas crenças, mudar atitudes? Sabe, Luísa, a vida em hipótese alguma nos pune ou nos faz sofrer. O resultado de nossas atitudes é que nos traz sensações de desconforto. Veja só: você acredita ser impossível separar-se de Genaro. Usa a desculpa de que ele sustenta sua família.

— Mas...

Renata a cortou.

— Mas nada. Sua família sabe se virar. Seus irmãos podem arrumar trabalho, progredir na vida, como todo mundo. Eles podem ajudar no tratamento do seu pai. Você está dando força demais ao seu marido.

— Creio que sim.

Renata acariciou os cabelos em desalinho da amiga. Tinha verdadeira afeição por Luísa. Por isso, mesmo mantendo postura firme, ela deixou que uma lágrima escapasse pelo canto de seu olho, ao afirmar:

— Ninguém é mais forte que ninguém. Você é tão forte quanto Genaro. Coloque isso na sua mente.

Luísa assentiu com a cabeça. Não queria pensar em mais nada. Todavia, nos escaninhos de sua alma, ecoava a frase: você é forte, você é forte...

CAPÍTULO 13

Os dias seguiram céleres. O tempo parecia correr mais que o habitual durante as semanas que sucederam os fatos ocorridos até então.

Genaro mal voltava a São Paulo. Como deputado federal, além de salário, recebia verba para moradia. Infelizmente, consorciado a outros deputados de má índole, Genaro criou um forte esquema de corrupção que desviava dinheiro público para o seu cofre e para o cofre desses amigos deputados. Ele comprou um lindo apartamento em Brasília e, algum tempo depois, passou a fazer de seu apartamento local de festas e orgias. Mulheres, bebidas, drogas e alguns deputados e senadores eram presença constante no apartamento de Genaro.

Não poderia ser melhor para Luísa. Nos dias que se seguiram, a dor física foi-se dissipando mais rapidamente do que a dor moral. Os ferimentos cicatrizaram e, incentivada por Renata, ela passou a frequentar o centro espírita coordenado por Mafalda. Os resultados se faziam notar: após o tratamento inicial de quatro semanas, Luísa apresentou sinais de melhora tanto exterior quanto interior. Ela sempre ficava mexida toda vez que assistia a alguma palestra proferida no centro.

Maximiliano fez a limpeza no apartamento conforme as orientações de Mafalda. Surtiu o efeito desejado. O poder energético das ervas por ela indicadas foi capaz de fazer uma forte e total higienização do apartamento. As energias densas, bem como as larvas astrais, foram completamente dissipadas do local. A leitura do salmo, proferida por Renata, fez com que o ambiente fosse inundado por uma energia apaziguadora e harmoniosa. A casa de Max voltou a se tornar um lar habitável.

Max também passou a frequentar o centro amiúde e ia pegando anotações aqui e acolá com os médiuns. Fazia suas anotações, vertia para o inglês e colocava no correio para o doutor Bryan Scott. Assim, continuava mantendo o intercâmbio de ideias e estudos pertinentes às coisas espirituais.

Guido recebeu ajuda de Gregório, mas se instalou num hotel, no centro da cidade. Não era o que desejava, mas Gregório prometeu que em breve a vida de Guido iria mudar. Não satisfeito com essas promessas e com profundo ódio de Max, por ter sido expulso do apartamento, Guido não hesitou e marcou uma consulta com seu pai de santo.

Cabe aqui ressaltar que, inadvertidamente, muitas pessoas de má índole se autodenominam pais de santo ou mesmo zeladores de terreiros, cuja mediunidade é usada de maneira torpe, única e exclusivamente com objetivos de explorar a dor humana. Essas pessoas de má-fé não têm ligação ou vínculo com os verdadeiros pais e mães de santo que trabalham de maneira séria e atendem com muito amor a todos os que necessitam de ajuda na hora dos apertos.

  Guido frequentava um local, digamos assim, de baixíssima vibração energética. O médium que lá se autodenominava pai de santo havia se desentendido na tenda espírita em que trabalhava. Irritado e julgando-se dono de poderes "mágicos", sem ao menos perceber que estava sendo assediado por espíritos gananciosos e cheios de más intenções, alugou um galpão na periferia da cidade e lá realizava todo e qualquer tipo de serviço, principalmente serviços espirituais que pudessem — e devessem — prejudicar o próximo. Esse era o único intento do "terreiro" desse falso pai de santo que se autointitulava Pai Juão — com a letra "u" no lugar da letra "o". Para os clientes mais assíduos, permitia ser chamado por seu Juão.

  Guido saltou do ônibus e andou algumas quadras. Chegou em frente a uma portinhola preta, numa casa de extremo abandono. As paredes estavam praticamente sem tinta, e a energia que pairava sobre o local ajudava a construção, aos olhos humanos, parecer mais decadente e feia do que já era.

  Ele bateu à porta e logo um rapazote de seus catorze anos veio atender.

— Preciso falar com Pai Juão. Urgente.

— Marcou consulta?

— Não, mas sou cliente assíduo. Não está lembrado de mim, menino?

O rapazote coçou a cabeça.

— Acho que lembro, sim. Ah — o rapaz bateu com a mão na testa —, foi você quem me deu aquele par de tênis para ser atendido na frente dos outros no mês passado, não foi?

Guido sorriu, satisfeito.

— Sim. Fui eu. Será que seu Juão pode me atender?

— Ele está terminando uma consulta. Vai levar mais uns dez minutos. Pode entrar.

Guido acenou com a cabeça e entrou. O local era muito decadente. As paredes eram caiadas e mal pintadas, a tinta já havia quase toda se desgrudado. Guido passou por um corredor escuro, abafado e úmido. O cheiro de mofo era forte e ele teve de prender a respiração para passar. Chegou a uma espécie de pátio, com algumas cadeiras de plástico dispostas de maneira uniforme. No fim do pátio ou quintal, chegava-se a dois cômodos. Num deles, Juão fazia os atendimentos. No outro, realizavam-se os trabalhos solicitados pelos clientes.

Aos olhos humanos, o local era sujo e decadente. Aos olhos espirituais, o lugar era muito mais feio, muito mais sujo e muito mais poluído energeticamente. Espíritos umbralinos, cuja vibração era baixíssima, entravam e saíam do segundo cômodo, onde os trabalhos de Juão eram realizados. Carregavam bichos, plantas, ossos etc.

Alguns minutos depois, uma senhora de aspecto carrancudo saiu, passou por Guido sem cumprimentá-lo e sumiu pelo corredor escuro. Pai Juão apareceu na porta do cômodo onde fazia atendimento:

— Ora, ora, você aqui! De novo?

Guido levantou-se de maneira rápida. Suas feições não eram as mais simpáticas possíveis.

— Estou muito irritado, seu Juão.

— O que foi dessa vez? O pederasta cortou sua mesada? — ele falou e deu uma gargalhada.

— Maximiliano me expulsou de casa. Fui parar num hotel lá no centro da cidade. Uma boca-de-porco.

— Eu já sabia disso.

— Já?

— Sim. Fui alertado de que não poderia brigar com esse Max. Ele está protegido pelos filhos do Cordeiro.

— Como assim? — Guido parecia não entender.

— Seu amiguinho está com uma proteção danada de seres ligados à luz. Eu não tenho força para lutar contra eles. Nem quero.

— Mas você me prometeu. Disse-me que Max seria meu, que faria tudo o que eu quisesse, que minha vida estava na flauta!

— Pois é. Só não esperava que ele fosse se aliar aos espíritos de luz. Sabe de uma coisa? Quando você veio aqui e pediu para que eu o "amarrasse" a você, foi fácil. Ele era invigilante nos pensamentos, não tinha muita religiosidade, era homem que não possuía ligação com a espiritualidade. De repente, ele se uniu a um bando de gente metida a estudar o Espiritismo, começou a ter a companhia constante de seres da luz. Tornou-se impossível para o meu bando mantê-lo amarrado.

— Você conseguiu afastar o Marco Antônio.

— Mas isso foi sopa no mel. Esse menino mal sabia rezar o Pai-Nosso. Tinha a cabeça oca. E, cá entre nós, meus espíritos adoram uma cabeça oca. Mas esse tal de Max tem uma cabeça dura. Não tenho como me meter com ele.

— E agora, Juão? O que faço? Estou sem dinheiro. Pressionei um empresário e ele não quer me ajudar.

— Com esse aí eu posso fazer alguma coisa. O que você quer dele?

— Quero que ele me dê dinheiro. Estou pensando em chantageá-lo.

— Tem como fazer chantagem?

— Tenho. Eu tenho uma carta na manga.

— Então, não precisa de minha ajuda.

— Você pode dar uma forcinha. Esse homem é mau e sovina. Indivíduo ardiloso.

— Entre, vamos consultar os guias.

Guido acompanhou Juão e entraram num pequeno cômodo úmido e abafado. O local era fracamente iluminado por duas velas pretas acesas sobre uma mesa pequena e retangular. Sobre a mesa, alguns ossos ou pedaços de ossos, cartas e também bebidas.

Juão fez menção para que Guido sentasse à sua frente. Ele se sentou numa cadeira, em frente à mesa. Juão deu meia-volta e sentou-se. Respirou fundo e entrou em contato com seus pretensos guias espirituais.

— O que você deseja, de verdade?

— Ser rico. Muito rico.

— Mais específico, por favor.

— Quero dinheiro, seu Juão. Não importa como seja. Pode ser por meio de chantagem, não importa. Se me ajudar a arrancar dinheiro desse empresário, eu o recompensarei regiamente.

Juão riu.

— Vamos ver.

— Ou pode fazê-lo gostar de mim. Amarre-o para mim.

— Isso é impossível. Esse homem tem o coração ruim, duro e embrutecido. Nunca vai se apaixonar, pois alimenta uma paixão doentia por outro. O buraco nessa história é mais embaixo.

— O que pode fazer, então?

— Eu posso fazer com que ele lhe dê dinheiro, mas duvido que ele se torne um novo Max em sua vida. Esse fulano é mais esperto do que você imagina.

Guido ia falar, mas se assustou com o grito que Juão deu no quarto. Ele até arregalou os olhos. Juão foi tomado por uma força, um espírito que desejava há muito se comunicar com Guido. Com a voz totalmente alterada, mais rouca e grave, ele falou:

— Você fez um pacto com esse tal de Gregório. Pensa que não sabemos de tudo?

Guido estremeceu na cadeira. Ninguém sabia de nada. Ninguém.

— Você não o ajudou? Agora é hora de ele ajudá-lo.

— Como assim?

— Deixe de ser idiota, rapaz! Lembre-o do serviço que você fez tempos atrás. E diga a ele que, se não lhe der dinheiro, você vai botar a boca no trombone. Vai a público fazer escândalo.

— Acha que isso vai me ajudar a ter o que quero?

— Marque um encontro com ele e diga tudo isso. Eu e meus comparsas estaremos ao seu lado para lhe inspirar bons pensamentos — o espírito falou e deu uma tremenda gargalhada. — Depois, ainda, poderá afastar e prejudicar seu amigo, o caipira.

— Eu o iludi, mas me afeiçoei a ele. Não gostaria de prejudicá-lo. Sinceramente. Não gostaria que nada de mal acontecesse a Caio.

— Bom, entre ele e você se dar mal, o que prefere?

— Também não sou trouxa. Prefiro salvar a minha pele.

— Então, conte com nosso apoio.

— O meu dinheiro está acabando e Gregório é mais forte, mais poderoso.

O espírito deu uma gargalhada pavorosa, fazendo Guido assustar-se.

— Ora, e suas clientes?

— O que tem elas?

— Nesse meio-tempo, enquanto preparamos o ambiente para você atacar o empresário, por que não as ameaça?

— Ameaçar?

— Sim. Faça chantagens, as mais diversas. Faça-as sentirem medo, aproveite da culpa que sentem por estarem traindo seus maridos. Com certeza, essas mulheres ricas poderão lhe dar mais dinheiro do que você imagina, em troca de não terem seus nomes jogados na lama.

— Gostei da ideia.

O espírito fez uma lista a Guido para que ele comprasse "material" para ajudá-lo em seu intento, além de uma nota preta para o dito pai de santo. Guido concordou, afinal, acreditava piamente que dessa vez, finalmente, iria se dar bem na vida.

Guido deixou a casa de Juão e começou a seguir o conselho dos espíritos. No dia imediato, passou a ligar e aterrorizar algumas clientes, que, com medo de serem desmascaradas e virarem motivo de escândalo, passaram a lhe dar dinheiro em troca de silêncio.

Caio deixou de procurar apartamento, por ora. Seguiu os conselhos do bom e querido José. A convivência na pensão fez com que ambos criassem um forte elo emocional, permeado pelo carinho e pela amizade. Era como se José fizesse o papel de um pai. Caio mal tinha completado dois anos de idade quando o pai falecera. De um tempo para cá, José preenchia a falta que o rapaz sentia de uma figura paterna.

Gregório o estava enrolando com a assinatura do contrato. O tempo corria e Gregório ligava para a pensão, conversava com Caio e pedia para que ele tivesse paciência. Logo ele assinaria o contrato para a campanha. Caio começou a sentir que algo estranho estivesse acontecendo. Foi ter com José, que agora se tornara seu amigo e confidente.

— Eu fui uma única vez ao escritório dele e agora ele não me deixa mais ir. Diz que está atarefado, cheio de compromissos e que logo me chamará para assinar o contrato.

— Quer saber? — disse José, realmente preocupado. — Esse homem o está enrolando. Não sei o porquê, mas parece que tem algo muito estranho nessa história.

— Mas ele me deu dinheiro. Bastante até. Por que iria me enrolar? Não consigo entender.

— Eu sinto que você deve se afastar dele. Procure estudar, arrumar um emprego qualquer. O emprego dignifica o homem. Você é muito jovem para ficar parado.

— Eu queria ser famoso, ter dinheiro.

— E acha que só sendo modelo terá fama e sucesso? Há tantas profissões que poderão lhe proporcionar isso, meu filho. Pense bem.

— Eu vou pensar.

— Se você estivesse apaixonado, talvez pensasse diferente.

— Eu, apaixonado? — Caio imediatamente lembrou-se de Luísa. E, só de lembrar, seu coração vibrava. Ele não respondeu nada.

José prosseguiu:

— Sim. Se houvesse uma mulher por quem você tivesse um sentimento nobre, sincero, de amor puro, talvez pensasse em melhorar na vida e ter um emprego. Uma relação de amor sempre nos impulsiona para o crescimento.

Caio vislumbrou o futuro ao lado de Luísa. Em sua mente, os dois caminhavam juntos, de mãos dadas, os filhos correndo na frente deles. É, se ele quisesse um futuro promissor, precisava pensar em arrumar trabalho, crescer, estudar, progredir. Ele apoiou o braço no ombro de José.

— Você fala com uma propriedade, como se já tivesse amado alguém na vida. Pelo que sei, você é só.

Uma lágrima desceu pelo rosto de José. Ele fechou os olhos e imediatamente flashes do passado invadiram sua mente. Ele respirou fundo, deu uma pigarreada e tornou, com ar melancólico:

— Eu tive um grande amor. Já fui casado.

— Casado?

— Sim.

— E o que aconteceu? Separou-se?
— Não. Pior. Eu fiquei viúvo.
— Oh, meu amigo. Sinto muito.

José encostou as costas na cadeira e deixou o corpo relaxar. Suspirou e contou parte de sua vida. Confiava e tinha imenso carinho por Caio. Afinal, ele poderia ser o filho que perdera anos atrás.

— Eu me casei há muitos anos e tivemos um filho. Éramos pobres, porém eu e minha mulher trabalhávamos duramente. Eu era vigia numa fábrica de bebidas e ela trabalhava como faxineira. Tivemos um único filho, que levou meu nome, embora o chamássemos de Zezinho.

Os olhos de José brilhavam emocionados. Ele continuou sua história:

— Zezinho cresceu, tornou-se rapaz bonito, inteligente, sensível. Trabalhava de dia e estudava à noite. Éramos uma família feliz até...

Caio percebeu o tom emotivo na voz de José. Passou delicadamente a mão em seu ombro, como sinal para que ele continuasse seu triste relato.

— Bem, morávamos numa favela. Era o que o nosso dinheiro permitia pagar. Eu trabalhava a noite inteira e, em uma madrugada de forte chuva, o barraco não suportou. Houve um deslizamento de terra e muitas casinhas foram pegas de supetão. A minha foi uma delas. E, lá dentro, estavam minha esposa e meu filho...

José não conseguiu finalizar. As lágrimas desciam sem cessar. Caio também se emocionou e o abraçou.

— José, que tristeza! Não sei o que falar.

José recuperou-se da emoção. Enxugou o rosto com as costas da mão.

— Pois é, meu filho. Isso aconteceu há mais de dez anos. Eu larguei o emprego de vigia e, por intermédio de um amigo, vim parar aqui na pensão da Fani. Ela sensibilizou-se com minha história e me deu emprego. Eu moro aqui, faço a manutenção da pensão e vou levando minha vida. Confesso que sou feliz, embora tenha muita saudade da minha esposa e do meu Zezinho — ele acariciou o rosto de Caio. — Meu filho, hoje, teria a sua idade. Por isso me afeiçoei tanto a você. Gostaria que você se tornasse o homem próspero e feliz que idealizei para meu filho. Coisa de pai. Desculpe-me.

— De maneira alguma. Eu perdi meu pai muito cedo e você tem preenchido essa lacuna em minha vida. Sou feliz por tê-lo encontrado em meu caminho.

Abraçaram-se emocionados. Ali se restabelecia uma forte amizade, oriunda de outras vidas.

Como a pensão não oferecia jantar, foram comer num restaurante ali próximo, barato e com comida excelente. Caio contou a José sobre sua vida e sentiu-se confortável e seguro para lhe contar sobre Loreta e a curta vida de prostituição que tivera na capital.

— Fico feliz que tenha abandonado essa vida. Ela só nos degrada o físico e o espírito.

— Eu conheci uma moça, José.

— É mesmo?

— Sinto que a amo. Meu coração trepida só de pensar em Luísa.

— Amar faz bem ao espírito.

Caio entristeceu-se.

— Ela é casada...

— Não se meta mais em encrencas, meu filho.

— O casamento não vai bem, ela quer se separar.

— Só a procure quando estiver separada. Se é que ela vai se separar.

— O que faço com o que sinto por ela? Tenho saudades.

— Aguarde. Tenha paciência. Peça a Deus para ajudá-lo.

— Eu não sou um homem de fé, José. Não acredito em nada. Tive uma vida muito dura e não creio que Deus esteja ao meu lado.

— Como não, meu filho? Você não está vivo? E saudável?

— Sim, mas minha vida poderia ser diferente.

— Faça-a diferente. Isso depende de nós. Mesmo com toda a desgraça que se abateu em minha vida, nunca deixei de ir à missa. Eu vou todo domingo, faça chuva ou faça sol. Fui criado no catolicismo e, embora não seja católico praticante, gosto da missa e sou devoto de Santa Rita de Cássia, a santa das causas impossíveis.

— É mesmo?

— Se quiser, um dia eu o levo lá na paróquia que leva seu nome. Fica no bairro do Pari. Você vai gostar.

Caio riu. Não tivera formação religiosa na sua vida e para ele tudo era novidade. Se fosse para agradar José, com certeza iria à tal igreja. Terminaram de conversar, José pagou a conta e voltaram para a pensão.

Na entrada, José sacou a carteira do bolso e tirou um folhetinho, desses distribuídos nas portas das igrejas, com a imagem da santa.

— Tome. Guarde com você. Se bater uma saudade forte da moça casada, peça à Santa Rita que o ajude. Espero que ela possa ajudá-lo quando precisar.

Caio o abraçou, comovido.

— Obrigado, meu amigo.

Entraram na pensão. Assim que atravessaram o jardim de entrada, ouviram vozes altas vindas da recepção. Não imaginavam que gritaria era aquela, se era confusão ou conversa entre as mulheres.

Caio entrou primeiro no saguão. Uma senhora de costas conversava alegremente com as demais, enquanto gesticulava e movia os braços e o corpo. Elas voltaram a atenção para Caio e imediatamente a senhora voltou o corpo para trás. Ela o olhou de cima a baixo e, vendo José pelo ombro do rapaz, perguntou:

— Quem é você, rapaz?

— Meu nome é Caio.

— O famoso Caio!

— Ainda não sou famoso...

Ela riu, aproximou-se e o beijou no rosto, de maneira afável.

— Prazer. Meu nome é Fani. Sou a dona da pensão.

Caio abriu largo sorriso.

— Eu pensei que a senhora não existisse!

— Por quê?

— Porque falaram que voltaria de Bauru em uma semana e faz mais de mês. Eu pensei que todos estavam mentindo para mim.

As pessoas riram da forma ingênua e espontânea como Caio falou. José aproximou-se e a cumprimentou.

— Como vai, Fani?

— Estou muito bem.

— Fez boa viagem?

— Fiz. Estou cansada de ficar tantas horas sentada — ela disse, olhando ao redor. — Pelo visto, você cuidou direitinho da pensão.

— Não fiz mais que minha obrigação.

Celinha intrometeu-se entre os dois.

— Eu também ajudei. Bastante.

— Eu sei, querida. Você é nosso braço-direito.

Celinha sorriu.

— Obrigada. Eu adoro trabalhar aqui, se bem...

— Se bem? — encorajou Fani.

— Se bem que o trabalho anda pesado. Depois que a Dinorá foi embora, não consigo dar conta de tudo. Muita comida para fazer, muito hóspede para atender, muita roupa para lavar e haja faxina. Parece que o pó adora esse casarão.

O riso foi geral. Fani continuou.

— O trabalho de Dinorá faz falta. Fui a Bauru resolver alguns negócios, vendi uma casa e agora vou reformar o casarão. Teremos novos quartos, mais modernos e mais espaçosos para servir os hóspedes.

Celinha bateu palmas.

— Que bom, dona Fani. Mas o serviço vai ficar mais pesado.

— Não precisa fazer beicinho. Pensando nisso, já contratei mais uma pessoa para ajudar nas lidas domésticas.

— Ufa! — fez Celinha, passando a mão pela testa. — Quem é essa pessoa?

— Uma antiga conhecida. Está lá em cima. No quarto ao lado de Caio — ela aproximou-se do rapaz e o encarou nos olhos. — Não quer subir e ver quem é? Aposto que você vai gostar.

Caio abriu largo sorriso. Só podia ser Sarita. Seu anjo voltara! Ele iria lhe falar de Luísa, perguntar ao seu anjo se tudo aquilo que estava sentindo era amor. Sarita sabia dessas coisas e poderia confirmar.

O rapaz foi caminhando até o quarto, ansioso. Subiu os lances da escada de maneira rápida. Abriu a porta do quarto e quase teve uma síncope. Seus olhos arregalaram e suas pernas falsearam por instantes. Ele só pôde balbuciar:

— Mãe...

CAPÍTULO 14

O tratamento espiritual a que Luísa fora submetida fizera com que ela melhorasse bastante. Os bons espíritos trabalharam em seu corpo emocional, reequilibraram seu chacra cardíaco. Aos poucos, ela passou a rever conceitos e mudar algumas atitudes que iriam acelerar o crescimento de seu espírito.

A sua única preocupação era arrumar algum trabalho por conta da doença do pai. Luísa prontificou-se a ajudar no tratamento de Inácio, cujos rins estavam paralisados, e ele necessitava fazer diálise, três vezes ao dia. O governo não oferecia material com regularidade e, temendo o pior, Luísa fora condescendente com o marido, que pagava o tratamento do pai dela no hospital particular mais caro de Bauru.

Luísa havia conversado com Renata sobre a possibilidade de arrumar um emprego e a amiga ficou de ver, na empresa em que trabalhava, se havia algum cargo de auxiliar ou recepcionista, porquanto Luísa não tinha formação profissional. Concluíra o ensino médio e tinha parado de estudar para se casar com Genaro.

Diante disso, ela sentiu força para poder enfrentar os pais, principalmente a mãe, e convencê-los de que, caso todos se unissem — ela e os irmãos —, o pai não precisaria mais da ajuda de Genaro e, assim, ela poderia se livrar de vez do marido.

Algo de inesperado, triste e, de certa maneira, reconfortante, atingiu Luísa e sua família. No fim do tratamento espiritual, ela recebeu a notícia de que seu pai tinha morrido. Luísa entristeceu-se, afinal, mesmo não tendo afinidades com o pai, fora ele que a criara e lhe dera um teto até o casamento com Genaro. Ela fora criada de maneira esmerada e só não teve mais porque Inácio perdera tudo anos atrás. Ela sentia que não amava o pai, que nunca o amara, mas nutria por ele um sentimento de gratidão.

Luísa compareceu ao enterro sozinha. Genaro estava em Brasília, metido entre suas maracutaias, e alegou impossibilidade de viajar até Bauru para o evento fúnebre.

Ela mudara algumas posturas e, vestida de firmeza, duas semanas após a morte do pai, retornou para conversar com sua mãe. O encontro não foi tão amigável assim. Seus irmãos fuzilaram-na com o olhar, logo que ela entrou na casa, ante a possibilidade de perderem a gorda mesada de Genaro. Sua mãe foi mais dura:

— Só pensa em você? E o que será de nossas vidas? — Neuza falava de maneira agressiva. — Eu a coloquei no mundo, enchi-a de mimos e carinho. Demos boa educação, que — Neuza metia-lhe o dedo em riste — a ajudou a conseguir um marido rico. Essa você vai nos dever pelo resto da vida.

— Eu não posso mais manter esse casamento.

— Não seja estúpida!

— Não precisa me ofender.

— Quer que eu fale como?

— Você não conhece Genaro como eu.

— Bobagem. Genaro é homem conhecido, político influente e importante. Logo terá cargo mais alto, quem sabe até será presidente do país. E você fica querendo abandonar o barco?

— Vocês não imaginam o inferno que está sendo minha vida nesses anos todos.

Neuza exasperou-se.

— É você que nem ao menos imagina como será as nossas vidas se perdermos a mesada de Genaro.

— Mãe, entenda. Eu tinha medo de me separar porque Genaro bancava o tratamento do papai. Agora que ele morreu, um peso foi arrancado de minhas costas. Meus irmãos podem ajudá-la no sustento da casa.

— Esperou Inácio morrer para se virar contra nós?

— Eu me preocupava com o estado de saúde do papai, mas, agora, não vejo por que vocês têm de continuar recebendo mesada de Genaro.

— Acha que na idade em que estou eu vou trabalhar?

— Não é isso...

— Quer ver sua mãe esfregando chão e lavando privada?

— Não foi o que imaginei. Creio que você esteja dramatizando sua vida.

— Eu, dramática?

— Sim. Está carregando nas tintas do drama. Eu preciso seguir minha vida, ser dona de meu destino. Não posso mais ficar sob as asas de um marido truculento.

— Aguente. Seja esperta. Manipule-o.

Luísa suspirou fundo e falou num tom alto.

— Ele bateu em mim!

— Ah! Ele bateu em você? — rebateu Neuza, com desdém. — O que você fez para ele tomar atitude extremada?

— Está defendendo Genaro?

— Boa coisa não foi, Luísa. Você sempre foi muito mimada, muito cheia de nhenhenhém. Um nojo de menina.

Luísa não podia acreditar no que estava ouvindo. A mãe defendia o genro com unhas e dentes. Tratava-a como um objeto, como um trampolim para que eles vivessem essa boa vida que Genaro lhes proporcionava.

— Eu vou me separar.

— Engravide.

— O quê?

— Isso mesmo — tornou Neuza, de maneira veemente. — Engravide. Tenha um filho dele. Assim você poderá arrancar-lhe dinheiro pelo resto da vida. Nada como um filho...

— Eu nunca faria isso, mãe — Luísa exasperou-se. — Nunca usaria uma criança para arrancar dinheiro. Não combina com meus princípios.

— Tola! Acha que princípios põem comida à mesa?

— Claro que não, mas pelo menos durmo com a consciência tranquila.

— Você está mudada. O que tem feito?

— Nada demais.

— Não, Luísa, eu a conheço bem. Você está diferente, mais dona de si. De onde tirou essa panca?

— Que panca?

— Quem a ensinou a fazer isso?

Luísa titubeou.

— Não é bem assim... Algum tempo atrás tive uma discussão horrível com Genaro. Ele me bateu, sofri muito e fui procurar ajuda num centro espírita.

Neuza bufou de raiva. Aquilo não podia ser verdade. Ouvira errado.

— Não! — protestou num tom maledicente e, num riso forçado, disparou: — Você não pode estar metida com isso.

— Eu passei a frequentar um centro espírita e tenho melhorado muito. Fiz tratamento espiritual, aprendi...

Neuza foi curta e grossa.

— Chega! — exclamou, num tom grave.

— Deixe-me explicar, por favor.

— Além de burra, agora se meteu com essa gente ignorante que afirma se comunicar com os mortos? Isso sim é o fim da picada. Só mesmo uma tonta como você para cair na armadilha dessa gente que só quer tirar proveito da dor alheia.

— Quem lhe disse isso? De onde tirou essas ideias?

— Não tirei. Elas existem. É o que as pessoas dizem por aí. Espírito, fantasma, é tudo invenção da mente humana. Já foi comprovado que não passa de balela.

— Como também já comprovaram a existência da reencarnação. Há livros sérios acerca do assunto e...

— Chega, Luísa.

— Mas, mãe...

— Não quero mais uma palavra sobre espírito aqui dentro de minha casa.

— Está certo. Eu vou respeitá-la. Nossos pontos de vista são diferentes.

— Totalmente diferentes.

— Mas o Otávio e o Paulo podiam trabalhar e ajudar aqui no sustento da casa.

— Está louca?

— Por quê? Falei alguma bobagem?

— Seus irmãos não têm idade para trabalhar.

— Eles são adultos, ora!

— São estudantes universitários.

— Mãe! Quantos rapazes na idade deles cursam faculdade à noite e trabalham de dia para ajudar suas famílias? Inúmeros.

— Seus irmãos são diferentes.

— O que há de diferente neles?

— Precisam de tempo para estudar.

— Você os defende. Quer transformar seus filhos em quê? Em inúteis?

Neuza não conteve a raiva e deu um tapa na cara da filha.
— Nunca mais fale assim de seus irmãos! Eles não merecem a irmã que têm.
Luísa passou a mão pela face ardida e vermelha.
— Você nunca mais vai encostar o dedo em mim!
— Vai me ameaçar?
— Eu juro. Daqui para a frente, vocês que se virem. Eu vou me separar. Acabou a mamata.
— Nem pense nisso, sua...
Luísa nem quis ouvir mais. Pegou sua bolsa e falou:
— Adeus, mãe.
Neuza gritava e dirigia à filha palavras duras e agressivas. Por sorte, Luísa estava ligada aos espíritos de luz e não deu ouvidos às barbaridades proferidas por aquela mulher que podia ser qualquer coisa, menos mãe.

※※※

Guido conseguia manter-se com o dinheiro que arrancava de suas clientes por meio da chantagem. Mas isso era muito pouco para ele. Tinha sede de mais, muito mais.
Certa noite ele foi à mansão de Gregório. Precisava de mais dinheiro. Entrou no jardim de inverno e Gregório o esperava, com um robe de seda preto.
— Vou direto ao assunto, Gregório. Estou precisando de um adiantamento.
— Não.
— Por quê?
— Porque você já ganhou bastante dinheiro.
— Eu o ajudei. Fiz tudo o que você mandou.
— E ainda fará mais.
— E quanto ao dinheiro?
— Semana que vem lhe dou mais.

— Jura?

— Palavra de Gregório Del Prate.

— Estou precisando agora.

— E o que recebe de suas chantagens com as ricaças?

— Esse dinheiro dá para pagar comida, mais nada. Você precisa me ajudar.

Gregório levantou-se e dirigiu-se até uma parede ao lado da estante. Tirou de lá um quadro e Guido percebeu que se tratava de um cofre. Gregório abriu e de lá tirou algumas notas.

— Isso serve para você?

Guido apanhou os maços rapidamente, como se Gregório pudesse mudar de opinião. Ele contou as notas e sorriu.

— Dá para mais alguns dias.

— Alguns dias? Está louco? — vociferou Gregório. — Esse dinheiro é para mais de mês. Veja lá como gasta! Economize.

— Não sei fazer economia.

— Procure um panaca igual ao Maximiliano. Aí fora — fez gesto com as mãos — tem um monte de homem carente e cheio de grana.

— Para que vou atrás deles se tenho você?

— Não gosto que fale comigo nesse tom!

— Eu posso arruinar sua vida, Gregório.

Gregório aproximou-se e lhe meteu o dedo em riste. Guido nem se importou com aquele mau hálito ácido e insuportável.

— Se fizer novas ameaças a mim, eu acabo com a sua raça, entendeu?

— É que, depois de tudo o que lhe fiz...

— Cuidado comigo, Guido.

— Você podia me arrumar um apartamento, um carro...

— Ficou maluco?

— Eu fiz coisas que, se vierem a público, poderão acabar com a sua vida.

Gregório enfureceu-se. Odiava ser chantageado. Deu um tapa no rosto de Guido.

— Você nem ouse me chantagear! Se eu ouvir outra vez dessa boca suja, mesmo nas entrelinhas, que vai me chantagear, eu dou cabo de sua vida, entendeu? Eu acabo com você!

Gregório falou de maneira tão assustadora que Guido estremeceu. O proprietário da Cia. de Perfumes era mais forte, sem dúvida. Ele não podia criar uma situação de animosidade com Gregório. Não agora. Precisava ganhar mais tempo. Quem sabe o Juão não resolveria logo seus problemas?

Ele levou a mão ao rosto e contemporizou.

— Está certo. Perdi a cabeça. Desculpe-me.

— Assim está melhor. Agora pegue esse dinheiro e suma.

Guido assentiu com a cabeça e saiu. Pelo menos agora teria dinheiro para mais alguns dias. Entretanto, ao sair da mansão, ele mentalizou o local onde ficava o cofre. Era lá que ele tinha de atacar.

※※※

Maximiliano estava confortavelmente sentado em sua sala quando a campainha tocou. A empregada foi atender e, em seguida, Renata surgiu, linda e exuberante. Trazia Luísa a tiracolo.

— Boa noite, amigo.

Max levantou-se e foi ao encontro delas. Cumprimentou Renata e, em seguida, Luísa.

— Eu a vi no centro da Mafalda algumas vezes, mas não quis me aproximar. Você parecia estar num outro mundo — comentou Max, enquanto conduzia as duas moças para se sentarem ao seu lado, num gracioso sofá.

— Eu passei por momentos muito difíceis. Recentemente perdi meu pai e parece que também perdi minha família.

Renata aduziu:

— Luísa é casada com Genaro Del Prate.

— O político? — inquiriu Max.

— Esse mesmo — respondeu Luísa. — Nosso casamento sempre foi um fiasco e eu tentei me separar. Genaro me bateu, sempre me ameaçou com surras e outras ameaças.

— Por que não prestou queixa na delegacia?

— Genaro ameaçou-me caso eu fizesse um boletim de ocorrência. E, de mais a mais, de que adiantaria prestar queixa? Nós, mulheres, não temos direito algum. Os delegados riem de nós.

— Riem? — perguntou Max, estupefato.

Renata confirmou.

— Certa vez, acompanhei uma amiga à delegacia para prestar queixa contra o marido. Fiquei impressionada com o descaso das autoridades. Eles a trataram como se fosse culpada por ter apanhado. Como se o marido tivesse razão para espancá-la.

— É uma pena — disse Max. — Os homens não podem continuar cometendo agressões contra suas companheiras. É injusto e desumano.

Luísa tornou, de maneira doce.

— Agora me sinto forte para seguir adiante.

— Seu marido é um homem covarde. Homem que agride sua mulher deveria ser preso, mas infelizmente vocês ainda — fez, apontando para as duas — são recriminadas. Eles batem, matam e ainda declaram, com a maior cara lavada, terem sido feridos na honra.

Renata intercedeu.

— Está havendo uma mudança de valores no Brasil. Infelizmente, ainda, a sociedade é chamada a rever seus conceitos diante de crimes bárbaros e, aí sim, clama para que certas leis sejam revistas e mudadas.

— Concordo — ajuntou Max. — Lembrem-se do caso Lindomar Castilho, quando o tema é a violência contra a mulher. O cantor matou sua ex-esposa, Eliane de Grammont, recentemente. Detalhe: a separação havia já sido assinada por ambos! Até agora o caso reverbera na sociedade e tenho certeza de que, por conta desse crime bárbaro e de tantos outros nunca noticiados, muitas mudanças virão, para benefício das mulheres que sofrem como você, Luísa, nas mãos de homens covardes que, em breve, não mais terão a lei a seu favor.

— Ainda vale a figura da "legítima defesa da honra", que justificava crimes covardes como o cometido pelo cantor. As entidades feministas, porém, estão pressionando as autoridades para que a justiça seja feita — ajuntou Renata.

— Afinal — concluiu Luísa —, quem ama não mata.

— Pois é. E você — Max apontou para Luísa — precisa se fortalecer e procurar meios de se desligar de seu marido antes que seja tarde demais.

— Por que me diz isso?

— Pela ficha dele...

— Falando assim, Max, você me assusta.

— Genaro é homem vil, inescrupuloso. Você temia se separar, porquanto seu pai necessitava de ajuda no tratamento médico. Estava atordoada e preocupada porque não via possibilidade de arrumar um trabalho que pudesse cobrir essas despesas. Entretanto, a vida foi generosa com você.

— Generosa? Como?!

— Luísa, a vida tirou seu pai de cena. Você está enxergando as coisas de maneira muito torpe. Veja o lado positivo das coisas, mesmo que se trate de uma perda, de uma tragédia, até. Tudo na vida é para o nosso melhor, para o nosso crescimento, para a nossa evolução.

— Max tem razão — concordou Renata. — Você se preocupava com seu pai, com seu tratamento. Ele partiu, terminou sua jornada nesta vida. Seu pai cumpriu o que tinha de cumprir. Você deve orar para que o espírito dele possa estar recebendo ajuda num Posto de Socorro no astral e agradecer a Deus por não ter de se preocupar com seu tratamento. É uma maneira diferente de enxergar o que nos acontece na vida. A morte de Inácio, no fim das contas, fez um bem a você.

— Pensando desse modo, sim — disse Luísa. — Concordo.

— E sua mãe e irmãos terão de se virar. Você não está fazendo tudo sozinha? — perguntou Max.

— De certa forma.

— Claro, você tem seus amigos, tem a Renata, a mim, a Mafalda e os bons amigos espirituais. Mas você é que tem feito as mudanças por si. Que sua família também aprenda a mudar com as adversidades da vida. Você não é responsável pela vida deles. Só pela sua.

— E minha mãe não me quer por perto. Não gosta de mim. Eu sinto — contrapôs Luísa.

— E por que vai ficar ao lado de quem não lhe quer bem?

— Mas ela é minha mãe, Max.

— E daí?

— Eu sinto culpa.

— Neuza comprometeu-se a lhe dar a vida. Ela foi responsável pelo seu reencarne. Merece todo o seu respeito. Entretanto, você não é obrigada, de maneira alguma, a ter de aturá-la pelo resto da vida, a não ser que você a ame. Você a ama?

— Não. Sinceramente, não.

— Mas pode fazer um esforço para também não nutrir nenhum sentimento de raiva. Isso não nos faz bem, Luísa. Quer voltar junto dela na próxima encarnação?

— Eu?!

— É!

— Deus me livre — Luísa bateu na madeira três vezes.

— O amor e a raiva caminham juntos. Esses sentimentos criam laços entre os espíritos. E, se nos ligam, vão nos manter juntos em outras vidas, movidos pelo sentimento de amor ou de ódio. Por isso, mesmo que você não goste de sua mãe, procure compreendê-la e perdoá-la pelos seus atos insanos.

— Compreender e perdoar?

— Sim. Perdoar para você se livrar do sentimento de raiva que as une. E compreendê-la porque Neuza foi criada de outra maneira, numa outra época, faz parte de outra geração. É uma mulher embrutecida, perdeu tudo na vida.

— Mas... — Luísa ia protestar. Max fez sinal com a cabeça e continuou:

— Tudo bem, a vida de cada um é reflexo do conjunto de suas atitudes e crenças, ninguém no mundo é punido, digamos assim, em vão. Sua mãe atraiu essa experiência para sua vida e, se tirou proveito ou não das experiências pela qual passou, isso é problema dela. Mas você cresceu, procurou forças dentro de si para mudar. Tem estudado bastante, procurado entender os mecanismos que regem nossa vida. Tem condições de perdoar e seguir em frente.

Renata concluiu:

— Você não precisa, minha amiga, ficar lambendo sua mãe ou mesmo manter com ela uma relação de falsidade, visto que ambas não se dão bem. Mas não custa nada perdoá-la e vibrar para que ela acorde e saia das teias de ilusões que criou.

— Isso mesmo — ajuntou Max. — Vibre para que Neuza possa crescer e se libertar das ilusões que a impedem de enxergar a força que seu espírito tem para viver sem depender de ninguém. Esse trabalho é só da sua mãe. Ninguém poderá fazer por ela. Mas perdoar, deixar de sentir rancor e mágoa, isso vai ajudar você a se libertar e seguir adiante, com mais segurança, mais fé.

Luísa emocionou-se. As palavras dos amigos ajudavam-na bastante a refletir e ver que poderia, sem dúvida, perdoar sua mãe e seguir adiante.

CAPÍTULO 15

    Caio abraçou sua mãe e assim permaneceram por longo tempo. A emoção impedia que dissessem alguma coisa. O abraço sincero, forte, quente e afetuoso causou-lhes uma sensação de indescritível bem-estar.
    Rosalina afastou-se e mediu o filho da cabeça aos pés.
    — Você está tão bonito! Diferente, bem-vestido.
    — Obrigado, mãe.
    — O que anda fazendo?
    — Tenho muita coisa para contar, mas agora quero saber o que você faz aqui. Que surpresa é essa? Veio para ficar?
    — Sim. A proposta de Fani foi irrecusável.
    — Mas você estava trabalhando na escola, ganhando bem, pensava até em comprar uma casinha...

— Pois é, meu filho, entretanto, muitas coisas aconteceram. A escola fechou por falta de verba pública. Eu perdi meu emprego. Por sorte, consegui concluir o supletivo. Formei-me no ginásio.

— Fico feliz que tenha se graduado. Era um sonho antigo.

— Agora sei ler, escrever e fazer contas diversas. Tornei-me uma mulher muito mais inteligente, mais culta e mais lúcida. Mais feliz.

— Como fez para se sustentar?

— Voltei a fazer faxina e lavar roupa para fora. Consegui me manter. Foi quando reencontrei a Fani em Bauru. Um dia estava saindo da venda do seu Gomes e ela lembrou-se de mim. Conversamos, falei de minha situação e foi então que veio a proposta.

— Qual proposta?

— Eu vou trabalhar só na cozinha, preparar as refeições. O salário é bom e eu terei um teto para morar. E agora, vendo que você está aqui ao meu lado, o que mais quero?

Ele a abraçou e a beijou várias vezes no rosto.

— Estava mesmo morrendo de saudades, sabia? Muita, muita saudade.

— Eu também.

— Ninguém mais vai nos separar.

— Sabe, filho, a Norma me falou que iríamos nos encontrar. Só não sabia como. Esta cidade é tão grande, e veja só: mal cheguei e o reencontrei.

Caio afastou-se e coçou a cabeça.

— Continua com essas ideias?

— Que ideias? Eu disse que sua irmã me procurou, ora.

— Mãe!

— Norma mandou uma carta para mim.

— Como assim? Uma carta?! — perguntou, estupefato.

— Uma carta psicografada.

— Mãe, não entendo dessas coisas e...

Rosalina silenciou o filho com o indicador em seus lábios.

— Chi! Calma. Deixe-me explicar melhor.

Ela foi até sua bolsa e pegou um envelope.

— No centro espírita que eu frequentava em Bauru, havia sessões em que levávamos o nome de nossos entes queridos desencarnados e esperávamos até que eles se comunicassem. Isso poderia levar dias ou semanas, sendo que algumas pessoas eram chamadas, outras não. Eu custei a receber notícias de sua irmã. Quando fui chamada, certa noite, após uma sessão, meu coração transbordou de alegria. Uma carta endereçada a mim!

— E o que diz a carta?

Rosalina riu misteriosa.

— Para você tomar cuidado e prestar mais atenção às pessoas à sua volta.

— Grande coisa.

— E disse-me que vou me casar de novo!

— Mãe, que absurdo é esse?

— Por que absurdo?

— Não creio que Norma esteja entre nós. Por acaso — perguntou de maneira desafiadora — a letra na carta é dela?

Rosalina moveu a cabeça para os lados.

— Você não entende nada das coisas espirituais. Claro que a carta vem com a letra do médium que a escreveu.

— Sei...

— Segundo a doutrina espírita, meu filho, a psicografia é uma das múltiplas possibilidades de expressão mediúnica existentes. Allan Kardec classifica-a como um tipo de manifestação inteligente, digamos assim, por consistir na comunicação discursiva escrita de um espírito, por intermédio de um médium, seja homem ou mulher, com quantos se prestem a ler-lhe os textos.

Ele coçou o queixo, meio intrigado. Rosalina prosseguiu:

— O fenômeno ocorre pela intercessão da vontade do espírito comunicante sobre a vontade passiva do médium que, apesar de ceder sua vontade para que a comunicação se dê, estando consciente, interfere mais ou menos no seu teor e forma.

— Nunca ouvi falar disso.

— Porque não lê, ora!

— Existe publicação sobre esse assunto, é? — perguntou em tom de deboche.

Rosalina nem ligou. Sentia que Caio era resistente para aceitar e compreender os fenômenos mediúnicos. Ela finalizou:

— Em descrições contidas nas obras do espírito André Luiz, existe uma interligação entre os chamados centros de força do perispírito do desencarnado com o encarnado intermediário, permitindo que ele atue na produção de textos, consoante a sua vontade.

— Está falando difícil para me impressionar?

— Não, para que você desperte para a verdade. Só isso.

A postura de Rosalina surpreendeu Caio. Ela falava com propriedade, de maneira articulada, usando até palavras mais difíceis. Sua aparência estava melhorada, ela estava mais bonita, embora algumas rugas teimassem em ocupar o canto dos olhos.

— Você acredita mesmo que Norma tenha se comunicado?

— Sem dúvida alguma.

Caio pegou o envelope das mãos da mãe. Abriu e tirou a carta. Era uma comunicação curta, de algumas linhas, mas Norma falava em Roberval e que também estivera com Elza. Ele abriu e fechou a boca sem poder articular som.

— As pessoas desse centro espírita a conhecem?

— Não a ponto de saberem que seu pai se chamava Roberval, e sua avó, Elza.

Caio abraçou a mãe. Sentiu forte emoção, e a lembrança de Norma veio forte à sua mente.

— Ah, mãe — tornou ele, emocionado —, será que Norma está perto de mim? Será que ela me protege?

— Caio, querido! — Rosalina alisou seus cabelos. — Norma afirma na carta que está sempre ao seu lado. Será que você não poderia ser mais flexível e abrir-se ao conhecimento espiritual?

— Ainda estou confuso, mas prometo que, qualquer hora, pego um livro seu emprestado.

— Está certo, meu filho.

Abraçaram-se e continuaram conversando. Caio contou de maneira empolgada à mãe sobre o contrato e a campanha do perfume. Rosalina sentiu uma pontada no peito, um desconforto sem igual. Alertou o filho.

— Creio que você poderia ir atrás de outra atividade. Esta cidade é tão grande, pode lhe proporcionar muitas coisas boas. Lembre-se do que sua irmã disse na carta. Cuidado com quem você se envolve.

— Ouvi isso hoje do José. Ele me falou a mesma coisa.

— Caio, meu filho, preste atenção aos sinais que a vida lhe dá. Eu mal conheço esse José e tanto ele quanto eu, mais a carta de sua irmã, dizem-lhe a mesma coisa?

— Bem...

Rosalina aumentou o tom.

— No mesmo dia? Não é para pensar?

— É. Creio que sim.

— Abra os olhos, meu filho. Cuidado com gente que é lobo em pele de cordeiro. Você sabe do caráter desse Gregório Del Prate, ou melhor, da falta de caráter. Você não está sendo enganado.

— Eu sei.

— Os fatos se mostram à sua frente.

— Entendo.
— Tome cuidado com o que você vai fazer.
— Mas e se eu não aceitar?
— Assinou alguma coisa?
— Não.
— Fica mais fácil.
— Não é tão fácil assim, mãe.
— Por quê?
— O Gregório me deu um adiantamento.
— Devolva.
— Como?
— Devolva o dinheiro.
— Contudo, eu usei um pouco do dinheiro.
— Não tem problema. Você poderia pegar o dinheiro e sumir. Não assinou nada. Mas você tem caráter, é um homem bom. Por isso, pegue o que tem no banco, não importa a quantia, e devolva ao Gregório.
— E o resto do dinheiro?
— Diga que no tempo certo vai lhe pagar aquilo que falta. E pronto. Livre-se dele.
— Você tem razão. Mas, mãe, se eu devolver o dinheiro, vou viver de quê?
— Eu converso com Fani. Você fica no meu quarto e não pagará mais a pensão. Ficaremos apertados, mas sobreviveremos. Depois, você vai se ajeitar, colocar uma roupa bonita e ir à cata de emprego. Tenho certeza de que logo irá estudar e trabalhar. Vamos, meu filho, força!

Caio a beijou demoradamente na fronte.
— Você é a melhor mãe do mundo.
— Você é o melhor filho do mundo — rebateu Rosalina.

Caio despediu-se da mãe e foi para seu quarto. Deitou-se na cama e lembrou-se da irmã querida.
— Será que Norma tentou se comunicar comigo? Será que depois da morte existe algo? Será?

Caio pensou na irmã, na saudade que sentia dela e, dessa forma, adormeceu.

Norma estava com ele desde que Rosalina chegara. Não queria perder o reencontro entre mãe e filho. Emocionou-se ao vê-los juntos.

— Ele continua resistente — disse para Carlota.

— Você fez o que lhe foi permitido, Norma.

— Infelizmente, ele vai arrumar encrenca.

— Se o espírito dele precisar passar por essa experiência, paciência. Não podemos, de maneira alguma, interferir na escolha das pessoas. Você lhe mandou a mensagem. Para bom entendedor, bastam as entrelinhas. Isso é sinal de que a espiritualidade entendeu que Caio não precisaria passar por situações desagradáveis. Entretanto, o espírito dele anseia passar por isso. Entende que é algo mais forte que a própria vida?

— Sim, entendo.

— Seu irmão precisa, deseja, mesmo que inconscientemente, passar por essa provação. Caso contrário, Caio teria grande vontade de procurar um centro espírita. Isso faria toda a diferença.

— Você tem razão, Carlota. Isso faria toda a diferença. Todavia, meu irmão está fazendo suas escolhas. O melhor a fazer é orar e pedir para que seja feito o melhor.

— Isso mesmo. Que tal darmos um passe no perispírito de seu irmão? Aproveitamos que ele adormeceu e lhe ministramos um passe revitalizante. Amanhã, com certeza, ele vai acordar mais bem-disposto.

Norma pendeu a cabeça afirmativamente. Os dois espíritos ergueram as mãos. Fecharam os olhos, concentraram-se e aplicaram um passe sobre o perispírito de Caio, que descansava a alguns palmos do corpo físico. Feito isso, as duas desvaneceram no ar.

Luísa sentia-se mais forte. Renata tinha lhe conseguido entrevista na empresa em que trabalhava. Era para o cargo de recepcionista. O salário era pouco, mas dava para Luísa começar a sentir o sabor da independência e a pagar suas contas.

Após a entrevista, ela foi almoçar com Renata.

— Fiquei tão feliz! A gerente de recursos humanos gostou de mim. Disse que sou simpática, comunicativa e talvez o cargo seja meu. Ela tem mais duas moças para entrevistar, mas sinto que o cargo será meu.

— Eu também acredito nisso — ponderou Renata. — Você quer mudar, crescer, está colocando muita força em seu caminho. Isso faz com que tudo ao nosso redor comece a mudar. Para melhor, sempre.

— Genaro mal sabe disso.

— Mas vai saber. Ele vem para as festas de fim de ano?

— Não. Disse que tem compromissos inadiáveis.

— É verdade?

— Não. Papo-furado. Sei que ele deve estar se divertindo com mulheres e desviando dinheiro público a torto e a direito.

— Problema dele, Luísa. Um dia Genaro terá de arcar com as consequências de suas atitudes. Sejam elas boas ou não.

— Será?

— Mas é claro, minha amiga! E, se a justiça dos homens for cega e falha, ninguém escapará da justiça divina.

— Não sei, não. Isso me incomoda profundamente. Genaro aprontou muito quando era vereador em Bauru. Desviou dinheiro e veja: ele foi um dos deputados federais mais votados do país. Como pode?

— Todo político inescrupuloso um dia acaba metendo os pés pelas mãos. Genaro começou com pequenos golpes, pequenos desvios de dinheiro público. Ele vai querer mais e, uma hora, vai se dar mal.

— Duvido. Todo político é esperto.

— Também não vamos generalizar, Luísa. Um político é um indivíduo ativo que atua em nome de um grupo social. Pode ser formalmente reconhecido como membro ativo de um governo ou uma pessoa que influencia a maneira como a sociedade é governada por meio de conhecimentos sobre poder político e dinâmica de grupo. Essa definição inclui pessoas que estão em cargos de decisão no governo e pessoas que almejam esses cargos tanto por eleição, quanto por indicação, fraude eleitoral, hereditariedade etc. Apesar de a política ter historicamente sido considerada uma profissão honrada — existem políticos que efetivamente promovem o bem-estar de seu eleitorado ou de seu povo —, muitas pessoas, atualmente, mesmo em países democráticos, têm uma opinião negativa a respeito dos políticos como classe. Existem muitos Genaros por aí, inescrupulosos, cujas promessas não são verdadeiras. Também são, ocasionalmente, acusados de desvios de verba para o seu próprio interesse e não para o interesse do povo. De fato, casos de corrupção política não são raros.

— Conheço políticos que dariam seu sangue para que nosso país melhorasse em todos os aspectos.

— Sei disso, Luísa. No entanto, Genaro não é o tipo. Políticos como Genaro são poucos, mas causam grande estrago, seja pelo desvio de dinheiro, seja por arranhar a imagem da classe por expressiva parcela da população. E não devemos nos importar com eles. Neste mundo ou em outro, um dia eles terão de se acertar com o universo.

— Pedi que Genaro viesse a São Paulo para conversarmos sobre a separação. Ele disse que isso é conversa fiada e que não vai me dar nada, que estou delirando.

— Você não precisa ficar à mercê dele. Sabe disso.

— E se ele não der a separação? O que faço? Ficarei presa a ele pelo resto da vida?

— Claro que não, amiga. Ninguém fica preso a ninguém. O tempo da escravidão acabou há muito tempo.

— Sei, mas Genaro afirmou com todas as letras que não me dará a separação. Divórcio nem pensar.

— Então, contrate um advogado e entre com o pedido de separação litigiosa.

— Como assim?

— Existem dois tipos de separação judicial. A consensual, que é a mais comum e todos saem ganhando, porque é mais simples e rápida. Todavia, isso ocorre quando o marido e a mulher estão de pleno acordo quanto à separação. No seu caso, como Genaro não quer, em hipótese alguma, dar-lhe a separação, então, Luísa, não tem jeito. Você terá de requerer uma separação litigiosa. Quem vai tratar disso são os advogados de ambos. Eles vão lá brigar com o juiz.

— Eu não tenho dinheiro, Renata.

— Você pode exigir pensão.

— Não quero dinheiro de Genaro. Quero assinar os papéis, separar-me e viver minha vida.

— Se precisar de advogado, eu posso lhe arrumar um.

— Aí é que está. Eu estou completamente dura.

— Você pode requerer assistência judicial gratuita. Todavia, creio que o melhor a fazer é arrumar dinheiro para pagar o advogado. O que conheço é muito bom, cobra um valor justo e parcela.

— Eu tenho algumas joias. Poderia vendê-las.

— Excelente ideia, Luísa.

— Joias caras.

— Pegue as suas joias, leve-as até um avaliador, faça cotação de preço e venda. Você já terá dinheiro para pagar seu advogado. E tem a casa de vocês. Pelo menos, meio a meio.

Luísa meneou a cabeça para os lados.

— A casa é de Genaro. Ele a comprou antes do casamento. E nos casamos em regime de comunhão parcial de bens, ou seja, só temos de dividir algo caso Genaro tenha comprado após nosso casamento.

— Se você quiser, pode ir para casa e por lá ficar, quanto tempo necessitar.

— Agradeço, mas eu tenho Eunice. Não posso deixá-la. Ela sempre me ajudou, ela sempre foi uma mãe para mim.

— Eu posso dispensar a minha empregada e Eunice pode trabalhar para mim.

Luísa mordeu os lábios, aflita.

— Não sei ao certo. Não seria justo invadirmos sua privacidade. Você é solteira e...

— E nada — rebateu Renata. — Sou independente, solteira e não estou à procura de um amor. Não por enquanto. Estou mais focada em minha carreira, em fazer o meu pé-de-meia. Na hora certa vai aparecer um homem bom, de preferência bonito — ela riu —, que eu ame com todas as minhas forças. Saberei disso no dia em que eu pousar meus olhos nos dele.

— Como tem tanta certeza de que será assim?

— É a minha intuição trabalhando a meu favor. Você verá, Luísa, logo vou encontrar o amor de minha vida. Eu mesma vou lhe dizer.

Luísa ergueu seu copo.

— Façamos um brinde ao amor!

— Ao amor — respondeu Renata.

―⁂―

Caio estava sentado no banco do jardim da pensão quando Celinha veio correndo ao seu encontro.

— O que foi?

— Chegou carta para você! — exclamou ela, de maneira graciosa.

— Obrigado.

Caio apanhou o envelope pardo e, ao constatar que não havia remetente, sentiu um frio no estômago. Fazia tantos meses que não recebia carta e, por um fio de esperança acreditou que aquele trote de mau gosto havia parado lá atrás. Ledo engano. Com as mãos trêmulas, ele abriu o envelope e lá estava escrita a mesma frase, cujas letras, coladas na carta, eram recortadas de revistas e jornais.

"Você matou Loreta. Eu sei. Estou de olho em você."

Celinha notou que a cor do rosto dele mudou repentinamente e perguntou:

— Recebeu alguma notícia ruim?

— Nã... não — ele balbuciou. — É carta de um amigo — mentiu.

— Vou para a cozinha. Aceita um copo d'água com açúcar?

— Sim, Celinha. Aceito.

A menina correu até a cozinha e, em seguida, voltou ao pátio com o copo d'água cheio de açúcar.

— Beba, vai lhe fazer bem.

Caio sorveu cada gole com vontade. Devagar, acalmou-se.

— Obrigado, Celinha.

José estava fazendo manutenção no telhado e desceu para o lanche da tarde. Notou o ar preocupado estampado na face do rapaz.

— O que foi?

— Nada, José.

— Tem certeza?

Caio não aguentava mais. Tinha de dividir com alguém essa brincadeira de mau gosto que estava lhe azucrinando a vida.

— Sente-se aqui, José.

O senhor obedeceu e, em poucas palavras, Caio lhe contou tudo. José já sabia de Loreta, mas não das circunstâncias em que ela havia morrido. Ele coçou o queixo, mordiscou os lábios.

— Deixe-me ver a carta.

Caio a retirou do bolso. José checou.

— Onde está o envelope?

— O envelope?

— Sim. Deixe-me vê-lo.

Caio meteu a mão no bolso e retirou o envelope pardo.

— De nada vai adiantar, José. O envelope não tem remetente. Nunca saberei quem manda isso para mim.

— Alguém que o conhece bem e está bem perto.

— Como pode afirmar isso?

— Eu adoro ler romances policiais, inclusive li muitos livros da Agatha Christie — José riu. — Quem está lhe mandando estas cartas nunca leu livro algum da maior escritora policial de todos os tempos. Está tudo muito fácil.

— Não estou entendendo. Explique-se melhor.

José ajeitou-se no banco.

— Meu filho, primeiro, você recebeu uma carta no apartamento de seu amigo, certo? Quem sabia que você estava lá?

— Hum, bem, quando me mudei para lá, as únicas pessoas que sabiam de meu endereço eram minha mãe e Sarita.

— Pois bem, esqueçamos sua mãe. Rosalina não faria uma brincadeira dessas com você e — ele salientou — nem desconfia de que você era metido com essa dona que morreu, certo?

— Sim.

— Vamos à segunda pessoa.

— Sarita. Ela foi um anjo bom que me ajudou. Ela não pode estar metida nisso.

— Por que não?

— Porque Sarita nem imagina que eu estou morando na pensão. Como a carta veio direto para este endereço?

— Poxa — José deu uma batida de leve do peito de Caio —, o garoto está ficando esperto. Portanto, descartamos sua mãe e Sarita. Quem mais conviveu com você aqui na cidade?

— O Guido, mas ele é meu amigo. Quer dizer, foi meu amigo. Ajudou-me desde que cheguei. Ofereceu-me um teto para morar, foi muito gentil.

José o olhou desconfiado.

— Quando a ajuda é demais, o santo desconfia.

— E, de mais a mais — completou Caio —, Guido não é de Bauru, jamais saberia do meu envolvimento com Loreta.

José ficou pensativo alguns instantes. De repente veio um flash em sua mente. Ele pegou o envelope da mão de Caio e olhou no carimbo dos correios. Mostrou para Caio:

— Veja.

— O quê?

— Veja o carimbo do correio.

— O que tem?

— Foi postado na região central da cidade.

— E daí?

— Daí que temos uma pista. Quem o está chantageando mora aqui na cidade. Quem mora no centro?

— Eh, bem — ele coçou a cabeça —, o Guido mudou-se para um hotel no centro da cidade e...

José o interrompeu.

— Você tem o outro envelope?

— Tenho. Está lá no quarto.

— Suba e pegue-o. Vamos ver onde foi postado.

Caio subiu rapidamente os lances de escada. Apanhou o envelope, e o carimbo era claro: Jardins. Ele desceu as escadas e, esbaforido, entregou-o a José.

— Foi carimbado na agência dos Jardins.

— Quem mora nos Jardins?

— Eu morava nos Jardins... com o Guido!

— Se eu fosse você, meu caro, iria atrás desse rapaz. Creio que ele tenha de lhe dar muitas explicações.

— Não sei onde ele mora. Nunca mais nos vimos. Já faz algum tempo.

— Vocês conhecem alguém em comum?

— Sim. O dono da Cia. de Perfumes.

José sentiu um aperto no peito, uma sensação muito desagradável.

— Não fale com esse homem. Algo me diz que você deve ficar quieto. Tente achar esse Guido. Ele poderá lhe contar a verdade.

— Mas a cidade é grande. Mesmo sabendo que a carta foi postada no centro, sabe que a região é enorme, lotada de hotéis.

— Aguarde, meu filho. Tudo acontece no tempo certo.

CAPÍTULO 16

Naquela noite, os trabalhos espirituais no centro espírita dirigido por Mafalda correram de maneira tranquila, como de costume. Luísa, além de participar do curso sobre mediunidade, ajudava na triagem das pessoas que eram atendidas. Renata e Maximiliano trabalhavam como atendentes e encaminhavam as pessoas para os devidos tratamentos, após pequena entrevista.

Mafalda havia proferido uma linda palestra sobre a força interior que há em cada um de nós. Ressaltou a disciplina necessária para que nossos pensamentos sempre estejam voltados para o bem, não importa a situação em que nos encontremos. O desânimo e a maledicência, como ela disse no final, são os grandes vilões que emperram a nossa escalada evolutiva no bem.

Em seguida, ela deu passagem para outro médium que, incorporado, falou sobre a evolução do Espiritismo no Brasil. Falou também sobre as religiões africanas trazidas ao Brasil pelos escravos, um tabu entre as casas espíritas brasileiras. Todavia, como Mafalda era mulher sem preconceitos e à frente de seu tempo, deixava que seus médiuns incorporassem espíritos que geralmente não se manifestavam num centro espírita convencional.

O médium pigarreou e a modulação de sua voz alterou-se levemente.

— Gostaria de lhes falar hoje sobre a história do médium Zélio Fernandino de Moraes.

A plateia estava num silêncio só. O médium prosseguiu.

— Nos idos de 1908, acometido de doença misteriosa, o médium fora levado à Federação Espírita de Niterói e, durante os trabalhos da sessão espírita, incorporou espíritos que afirmavam ser de índio e escravo. O dirigente da mesa exigiu de todas as maneiras que eles se retirassem, por acreditar que não passavam de espíritos atrasados ou até mesmo mistificadores.

Mais tarde, naquela mesma noite, um dos espíritos se nomeou como Caboclo das Sete Encruzilhadas. Imaginem o preconceito contra o negro ou então contra um espírito que afirmava ter sido negro, quando encarnado, no início deste século. Devido à hostilidade e à forma como essas entidades de luz foram tratadas, elas resolveram iniciar uma nova forma de culto, onde qualquer espírito pudesse trabalhar.

No dia seguinte, os espíritos começaram a atender na residência de Zélio a todos os que necessitavam de ajuda e, posteriormente, fundaram a Tenda Espírita Nossa Senhora da Piedade. Essa nova forma de religião, inicialmente chamada de Alabanda, acabou recebendo o nome de Umbanda, religião sem preconceitos, que acolheria a todos que a procurassem:

encarnados e desencarnados, em todas as bandas, quer dizer, em todos os lugares.

O espírito terminou sua explanação e agradeceu emocionado. Em seguida, o médium voltou a si, pigarreou e sentou-se. Mafalda tomou a palavra:

— Nosso centro foi fundado sob os preceitos de Allan Kardec. Seguimos os ensinamentos contidos em seus livros. Entretanto, por que o Brasil sempre foi tido como pátria do Espiritismo?

A plateia meneou a cabeça para os lados.

— Porque, neste solo sagrado, existe uma infinidade de espíritos amigos que vêm prestar ajuda e auxílio, não importando se é em um centro espírita convencional ou centro de Umbanda. Aqui em meu centro, recebemos a assistência de falanges de espíritos ligados a várias correntes religiosas. Ora, se recebemos ajuda de espíritos que fazem parte da falange de Maria, que são da corrente de Clara e Francisco, ligados ao catolicismo, por que devemos recusar a ajuda de espíritos que se apresentam como pretos velhos, caboclos ou índios? Por que iremos ser preconceituosos a ponto de impedir que essas entidades evoluídas — ela frisou — e cheias de luz e conhecimento sejam tratadas diferentemente de um espírito que vivera encarnado como padre ou freira? Por quê?

Mafalda suspirou e esboçou leve sorriso.

— Quando você tem dor de dente, vai ao dentista. Quando tem dor de barriga, vai a outro especialista. Quando tem dor de cabeça, vai a outro. Cada médico é especialista em uma determinada parte do corpo, num determinado órgão. E, da mesma maneira que funciona a medicina, funcionam as coisas no astral. Se você precisa de um passe restaurador, a fim de manter seu equilíbrio, receberá fluidos da corrente de espíritos ligados a Maria, mãe de Jesus. Se você necessita de, além do passe, um banho de ervas, a fim de higienizar sua aura e arrancar os miasmas negativos que circundam seu corpo energético, precisará que um espírito ligado à mata ou à manipulação de ervas lhe dê a receita certa. Por essa razão, nosso centro é diferente. Não tocamos atabaques porque não nos familiarizamos somente com os espíritos ligados à Umbanda. Entretanto, nossa casa é espírita, sim, trabalha com equipes de espíritos de luz, não importando a que bando pertençam. Desde que trabalhem para o bem da humanidade, todos serão bem-vindos a esta casa.

Mafalda recebeu uma salva de palmas dos presentes. Ela teve bastante fibra e coragem para admitir que sua casa era aberta para todo e qualquer tipo de espírito de luz, desde que trabalhasse ou mesmo orientasse as pessoas para o bem, para o seu melhor, para evoluir, sempre.

Quando todos se retiraram do centro, Max, Luísa e Renata foram ter com ela.

— Fiquei impressionado com o discurso, Mafalda. Impressionado. Parabéns!

— Obrigada. Mas eu precisava falar isso para as pessoas. Não podemos criar preconceito dentro do Espiritismo. Isso não se faz. Se Allan Kardec não citou essa gama de espíritos formidáveis em seus livros, é porque não teve tempo para estudá-los e conhecê-los. O Espiritismo, assim como o mundo espiritual, está em crescimento e renovação constantes. Devemos sempre estudar os livros básicos da doutrina espírita. Lá encontraremos sempre material que vai nos ajudar a compreender o mundo espiritual e, acima de tudo, o nosso mundo. Mas cabe a nós perceber que o mundo espiritual é muito maior, cheio de equipes ligadas às mais variadas correntes, como acontece na Terra. Procuramos manter a paz e harmonia entre brancos, negros, orientais, árabes, muçulmanos, palestinos, judeus, católicos e evangélicos. O nosso país sempre teve a característica de acolher todo e qualquer imigrante. As religiões aqui se respeitam, não seria diferente com os espíritos.

— Concordo com você, Mafalda — tornou Renata. — Se orássemos e pedíssemos aos espíritos do bem que limpassem a casa de Max, isso seria impossível.

Mafalda sorriu.

— Isso mesmo! A casa de Max estava tão impregnada de energias astrais de baixa vibração, que orações não seriam suficientes para dissipá-las do ambiente. Necessitávamos também de defumação, porquanto o poder higienizador das ervas, extraído da queima delas, é que pôde, efetivamente, limpar o ambiente daquelas energias nocivas.

— Isso prova que devemos ter a mente aberta e o coração também. Creio que não podemos, em hipótese alguma, tratar nossos amigos espirituais de acordo com a hierarquia da Terra — ponderou Maximiliano.

— Você está certo, Max — concordou Mafalda. — Eu passei por situação muito parecida com a do médium Zélio, fundador da Umbanda, anos atrás.

— É mesmo? — perguntou Luísa, interessada. — E o que aconteceu?

— Eu fazia parte de um grupo de doutrinação num centro espírita kardecista, havia muitos anos. Num determinado momento da sessão, por meio da vidência, vi o espírito de um preto velho aproximar-se, com sua candura, e pedir para que ajudássemos outro espírito que ele havia resgatado no Umbral, depois de um longo período de negociações com entidades que o mantinham preso. O dirigente de nosso trabalho não só insultou o espírito amigo, como pediu que ele se retirasse da casa. Mentalmente, conversei com o preto velho e prestei o auxílio necessário ao outro, que precisava ser doutrinado e encaminhado, posteriormente, a um posto de socorro no astral. Depois deste incidente, passei a estudar com profundidade as obras de Kardec e algumas publicações de religiões africanas. Atualmente, procuro, aqui em meu centro, dar passagem a todo e qualquer espírito, desde que seja para fazer o bem.

— Não teme ser julgada por espíritas ou mesmo umbandistas ortodoxos?

— Não, Renata. Eu tenho a minha consciência tranquila e sei que estou amparada por espíritos de luz. Afinal, fazemos parte do mesmo universo, somos governados por um mesmo Deus. Isso é o que importa.

Continuaram a conversa. Na saída, Max foi buscar o carro e elas aguardaram no portão. Mafalda foi cumprimentada por uma senhora que ficara encantada com a casa espírita.

— Devo dizer que adorei o lugar e gostaria muito de frequentá-lo amiúde.

— Seja bem-vinda.

Ela estendeu a mão.

— Prazer, meu nome é Rosalina.

— Prazer, chamo-me Mafalda.

— Eu sei. Foi uma amiga que me indicou o seu centro. Vim para tomar um passe e confesso que me senti muito bem.

— Que bom! Venha quantas vezes quiser. Aliás, você não veio aqui por acaso.

— Não?

— Não. Você foi enviada aqui pela sua filha Norma.

Rosalina levou a mão à boca, surpresa.

— Minha... minha filha?

— Sim. Ela esteve presente na sessão de hoje. É espírito lúcido e zela muito por você e seu filho. Eu sabia que iria encontrá-la em breve, porquanto Norma me pediu que eu intercedesse e pedisse a você que trouxesse seu filho para cá. Ele necessita fazer um tratamento espiritual e aprender a lidar com sua sensibilidade.

Rosalina não tinha palavras. Estava profundamente emocionada. Renata e Luísa também se emocionaram e cumprimentaram-na. Iriam entabular conversação, mas Maximiliano apareceu com o carro próximo à calçada, buzinando.

— Vamos, meninas, senão hoje não voltaremos para casa. Muita mulher junto dá muita conversa.

Todos riram. Mafalda despediu-se deles. Rosalina fez o mesmo, mas, como a sessão acabara tarde, Maximiliano lhe ofereceu carona.

— Eu moro não muito longe daqui. Vou pegar o ônibus e...

Max não a deixou terminar de falar.

— Não, senhora. Suba no carro, é uma ordem.

Rosalina aceitou de bom grado. Fazia pouco que chegara a São Paulo e ainda se perdia com os ônibus. Embora soubesse o ponto e o ônibus que deveria tomar para regressar à pensão, preferiu ir no carro com eles. Simpatizou com os três.

Max parou no meio-fio. Rosalina saltou do carro e despediu-se. Luísa saltou também para passar para o banco da frente. Nesse momento, Caio apareceu na porta da pensão. Os olhos dos dois se encontraram. E, efetivamente, ambos sentiram um friozinho na barriga.

— Você aqui? — perguntou ele, de maneira surpresa.

— Vim dar carona a esta senhora.

— Minha mãe, por sinal.

Luísa sorriu surpresa.

— Rosalina é sua mãe?

Rosalina respondeu:

— Pelo menos é o que consta na certidão de nascimento dele.

Os três riram. Maximiliano e Renata cumprimentaram o jovem de dentro do carro. Caio abaixou e acenou.

— Queria encontrá-la, mas fiquei com receio.

— Eu passei por tanta coisa. Depois eu lhe conto.

— Podemos nos ver?
— Sim. Você mora aqui?
— Moro.
— Amanhã eu dou uma passadinha. Pode ser na hora do almoço?
— Pode sim.

Despediram-se. Rosalina e Caio entraram na pensão e Luísa sentou-se no banco da frente do carro. Max deu partida e, logo adiante, assim que o carro dobrou a esquina, Renata deu uma cutucada na amiga.

— Conhece esse bonitão de onde?
— Conheci faz algum tempo, na porta do banco.
— Sei...

Luísa virou o corpo para trás.

— É verdade. Nós nos conhecemos de maneira engraçada até. Demos um esbarrão um no outro e fui ao chão. Ele foi educado, fomos a uma lanchonete, tomamos um refresco e depois...

— Depois? — perguntou Max, interessado.
— Depois nada, ora. Dei meu telefone a ele.
— Ele ligou? — indagou Renata.
— Não. Creio que ficou triste ao saber que eu era casada.
— Esse rapaz é correto e bom, além de possuir rara beleza. Faz o quê? — inquiriu Max.
— Ele me disse que é modelo.
— Pelo menos tem rosto para isso. É muito bonito.
— Também achei — ajuntou Renata. — Será que Luísa vai desencalhar?
— O que é isso? Eu mal me separei do Genaro.
— Questão de tempo, somente. Logo você será livre e poderá amar de novo.
— Não sei se quero isso para minha vida.
— O quê? Vai me dizer que não quer mais saber de um amor na sua vida? Você só tem vinte e quatro anos de idade! — exclamou Renata.

— Entretanto, tenho outros planos. Quero arrumar emprego, separar-me. Depois pensarei nisso.
— Acho que vai ter de pensar nisso antes do tempo — revidou Max.
— Eu também acho. Você não virá aqui amanhã?
— Sim, mas...
— Nada de mas. Seus olhos a incriminam. Você está gostando desse moço.
— Não dá para negar — disse Max.
— Será? — Luísa voltou o rosto para a frente do carro. Ela havia achado Caio um tipo bem interessante. Talvez tivessem a mesma idade ou ele até fosse mais novo que ela. Bem, isso não importava. Mas ele não ligara também.
— Vou admitir que ele mexe com qualquer mulher — disse ela entre risos.
— Você virá conversar com ele amanhã? — inquiriu Max.
— Sim. Espero.
— Acho que desse mato vai sair coelho.
— Por que me diz isso?
— Intuição, minha amiga. Intuição.

CAPÍTULO 17

No dia seguinte, Luísa acordou bem-disposta. Tomou uma chuveirada, escolheu um vestido de alças azul-claro — o calor estava insuportável —, maquiou-se levemente, passou batom e espargiu delicioso perfume sobre o corpo. Estava encantadora.

Apanhou sua bolsa e desceu as escadas sorridente e feliz. Chegou até a cozinha e sentiu o cheiro gostoso do café.

— Hum! Fez café para mim?

— Fiz — respondeu Eunice. — Do jeito que você gosta.

Luísa estalou um beijo em sua bochecha.

— Você é tudo para mim, Eunice.

— E você é meu tesouro, minha linda. Por favor, sente-se. Vou servir o café.

— Está tarde. Eu tenho um almoço e...

— Um cafezinho com leite e uma torrada. Só isso. Você está muito magra.

— Estou com o corpo ótimo.

— Precisa ficar mais forte.

— Preocupação boba a sua.

— A Neuza ligou hoje cedo.

— O que minha mãe queria?

— Estava fula da vida. Disse que não quer mais ver você na frente, nem pintada de ouro.

— Minha mãe disse isso?

— Disse sim.

— Bem, depois de nosso último encontro, tive certeza de que nunca mais iríamos nos falar.

— Entendo.

— Ela me bateu em defesa de meus irmãos. Não gosta de mim.

— Mas você deve esquecer. Perdoar e esquecer. Não carregue mágoas em seu coraçãozinho. Isso não faz bem para sua alma.

— Você tem razão. Quando vou ao centro, sempre coloco o nome dela e de meus irmãos na caixinha de orações.

— Continue assim. Não se ligue à sua mãe ou aos seus irmãos pelos laços da discórdia.

— Assim pretendo. Em todo caso — Luísa mordeu uma torrada com manteiga e, em seguida, sorveu um pouco de café com leite — o que minha mãe queria tão cedo? E tão nervosa?

— Ela disse que você arruinou a vida dela.

— Por que motivo?

— O Genaro cortou-lhes a mesada. Ela disse que o Paulo está trabalhando numa fazenda lá perto e vai ter de parar de estudar. Otávio está deprimido. Tudo por culpa sua.

— A culpa que minha mãe tenta jogar em mim não cola mais. Meus irmãos são adultos, saudáveis, inteligentes. Podem arrumar emprego e dar outro rumo às suas vidas. E mamãe também é jovem. Mal passou dos quarenta anos. Vende saúde. Ela pode muito bem arrumar algum serviço. Eu não estou à cata de um? Ela que também vá à procura de trabalho.

— Concordo com você, mas Neuza estava muito brava.

Luísa riu.

— Isso quer dizer que Genaro está me pressionando. Imagine quando eu contratar um advogado e lhe pedir a separação? Que Deus me dê forças!

Foi só falar no nome do capeta, ele apareceu. Genaro abriu a porta de casa de maneira escancarada e bruta, como de costume. Luísa levou a mão ao peito. Seu coração disparou.

— É ele, Eunice. Ele voltou!

— Calma, minha filha. Muita calma. Vamos orar.

— Não dá tempo...

Luísa estava muito nervosa. Mal conseguia concatenar os pensamentos. Genaro entrou na cozinha e encarou-a com desdém.

— Olá. Vim dar uma passadinha para saber como andam as coisas.

— Olá — disse Luísa, de forma lacônica. — O que veio fazer aqui?

— Nada especial. Tinha uns contratos para assinar, uns amigos da Câmara dos Vereadores para conversar. Volto logo mais a Brasília.

— Como anda a vida por lá?

— Muito boa!

— Tenho visto seu nome nos jornais.

— Estou fazendo amigos e conquistando a simpatia do povo. Você sabe o quanto sou carismático.

Luísa segurou o riso.

— O que foi? Não acha que eu seja carismático?

— Você tem poder persuasivo, Genaro. Mas de que adianta enganar as pessoas?

— Porque elas merecem ser enganadas. Só isso. Eu sou esperto. Estou acima do bem e do mal.

— Está se sentindo muito dono de si.

— Eu não me sinto, eu "sou" dono de mim — ele corrigiu.

— Estou atrasada. Volto mais tarde. Ah — ela se aproximou do ouvido de Genaro —, espere-me para conversarmos.

— O que é que temos para conversar? Não pode ser agora?

Luísa consultou o relógio. Ainda tinha tempo de sobra. Sentiu-se temerosa, mas tinha de enfrentar o marido. Talvez, depois da conversa, ele a mandaria sair de casa. Renata já sabia desta possibilidade e avisara Malaquias, o porteiro, de que Luísa e Eunice poderiam aparecer a qualquer momento. Ela estava pronta para tudo.

— Está bem. Vamos ao escritório.

— Não. Prefiro conversar lá em cima.

— Lá em cima?

— Sim.

Luísa olhou de esguelha para Eunice. Ela assentiu com a cabeça. Luísa saiu da cozinha e subiu para o quarto. Genaro foi logo atrás. Ele fechou a porta, sentou-se na beirada da cama. Ela se sentou na banqueta da penteadeira.

— Pois bem — disse ele —, o que quer conversar?

— Precisamos falar de nosso futuro.

— Nosso futuro?

— É, Genaro. Você mal para em casa e...

— Você não quis ir comigo a Brasília. Aliás, temos de resolver essa situação. As pessoas me cobram a presença de minha esposa. Você vai ter de começar a frequentar algumas festas comigo.

— Não tenciono ir a Brasília.

— Mulher de político tem de ir a Brasília. Ninguém mandou casar-se comigo.

— Pois é sobre isso que quero conversar.

— O que é?

— Bem, Genaro, acho que nosso casamento chegou ao fim.

— Você acha?

Luísa estranhou a maneira como ele falava. A voz estava pastosa, os olhos esbugalhados. Genaro parecia estar drogado. Só podia ser isso. Ele jamais se comportaria de maneira tão tranquila.

— Vou procurar um advogado. Chegamos ao fim do ano e quero começar o próximo dentro de nova perspectiva de vida.

Genaro balançou a cabeça para cima e para baixo.

— Você faça o que achar melhor.

— Só isso? — ela se espantou.

— Só.

Genaro falou, levantou-se e foi para a porta. Passou a chave pelo trinco, tirou-a e meteu no bolso. Voltou-se para Luísa.

— Agora vamos conversar no meu tom.

— Como assim? — ela se assustou de verdade. O rosto de Genaro parecia estar transfigurado. O sorriso cínico no canto dos lábios denotava que ele iria aprontar alguma. — O que vai fazer?

Ele não respondeu. Tirou o cinto da calça e o levantou. Virou a parte da fivela em direção a Luísa. Ela mal teve tempo de se defender. Os golpes foram em todo o corpo. A fúria de Genaro era demoníaca. Dessa vez ele foi longe demais.

— Cadela! — vociferava ele. — Pensa que pode comigo? Pensa que pode se separar de mim? Nunca. Ouviu? Nunca!

Luísa mal pôde gritar. A dor era tanta que ela tentou, em vez de gritar, correr para a porta. Estava trancada. Ela fechou os olhos e pensou no centro espírita. Mais nada.

Genaro bateu e bateu. Depois, quando ela estava desacordada, ele baixou suas calças, arrancou-lhe o vestido e ainda a possuiu. Luísa não sentiu mais nada. Ajudada pelos espíritos, ela desmaiou e seu perispírito fora afastado do corpo físico.

Quando Genaro terminou o ato, ouviu o barulho de sirene lá embaixo. Chegou perto da janela e avistou uma viatura e alguns policiais que saltaram do veículo e entraram correndo em sua casa.

— Meu Deus! — exclamou ele. — Estou perdido.

⁕⁕⁕

Caio também acordara bem-disposto naquele dia. Dormira e sonhara com Luísa. Pareciam discutir. No sonho, ambos usavam roupas antigas — recordava vagamente desse detalhe — e ele pedia seu perdão. Ela chorava e lhe dizia não.

Ele despertou ainda com as imagens nítidas na mente.

— Que estranho! — disse para si mesmo, ao levantar-se da cama.

Lembrou-se de que logo mais ela viria ao seu encontro. Iria lhe falar do sonho estranho. Caio tomou um banho demorado e, em seguida, vestiu-se com apuro. Vestiu uma camisa polo, calça jeans e mocassim. Perfumou-se. Desceu para o desjejum. Entrou na cozinha e cumprimentou sua mãe.

— Bom dia, mãe.

— Bom dia, filho. Hoje é o dia que vai devolver o dinheiro?

— Vou ligar para o Gregório. Preciso saber se ele pode me atender hoje.

— É bom resolver logo essa pendência.

— Vou resolver, mãe. Depois vou atrás de uma agência de modelos. Quem sabe eu arrumo alguma coisa?

— Faça isso — ponderou Rosalina. — No entanto, o mais importante é livrar-se desse homem. Ele não é bom.

Caio sentou-se na mesa e serviu-se de café e leite. Pegou um pedaço de pão e, enquanto passava manteiga, tornou:

— Luísa vem para cá logo mais.

Rosalina abriu largo sorriso.

— É uma moça encantadora. Conheci-a ontem, no centro espírita. Gostei dela.

— Eu também.

— Você a conhece de onde?

— Encontramo-nos por acaso. Faz uns meses. Mas a correria do dia a dia não permitiu que nos encontrássemos novamente.

— Vocês formam um lindo par.

Caio rebateu.

— Ora, mãe, Luísa é casada. Por mais que eu tenha sentido uma forte atração, não posso me declarar.

Rosalina fechou o cenho.

— Ela é casada?

— Sim.

— Que pena! Assim que os vi, senti que nasceram um para o outro.

Caio riu.

— Não delire, mãe.

— Mas é verdade. Eu senti isso. Aprendi a dar muito valor à minha intuição e ela me diz que há uma boa chance de vocês se entenderem.

— E de que adiantaria isso? Não tenho estudo nem profissão definida. O que poderia oferecer a ela? Nada.

— Pois trate de arrumar algo para oferecer a ela. Vá atrás de uma agência de modelos ou de empregos. Não importa. Depois, como não precisamos pagar aluguel, economizamos e você volta a estudar. Tudo tem jeito na vida, meu filho.

— Sei disso. Vou pensar no caso. Entretanto, deixe-me primeiro conversar com Luísa. Como ela é casada, creio que seremos bons amigos, a princípio.

Rosalina nada disse. Voltou aos seus afazeres. Caio terminou seu café, estalou um beijo na face da mãe e foi para o jardim. Faltava pouco para o horário combinado.

O tempo passou. Minutos, mais minutos, até completar uma hora. Depois outra e depois mais outra hora. Passava das três quando Caio desistiu de esperar por ela. Sentiu-se verdadeiramente desapontado. Estava com vontade de conversar com Luísa, falar de seus planos, de sua vida, contar inclusive sobre o sonho que tivera na noite anterior. Pelo jeito, Luísa havia pensado bem e, por ser casada, preferiu não ir ao seu encontro. Uma pena. Ele sentiu uma dor no peito sem igual.

Triste por não a rever, o coração apertado e a mente confusa, Caio foi tratar de resolver suas pendências com Gregório. Ligou para a Cia. de Perfumes e foi informado de que Gregório estava viajando e voltaria somente após os festejos de Ano-Novo.

— O que fazer? — perguntou para si mesmo. — Melhor esperar. Deixarei o dinheiro aplicado no banco e, assim que Gregório voltar de viagem, devolverei tudo.

CAPÍTULO 18

O barulho ensurdecedor da sirene causou pânico em Genaro. Ele mal teve tempo de concatenar suas ideias. Antes que pudesse destrancar a porta do quarto, um grupo de policiais armados invadiu o cômodo. Genaro acuou-se num canto.

Max foi um dos primeiros que entrou e viu o corpo de Luísa desfalecido no chão, ao pé da cama.

— Chamem uma ambulância. Temos uma mulher gravemente ferida — falou a um dos policiais.

Renata entrou logo atrás. Ao ver o corpo da amiga caído e ferido, correu ao seu encontro.

— Minha amiga, por favor, não desista! Estamos aqui. As pessoas que a amam estão aqui. Vai ficar tudo bem.

Luísa não emitia um som, um movimento. Estava desacordada. A surra de Genaro foi de uma violência inenarrável. Um quadro triste de se ver.

Em seguida, a ambulância chegou e Luísa foi socorrida. Eunice e Renata acompanharam a amiga na ambulância. Maximiliano e um policial tentavam fazer com que Genaro saísse daquele estado catatônico.

— Você está bem? — perguntou o policial.

Nenhuma resposta. Os olhos de Genaro permaneciam fixos no chão. Ele estava de cócoras e parecia estar alheio a tudo e a todos ao seu redor. Max tentou trazê-lo de volta à realidade. Deu um tapinha em seu ombro.

— Genaro, você pode nos escutar?

Nada. Nenhum movimento. O policial declarou:

— Precisamos levá-lo à delegacia. Teremos de tomar o depoimento dele, da empregada, que nos ligou e, assim que possível, colher o depoimento de Luísa.

— Esse caso vai cair como uma bomba na carreira política de Genaro — sentenciou Max.

— Não creio — ajuntou o policial. — Ele é político bem-relacionado e tem muito carisma junto ao seu eleitorado.

— Mas o que ele fez foi um ato insano, desprezível. A violência contra a mulher precisa ser levada ao conhecimento de toda a sociedade. Não podemos mais permitir atos de agressão desse porte.

— Infelizmente — afirmou o policial —, ainda não temos mecanismos legais que possam dar proteção às mulheres que sofrem agressões de seus companheiros. Espero que logo possamos ter leis mais justas e mais duras contra esse tipo de ato.

— As mulheres ficarão contra Genaro.

— Não creio — rebateu o policial. — Depende da maneira como o caso vai parar nos jornais. Haverá a versão de Luísa, mas Genaro poderá criar a sua.

— Isso é desumano!

— Mas o que fazer? Eu adoraria colocar esse cidadão atrás das grades. Entretanto, ele é político, deputado conceituado. Não é fácil meter uma figura pública dessas no xadrez. Um político tem imunidade, tem proteção. Tenho certeza de que, assim que Genaro sair desse estado de choque, vai usar de todo seu poder e influência para sair desse escândalo de cabeça erguida e, acredite, aplaudido pelo seu eleitorado.

Não deu outra. Na tardinha do mesmo dia, Genaro assinou o seu depoimento e voltou a Brasília. Nem passou pela cadeia. Prestou seu depoimento, contou o caso à sua maneira, afirmando que Luísa o tirara do sério, contratou um dos melhores advogados de família do país e, por meio da amizade com jornalistas e outras pessoas influentes da mídia, o caso da agressão a sua mulher não teve repercussão. Quase ninguém ficou sabendo o que ocorrera com Luísa.

Genaro saiu da delegacia e foi direto para sua casa. Fez as malas e, instruído por seu advogado, deixou a casa em direção ao aeroporto. Mudou-se para Brasília. Não tinha mais jeito. Ele deveria dar a separação e, ainda por cima, de maneira consensual.

Antes de deixar a casa, ele explodiu com o advogado.

— Vou ter de dar a casa para Luísa? Nunca!

O advogado procurou ser cordial.

— Genaro, veja só: você agrediu sua esposa e, mesmo que o escândalo não tenha vazado na imprensa, a polícia está de olho em você.

— E daí?

— Caso queira uma separação litigiosa, talvez a separação de vocês vá aos jornais e todo mundo vai querer esmiuçar sua vida, vão saber das surras que você dava em Luísa.

— Mas a casa já era minha quando nos casamos. Ela não tem direito.

— Não é questão de direito, mas de perspicácia. Sabe que o povo adora um escândalo, uma fofoca forte. Você quer arranhar sua imagem de uma vez?

— Não quero, de maneira alguma.

— Pois bem — tornou o advogado —, você é benquisto, bem-relacionado. Está construindo um bom patrimônio e está nervoso porque vai deixar a casa para Luísa? Pelo que sei, ela mal sabe de suas contas no exterior.

— Ela nem desconfia.

— Então, dê a casa a ela. Vai ganhar a simpatia do eleitorado. E uma pensão.

— Pensão?

— Sim.

— Terei de dar pensão a essa mulher? Já não chega a família de chupins que sustentei até pouco tempo? Isso é loucura! Não vou lhe dar nada.

— Você vai ter de dar. É a lei.

— Luísa não vai se sair bem dessa. Prometo que não vai.

— Genaro, calma. Não queira estragar sua vida por conta disso. Não almeja a Presidência da República?

— É tudo o que quero.

— Instale-se de vez em Brasília. Saia do apartamento, largue as festas de arromba, compre uma bela casa no Lago Sul. Comece a se preparar para sua candidatura ao Senado. Deixe o casamento e Luísa para trás.

— Um político separado não é bem-visto pelo eleitorado.

— Então, arrume outra esposa. Case-se de novo tão logo saia o divórcio. Você não é homem feio. Tem fama e poder. Que mulher não gostaria de estar casada com você?

Genaro deu um risinho.

— Pode ser. Vamos embora que estou enjoado desta casa, de Luísa, da cara de piedade da Eunice. Vou deixar essa história para trás.

O advogado assentiu com a cabeça e, ajudando Genaro com as malas, ambos desceram as escadas e pararam diante da porta. Genaro foi até o escritório, abriu o cofre e pegou uma pasta cheia de documentos e um maço de dólares. Colocou tudo numa valise e saiu para o jardim. O táxi o esperava. Meteu as malas no porta-malas e, olhando para a casa com ar de repulsa, pensou:

Você não perde por esperar, Luísa. Ainda vou me vingar de você.

Genaro entrou no carro por uma porta e o advogado por outra. O motorista deu partida. Logo o veículo dobrou uma esquina e sumiu.

A caminho do aeroporto, enquanto eles conversavam, seu advogado mal podia imaginar que, sobre a cabeça do político, uma grossa e espessa nuvem enegrecida pairava sobre sua cabeça, em virtude dos pensamentos maledicentes que permeavam sua mente.

Rosalina chegou do centro espírita e foi ter com o filho. Ele estava conversando com José, quando ela o interpelou:

— Caio, precisamos conversar.

— O que foi, mãe?

— Temos de conversar — ela olhou para José e concluiu — a sós.

José levantou-se, sorriu para ela e foi para a cozinha.

— O que foi?

Ela devolveu o sorriso a José. Caio percebeu e também riu, mas preferiu dissimular.

— Percebo que vocês se dão muito bem. Você gosta dele, né, filho?

— José é o pai que nunca tive, mãe. Eu não conheci meu pai.

— Como não? Você tinha dois anos quando ele morreu.

— Eu era muito pequeno, mal me lembro de seu rosto.

— Infelizmente, não tenho uma foto sequer para fazê-lo se lembrar de seu pai.

— Não tem problema. O José está fazendo muito bem esse papel.

— Fico feliz que esteja dando ouvido aos mais velhos. Como tivemos mais experiências que vocês, às vezes, uma palavrinha pode livrá-los de uma grande encrenca.

— Tem razão. Mas o que queria falar comigo?

— Estou muito triste, meu filho. Fiquei sabendo no centro espírita sobre a menina bonita.

— Que menina bonita?

— Luísa.

Caio assustou-se.

— Aconteceu alguma coisa com ela?

— Parece que teve uma briga com o marido e foi internada.

— Internada?!

— Sim, meu filho. Faz alguns dias. Hoje participei de um grupo de médiuns que faz tratamento a distância. Vibramos bastante por ela. Mafalda disse que ela vai se recuperar e logo vai iniciar nova etapa em sua vida.

Caio não sabia o que dizer. Agora tudo fazia sentido. Luísa ficara de ir ao seu encontro e desaparecera. Fazia quase uma semana. Ele acreditava que Luísa houvera se entendido com o marido, que estava vivendo feliz. E, embora estivesse triste com essa resolução, começara a acreditar, mesmo a contragosto, que nunca mais iriam se ver.

Um brilho de emoção perpassou pelos olhos do rapaz. Ele sorriu para si e perguntou à mãe:

— Onde ela está? Preciso vê-la.

Rosalina deu o endereço do hospital ao filho. Caio subiu, foi ao seu quarto, arrumou-se e saiu feito um foguete.

Celinha o viu sair daquela maneira e comentou com Rosalina:

— O que deu em seu filho?

Rosalina riu.

— Amor, Celinha. Caio corre atrás do amor.

Celinha não entendeu. Foi para o tanque terminar de lavar algumas peças de roupas dos hóspedes.

— Uai! Essa pensão está cheia de doidos, isso sim.

※※※

Luísa deu entrada no pronto-socorro do hospital, foi medicada e sedada. Ela teve um corte profundo no canto dos lábios e fraturou uma costela. No resto, estava bem. Quer dizer, perto da surra que Genaro lhe dera, até que Luísa se safara dessa. Pelo estado em que chegou ao hospital, parecia que ela não sobreviveria.

Mas Luísa sobreviveu. Fosse pelo carinho extremado de Renata, fosse pela dedicação de Eunice, fosse pela sua própria força interior. Luísa aprendera de forma rude e agressiva que o preço da dependência pode ser a nossa própria vida.

Fazia alguns dias que estava internada. Mais um dia e receberia alta. Renata entrou no quarto carregando lindo sorriso no semblante.

— Bom dia, amiga. Como vai?

— Bem.

— Está com a cara bem melhor.

— Tenho melhorado bastante e confesso estar pronta para mudar completamente minha vida.

— Pois vai mudar mesmo. Seu marido mudou-se em definitivo para Brasília.

— Genaro partiu?

— Sim.

— Assim, sem mais nem menos?
— E o que você queria que ele fizesse? Depois do ocorrido, após ter abafado o caso na imprensa, ele teve medo, e o advogado dele quer conversar com você.
— O que será?
— Genaro vai lhe dar a separação. Sem litígio.
— Você está brincando!
— Não estou, não, minha amiga. Depois da covardia com a qual ele lhe atacou, não tem escapatória. Ele preza muito a imagem de bom político e convenceu-se de que o casamento de vocês foi por água abaixo.
— Fico tão feliz! — exultou Luísa. — É a primeira notícia boa que recebo em muito tempo.
— E tem mais.
— Mais?
— Ele vai lhe deixar a casa. E vai ter de lhe dar uma pensão.
Luísa revirou-se e ajeitou o corpo na cama, com delicadeza. Seu corpo doía bastante quando se mexia.
— Não quero pensão do Genaro. Na verdade, não quero nada.
— Deixe de ser orgulhosa. Você precisa se reerguer, refazer sua vida. Ficou anos ao lado de Genaro como esposa dedicada e fiel. Agora chegou o momento de ser restituída.
— Mas não gostaria de manter vínculo algum com ele.
— Faça mudanças. A princípio, fique na casa.
— Aquela casa me traz lembranças muito tristes.
— Venda-a. Compre outra, em outro bairro.
— Pode ser...
Renata teve um flash.
— Por que não compra um apartamento lá no meu prédio? Poderemos nos tornar vizinhas, ficar próximas e fazer companhia uma a outra.
— Até que não é má ideia.

— Com o dinheiro da pensão, você vai providenciando uma poupança.

— E poderei ajudar minha mãe.

— Claro! E não se esqueça de retomar os estudos, procurar um emprego. Quando estiver bem e sentindo-se autossuficiente, corte a pensão. Mas use a cabeça, Luísa.

— Não sei ao certo.

— De nada adianta ser orgulhosa. Você não tem condições para isso.

— Assim você me ofende.

— De modo algum. Sou sua amiga. Só falo a verdade. Você sempre se sentiu muito insegura. Desde os tempos de colégio era assim, lembra-se? Nas gincanas, ficava indecisa em qual time participar. Quer que eu repita a indecisão em comprar os doces no recreio?

Luísa riu.

— Não precisa. Você gosta de me provocar com essas histórias.

Renata sorriu.

— A indecisão faz parte de sua natureza, mas é chegado o momento de rever essa sua postura de insegurança. Está na hora de abrir os olhos e ter a coragem de olhar para dentro de si mesma, promover mudanças, rever conceitos.

— É fácil falar. Sofri muito nesta vida. Fui criada como uma princesa e, de repente, papai perdeu tudo. Em seguida, conheci Genaro e minha família me empurrou para o casamento. Nunca tive amor, carinho, atenção. Ele sempre foi bruto comigo, sempre foi egoísta e me tratava como um pano de chão.

— É o que você é.

— Desculpe-me — disse Luísa, aturdida. — Não entendi o que disse.

— Eu falei, com todas as letras, que você é um paninho de chão. A gente usa, pisa em cima e joga fora.

— Nunca pensei ser ofendida dessa forma. E ainda se diz minha amiga?

Renata ficou séria. Aproximou-se da cama e sentou-se próximo a Luísa.

— Você nunca se deu valor. Sempre se achou menos, sempre acreditou ser impotente, uma coitadinha largada no mundo. Atraiu um marido como Genaro para reconhecer que tem força. Luísa — ela acariciou os cabelos da amiga, que teimavam em lhe cobrir um dos olhos —, você é tão bonita, tão inteligente. Como pôde ser submissa por tantos anos? Por que aturou Genaro até chegar a essa situação? Se estivesse do seu próprio lado, se desse o devido valor... no primeiro tapa que levou, teria saído de casa e sua vida poderia ter sido outra.

— Mas...

— Nem mas, nem meio mas. Você aguentou o primeiro tapa. Depois veio o primeiro soco. Logo em seguida o início das surras, cada vez piores, cada vez mais agressivas. Por quê? Ora, por que a vida iria lhe proteger se você nunca se deu um pingo de consideração?

As lágrimas escorriam sem cessar sobre a face de Luísa.

— Sempre tive medo de ser independente. Nunca acreditei em meu potencial.

— Talvez isso a acompanhe já há algumas vidas. Quem sabe não chegou o momento de um basta, de se livrar dessa postura que só lhe traz dor e sofrimento? O que custa tentar dar um passo à frente, mudar e crescer? Às vezes, estamos a um passo da felicidade e mal notamos.

— Como faço para mudar, Renata? Ajude-me, por favor.

Elas se abraçaram de maneira comovente. Renata acariciava os cabelos da amiga e passava delicadamente as mãos pelas costas de Luísa.

Henry deixou que uma lágrima escapasse pelo canto do olho. O espírito estava emocionado. Carlota tocou em seu braço, chamando-o à realidade.

— Luísa está pronta para mudar e crescer.

— Eu sinto tanto por ela! Se eu estivesse encarnado, poderia ajudá-la.

— Tenha calma, Henry. Você foi um bom filho no passado e será agora no futuro. Eu confio em você e acredito que vai fazer Luísa muito feliz. Você tem aprendido muito aqui no astral sobre o valor da família. Aproxima-se o momento de Luísa recebê-lo como filho. Creio que agora terão uma relação permeada pelo carinho, respeito, e unidos, sim, pelos verdadeiros laços do amor.

— Eu tenho certeza de que farei Luísa e Caio muito felizes. Formaremos uma linda família.

— Tudo tem seu tempo. Entretanto, ainda teremos de esperar pelo desenrolar dos acontecimentos. Sabemos que Luísa e Caio mudaram bastante o jeito de ser. Seus espíritos desejam imensamente mudar para melhor. Todavia, Guido, Genaro e Gregório ainda se sentem traídos, estão presos às reminiscências do passado. Talvez não seja desta vez que vão se libertar das mágoas.

— Quer dizer que Luísa e Caio não vão se libertar do ódio deles? Terão de estar eternamente presos a esses espíritos?

— De forma alguma — ponderou Carlota. — Luísa e Caio estão caminhando para mudanças positivas. Querem se libertar dos erros do passado e estão reformulando suas atitudes. Ponto positivo para seus espíritos. Saiba que, ao passo que vão se libertando das amarras do passado e caminhando em direção à evolução, ambos vão deixando para trás quem não se sintonizar na mesma faixa vibratória deles.

— Como assim?

— Luísa e Caio anseiam por uma vida melhor. Querem melhorar. Genaro e Gregório, por exemplo, não querem saber de crescer, porquanto estão presos ainda ao passado. Se eles não mudarem, não haverá mais como mantê-los ligados a Luísa e Caio. Estarão, digamos assim, vibrando numa outra sintonia.

— Quer dizer que, ao mudarem as atitudes, Caio e Luísa mudarão o padrão energético?

— Sim, Henry. E as nossas ligações na Terra se dão por atração energética. Quanto mais Caio e Luísa promoverem as mudanças necessárias em suas crenças e atitudes, enxergando o mundo de maneira mais lúcida, libertando-se das ilusões, mais vão se afastando da companhia de Genaro e Gregório, ou mesmo da influência negativa de Guido.

— Interessante. Bem, creio que estou muito feliz em poder encontrar Luísa nesse estado de mudança positiva.

— E agora, o que vai fazer?

— Fiquei de visitar Loreta. Ela vai receber alta da estação de tratamento e vai para a mesma cidade espiritual que resido.

— Loreta tem progredido bastante. Vai já ao seu encontro?

— Sim.

Henry assentiu com a cabeça e aproximou-se do leito de Luísa. Estalou delicado beijo em sua fronte.

— Cuide-se, mãezinha. Você precisa ficar boa para me receber novamente como filho.

Os dois espíritos alçaram voo, enquanto Renata e Luísa permaneceram abraçadas, em silêncio, dando-se forças para que a vida as ajudasse a continuarem firmes no propósito do crescimento de seus espíritos.

CAPÍTULO 19

Meia hora depois, Caio saltou do ônibus e, ao descer uma quadra, alcançou o hospital. Deu o nome de Luísa na recepção.

— Quarto 602. Favor preencher essa ficha de visita.

O rapaz preencheu a ficha, pegou o crachá. Ao lado da recepção ele avistou uma pequena banca de flores. Comprou um vasinho de violetas.

Tomou o elevador e, ao chegar ao andar indicado, foi caminhando pelo corredor e procurando pelo número 602. Bateu levemente na porta entreaberta. Uma voz ordenou:

— Entre.

Caio empurrou a porta e entrou. Quando seus olhos e os de Luísa se encontraram, ambos sentiram um choquinho, uma espécie de brando calor que lhes invadiu o peito.

— Fiquei sabendo há pouco do ocorrido. Teria vindo antes, se soubesse.

Luísa abriu largo sorriso.

— Seja bem-vindo.

Ele se aproximou da cama e cumprimentou Renata.

— Olá.

Ela devolveu com o mesmo cumprimento e tornou, de maneira engraçada:

— Creio que estou sobrando aqui no quarto. Vou embora. O horário de meu almoço está chegando ao fim e necessito voltar ao trabalho.

Ela beijou Luísa no rosto.

— Ligue-me se precisar. Amanhã virei buscá-la, após a alta.

— Não será necessário.

— Como não?

— Eu tomo um táxi e, ademais, não quero que falte ao trabalho por minha causa.

— De maneira alguma. Eu conversei com meu chefe e está tudo acertado. Uma das enfermeiras me informou que logo cedo o médico lhe dará alta. Estarei aqui para levá-la. Será um grande prazer.

— Obrigada, minha amiga.

— Hoje à tarde irei ao distrito policial. O delegado vai tomar meu depoimento. Precisamos terminar logo com essa burocracia toda.

Renata despediu-se de Caio com um aceno. Ao sair do quarto, encostou a porta.

— O que aconteceu? — perguntou o rapaz, aturdido. — Você está bastante machucada.

— Tive uma briga feia com meu marido.

— Briga feia? Parece-me que ele bateu muito em você.

— Bateu para valer!

— Que covardia! Se eu o visse na minha frente, juro que lhe daria uma boa surra.

— Não será necessário. Não quero mais confusão. Renata indicou-me um advogado conhecido, muito bom, e não falarei mais com meu marido, quer dizer, ex-marido. Entrei com os papéis para a separação.

Caio sentiu o coração tremer. A boca ficou sem saliva e ele pigarreou, tentando disfarçar a emoção que o dominava.

— Vai mesmo se separar?

— Sim. Não posso mais viver um casamento que há muito está acabado. Faltava somente formalizar a separação.

— E o que vai fazer de sua vida, Luísa?

— Recomeçar. Vou vender a casa, talvez comprar um apartamento no mesmo prédio da Renata. Pretendo voltar a estudar e me graduar. Quero ser independente, trabalhar, ganhar meu próprio sustento. Não quero mais depender de ninguém. Olhe só para mim. Este é o resultado de tanta submissão e dependência.

— Você é uma mulher forte.

— Vou estudar Direito. Pretendo prestar assistência às mulheres que sofrem violência doméstica. Assim como eu.

— Eu a admiro muito.

Ela sorriu. Caio queria lhe falar tanta coisa, mas vendo-a tão machucada, preferiu esperar outra oportunidade. Pelo menos ela estava desimpedida. Isso já o alegrava bastante.

Luísa o arrancou de seus pensamentos.

— Como anda sua carreira de modelo?

Caio fechou o cenho.

— Não tem mais carreira.

— Por quê?

— Porque não sinto confiança no homem que quer me contratar. Conversei com minha mãe a respeito e chegamos à conclusão de que não vale a pena. Vou devolver o dinheiro do adiantamento e procurar uma agência de modelos.

— Bom para você. Mas vai viver de quê até que alguma agência se interesse por esse rosto tão bonito?

Caio enrubesceu. Abaixou a cabeça, envergonhado.

— Pretendo arrumar trabalho. Vou a uma agência de empregos procurar alguma coisa.

— Não pensa em estudar?

— Sim, mas não agora. Eu sonhei tanto com a carreira de modelo, Luísa! Preciso apostar todas as minhas fichas. Se amanhã eu perceber que esse não é o meu negócio, paciência, eu vou procurar estudar algo que me interesse, que me dê futuro. Cansei de dar murro em ponta de faca. Quero ser feliz.

— Eu também. A felicidade é uma conquista interior. Estou revendo conceitos e posturas que me impedem de ser feliz. Creio que esteja a um passo da felicidade.

— Pois muito me agrada vê-la assim, cheia de ânimo e disposição, depois de tudo o que lhe aconteceu.

— Renata e eu conversávamos sobre minha vida até há pouco. Ela fez com que eu enxergasse que meu marido... perdão, ex-marido, não é o culpado de eu estar aqui neste estado. Eu contribuí para estar aqui, de certa forma.

— O que diz é insano.

— Não é não.

— Como ele não tem culpa? E o mal que lhe fez?

— Ele não me causou mais mal do que eu estava causando a mim mesma. Caio — a voz de Luísa estava embargada —, eu permiti que as coisas chegassem a esse ponto por responsabilidade minha. Como Renata bem disse, se no primeiro tapa eu tivesse revidado ou mesmo sido mais firme e enérgica, talvez o rumo dos acontecimentos fosse alterado.

— Fala como se não fosse vítima daquele infeliz. Você foi uma, ora!

— Não. Não fui. Não existem vítimas no mundo, Caio. Eu já havia aprendido sobre esse assunto numa palestra lá no centro espírita.

— Mamãe já me falou algo a respeito. Contudo, eu tenho um pé atrás em relação a essa crença no mundo invisível.

— Por quê?

— Ora, porque eu não vejo nada, não consigo acreditar em algo que eu não vejo.

— E quanto a sentir?

— Sentir?

— É. Nunca sentiu um arrepio, sem mais nem menos? Nunca se percebeu sendo vigiado, como se alguém estivesse ao seu lado, quando na verdade você estava sozinho?

— Isso já me aconteceu, sim. Mas não tem nada a ver com Espiritismo.

— Claro que tem. Como pode acreditar que vivemos sozinhos? Estamos rodeados de amigos espirituais, sejam eles bons ou não. É como o mundo em que vivemos. Existem pessoas boas e más. E nós nos juntamos a elas por sintonia, por vibração. O mesmo se dá com os espíritos.

— Será? Você parece ser tão inteligente.

— Obrigada.

— Mas frequenta um centro espírita.

— Está sendo preconceituoso.

— Não é isso — tornou Caio, sem jeito.

— E sua mãe?

— O que tem ela?

— Crê que Rosalina seja ignorante?

— De forma alguma! Eu fico confuso. Outro dia ela me trouxe uma carta psicografada, da minha irmã.

— E?

— Fiquei em dúvida.

— Havia algo na carta que despertou sua atenção?

— Sim. Falava de meu pai e de minha avó. Até o nome deles estava escrito lá. Eles morreram há muitos anos...

— Aí está uma prova incontestável.

Caio coçou a cabeça.

— Tenho medo, talvez. É difícil acreditar nisso. A ciência diz que espíritos não existem, e os intelectuais, em geral, tripudiam sobre o assunto.

— Trata-se do mecanismo de defesa dessas pessoas que não querem enxergar as verdades da vida. A reencarnação já foi comprovada. Existem livros sérios acerca do assunto, inclusive de cientistas de renome.

— É mesmo?

— Sim. Façamos o seguinte: um dia você me acompanha no centro espírita. Depois de assistir a uma palestra e tomar um passe, você me diz o que achou de tudo. Assim terá como contra-argumentar.

— Eu topo.

— Tão logo eu me recupere, iremos juntos ao centro. Para você ter uma ideia — ela se ajeitou na cama —, um amigo meu, Maximiliano, regressou de Londres cheio de histórias fascinantes sobre a existência da reencarnação. Lá na Europa o tema é estudado com afinco por muitos profissionais.

Caio não podia acreditar no nome que ouviu. Luísa conhecia Max? O famoso Max, amigo de Guido, que ele nunca conhecera? Será que era a mesma pessoa?

— Esse homem mora na Alameda Casa Branca?

— Ele mesmo. Foi ele quem deu carona à sua mãe, do centro espírita à pensão naquela noite, recorda-se?

— Vagamente. Ouvi falar dele, até achei que ele não fosse de verdade.

— Por quê?

— Um conhecido meu vivia dizendo que o Max iria voltar de Londres. Mas ele nunca voltava. Ia ficando. Um dia chegou, mas não tive a chance de conhecê-lo.

— Já sabe de quem se trata — tornou Luísa. — Max é um homem fascinante, um amigo fora do comum. Ele e Renata, hoje, são meus melhores amigos.

— Gostaria de fazer parte desse grupo.
— Será um prazer.

Caio queria lhe falar mais. Queria dizer a Luísa que ela era linda, mesmo machucada, que seu sorriso era encantador e, nos últimos dias, chegara inclusive a sonhar com ela. Entretanto, não sentiu coragem para falar tudo aquilo. Luísa estava em estado de repouso. Quando ela voltasse para casa, se a amizade continuasse, ele talvez tivesse coragem para abrir o coração. E, de mais a mais, de que adiantaria lhe abrir o coração? O que ele tinha a lhe oferecer? Nada. Caio estava sem trabalho, sem estudo, sem dinheiro. Precisaria fazer alguma coisa. Urgente.

Bem que José lhe disse que quem ama cresce. Será que ele estava amando? Será que esse calor no peito, essa vontade de ficar ao lado de Luísa para sempre, esse troço que subia em sua barriga toda vez que sentia seu hálito perfumado era amor?

Caio nunca tivera sentimento parecido. Amava sua mãe, mas de outra forma. Não sentia choquinhos quando se aproximava de Rosalina. Com Loreta e Sarita sentira prazer, mas nada de o coração bater descompassado.

A conversa fluiu agradável e alguns minutos depois, quando a enfermeira chegou para lhe aplicar uma injeção, ele resolveu partir. Despediu-se e, quando Luísa lhe depositou um beijo na face, Caio pensou que iria ao chão, sentindo as pernas trêmulas. Ele se despediu e saiu o mais rápido possível, para que Luísa não percebesse sua emoção.

Pelo menos ele tinha a certeza de que queria e deveria mudar. Iria naquela tarde mesmo a uma agência de empregos. Iria arrumar algum tipo de serviço, mesmo que a remuneração fosse baixa. Precisava mostrar à sua mãe, à Luísa e, acima de tudo, a si mesmo, que tinha valor e podia crescer.

Foi assim que ele tomou o metrô com destino à Praça da Sé. Lá havia uma concentração grande de agências de emprego. Caio tinha certeza de que iria arrumar um.

CAPÍTULO 20

Loreta despertou cedo naquela manhã. Sabia que seria sua despedida naquela estação de tratamento. Iria morar numa colônia espiritual não muito longe da crosta terrestre. Estava feliz.

Uma enfermeira entrou no quarto e a cumprimentou.

— Como vai, Loreta?

— Vou bem. Acordei tão feliz!

— Há muito tempo eu não a via tão bem. Você ficou meses em sonoterapia e depois custou um pouco para se livrar da depressão pós-morte.

— Já tinha ouvido falar em depressão pós-parto, mas pós-morte? Nunca.

As duas riram. A enfermeira considerou:

— Esse tipo de desânimo atinge a maioria dos desencarnados. Tão logo o espírito se vê livre do corpo físico e retorna ao mundo espiritual, começa o período, para os de mente lúcida, de avaliação da última vida terrena. Por conta de preconceito, medo, insegurança e tantos outros sentimentos negativos, esses espíritos percebem que não cumpriram o que haviam traçado antes do reencarne.

— Foi como eu me senti. Não consegui cumprir os objetivos previamente traçados. Eu me senti uma inútil e precisei de muita terapia para entender todo esse processo e aceitar que tudo está certo no mundo.

— Correto, Loreta. Está tudo certo, não há nada errado. Você se propôs a levar sua vida encarnada de um jeito e acabou vivendo de outro. Entretanto, o seu espírito amadureceu, de uma forma ou de outra. Mesmo não tendo conseguido seus intentos, seu espírito lucrou bastante com essa experiência na Terra. Afinal, uma vida nunca é desperdiçada, por pior que ela nos pareça.

— Sei e aprendi a aceitar essa realidade. Sinto-me mais forte para recomeçar e ajudar aqueles que amo.

— Vai se dedicar a ajudar seus filhos no orbe?

— Sim. Genaro e Gregório estão em franco desequilíbrio. Eu não os condeno, não os julgo por suas atitudes, visto que a consciência de ambos será juiz suficientemente duro a condená-los, mais adiante. Eu prefiro ficar na vibração, torcer para que eles aprendam com seus erros. Afinal, não posso mudá-los.

Carlota entrou no quarto. Sorriu para ambas.

— Bom dia.

A enfermeira a cumprimentou. Depois, despediu-se de Loreta e saiu. A sós com Carlota, Loreta declarou:

— Quero melhorar e crescer.

— Está a caminho.

— Fui fraca e deixei-me levar pelo prazer. Perdi-me no emaranhado de sensações que o prazer nos arremessa.

— O prazer faz parte da grandeza do espírito. Tudo o que fazemos de bom para nós e para os outros enche o espírito de prazer. Mas — Carlota salientou — não confunda prazer com libertinagem, pois aí reside o desrespeito a si próprio e às pessoas ao nosso redor.

— Aprendi minha lição, de maneira árdua, mas aprendi. É por isso que estou determinada a passar um bom tempo aqui no astral. Quero acompanhar a vida de meus filhos, inspirar-lhes bons pensamentos dentro do possível.

— Ambos precisarão de muita vibração positiva.

— Vou dar o melhor de mim, Carlota.

— Seu ônibus parte em meia hora.

— Ônibus?

Carlota riu.

— Sim. Ônibus. Aqui no astral utilizamos um veículo parecido com um ônibus, que serve para transportar os espíritos para as várias colônias espirituais. Na verdade, o meio de transporte aqui se chama aerobus.

— Se podemos volitar, por que precisamos de transporte?

— Você não consegue flutuar, consegue?

— Tentei, mas ainda tenho muita dificuldade. Quando encarnada, eu tinha pavor de altura.

— Se tinha pavor de altura, como pode querer se transportar entre as dimensões, entre os vários mundos que percorremos? Consegue se imaginar sobrevoando a Terra?

— Acho lindo, mas só de pensar me dá um frio na barriga!

— É por essa e outras razões que temos meios de transporte. Espíritos recém-desencarnados, ainda sem consciência de seu real estado, são transportados nesses veículos. Espíritos doentes também. E, quando temos de atravessar determinadas faixas densas do Umbral, usamos esse meio de transporte.

— Tenho tanto a aprender, Carlota. Assim talvez eu me distancie dos prazeres sexuais. Terei mais tempo para refletir e repensar o uso do sexo.

— Faz bem. A lucidez é nossa grande amiga — ela pousou sua mão na de Loreta. — Use-a a seu favor, para o seu crescimento.

— É o que farei.

Carlota consultou o relógio.

— Estamos na hora. Vamos.

Loreta pendeu a cabeça para cima e para baixo, concordando. Pegou alguns pertences e saíram. Loreta despediu-se dos enfermeiros e caminhou mais uma vez pelo belo e perfumado jardim que circundava o edifício. Em seguida, pegou na mão de Carlota e deixou-se conduzir até o ponto em que o aerobus iria pegá-las.

Mais um ano se iniciou...

Luísa separou-se oficialmente de Genaro e, em seguida, vendeu a casa. Comprou um apartamento no mesmo edifício que Renata. No andar imediatamente abaixo da amiga. Eunice foi junto.

Em seguida, retomou os estudos. Ingressou na faculdade de Direito, como almejara. Luísa estava firme no propósito de se graduar e advogar para mulheres vítimas de violência doméstica e sexual.

Ela admirava o trabalho e a competência de Renata. Sua amiga tornara-se executiva bem-sucedida e aquele projeto que vislumbrara para a próxima estação foi escolhido pela direção da empresa. Com isso, Renata foi promovida a diretora de vendas. Além, é claro, de ganhar excelente remuneração por esse feito.

Maximiliano acompanhou duas exposições de artistas de renome e estava decidido a retornar o mais rápido possível para Londres. Havia recebido uma carta do doutor Bryan Scott, solicitando que ele voltasse para continuarem seus estudos acerca da reencarnação.

Genaro arrumara nova companheira. Marisa era bem diferente de Luísa. Mulher determinada, forte, falante e ardilosa, como Genaro. Colocava-o em seu devido lugar. Por incrível que pareça, Genaro a adorava.

Gregório voltou de viagem, depois de alguns meses fora do país. Com a campanha do perfume Nero pronta, estava à procura de Caio. Fazia dois dias que havia ligado para a pensão e deixado recado.

Caio arrumou emprego naquela mesma semana que fora a uma das agências de emprego da Praça da Sé. Conseguiu a vaga de vendedor numa butique, em um shopping center em região nobre da cidade.

O rosto bonito, sorriso cativante e olhar sedutor abriram as portas para Caio. Logo, ele começou a ter um séquito de clientes que iam à butique somente para vê-lo. A gerente da loja, aproveitando o potencial de seu mais novo empregado, deu a Caio uma promoção, para que ele pudesse trabalhar em tempo integral e, por conseguinte, aumentar o ganho, pois vivia de comissões. Quer dizer, quanto mais tempo na loja, mais ele faturava. Todos saíam ganhando e, agora, neste ano, ele pretendia retomar os estudos.

Ele e Luísa viam-se de vez em quando. Cada encontro era verdadeiro tormento para Caio. O rapaz não sabia como articular as palavras, perdia-se na conversa, tamanha emoção que sentia ao aproximar-se dela. Ela estava mais bonita, mais segura de si. Caio percebera que estava completamente apaixonado, mas não podia declarar-se. Ainda não.

Ele recusou os convites para ir ao centro espírita. Mafalda alertara Luísa para não forçar o rapaz. Dizia-lhe de que nada como um dia após o outro. Em breve, ele iria ser chamado a ter contato com o mundo espiritual. Era uma questão de tempo. Não adiantava querer arrastá-lo para o centro. Ele deveria ir por si próprio, sem ser obrigado a nada.

Caio saiu da loja feliz naquela noite. Havia ultrapassado todas as expectativas de meta estipuladas pela sua gerente. Sua beleza fez com que a loja fechasse o mês com mais vendas do que as costumeiras. Por conta disso, o rapaz recebera ótima gratificação.

Ele não cabia em si, tamanha era a felicidade. Chegou em casa, queria falar com José, mas já era tarde e ele havia se deitado. Rosalina também tinha ido dormir. Ele deu de ombros e foi para a cozinha. Estava com fome e Rosalina sempre deixava um prato feito para ele dentro do forno.

Caio entrou na cozinha, acendeu a luz e foi direto ao forno.

— Te peguei!

Ele deu um pulo e o coração foi quase à boca.

— Que é isso, Celinha? Não gosto quando você me assusta assim.

— Brincadeirinha.

— De mau gosto. E se eu sofresse do coração? — ela fez uma careta e ele prosseguiu: — E se desmaiasse? Como é que ficaria?

— Eu faria respiração boca a boca. Com o maior prazer.

— Menina — censurou Caio —, anda impossível, ultimamente. O que foi que te deu?

— Hormônios à flor da pele. Poxa — tornou ela, fazendo beicinho —, estou com dezoito anos e... nada.

— Nada o quê, Celinha?

— Nada. Nada de beijo, nada de nada. Sem namorado, sem contato, entende?

Caio riu.

— Entendi. Você está matando cachorro a grito, é isso?

— Estou tão nervosa que estou sem grito para matar um cachorro que seja.

Caio pegou seu prato de comida.

— Quer que eu esquente? — perguntou Celinha, solícita.

— Não. Gosto de comida fria. Sente-se aí comigo — ele disse, apontando para uma cadeira ao seu lado.

— Obrigada.

— Você precisa arrumar um namorado.

— Não, Caio, preciso de outra coisa. Ainda sou virgem. Minhas amigas fazem chacota, como se eu fosse um ser do outro mundo.

— Continue assim, não dê trela para suas amigas.

— Elas não estão certas? Todas já foram para a cama com algum rapaz. Menos eu.

— Não tenho como julgar o próximo, Celinha. Fiz tanta burrada nesta vida que não tenho como atirar uma pedra que seja em alguém. Mas creio que você deva se manter pura sim, até encontrar um homem que efetivamente desperte em você o mais nobre dos sentimentos. O sexo entre duas pessoas que se amam é a coisa mais linda do mundo.

— Como você sabe? Pelo que sei, nunca amou ninguém.

Caio enrubesceu. Essa menina era danada.

— Nunca amei — ele riu —, mas tenho experiência. Sei que o sexo sem amor é sem graça, e pode, inclusive, deixar marcas doloridas e profundas dentro de nós. Sabe, Celinha — ele cortou um pedaço de bife e levou à boca —, eu fui um pervertido, fiz sexo de maneira inconsequente, com qualquer mulher que aparecesse na minha frente. Achava também que eram os tais hormônios.

— E não eram?

— Pura balela. Eu estava sendo fraco, entregando-me a um tipo de vício. Porque sexo sem amor não passa de vício, como fumar ou beber. Note a diferença.

— Nunca pensei em nada disso. Meus pais têm idade e nunca conversaram comigo sobre sexo. Eu vim para cá há três anos e raramente escrevo ou recebo uma carta deles.

— Se você quiser, podemos conversar a respeito.

— Mas você é homem.

— E daí, qual o preconceito? Faça de conta que eu sou seu irmão mais velho. Você me pergunta e eu tento esclarecer. Se não souber a resposta, vou atrás.

— Obrigada, Caio. Sabia que poderia contar com você.

— Pode contar, de verdade.

— Você é um anjo bom na minha vida.

Celinha falou e ele imediatamente lembrou-se de Sarita. Como ela estaria? Onde será que morava? Soube que Eny fechara o bordel e cada uma das meninas seguiu seu rumo. Onde andaria sua amiga, seu anjo bom, que tanto o ajudara no passado? Caio fitou o nada por algum tempo, até que sentiu Celinha cutucar-lhe o braço.

— Onde estava? Na lua?

Ele voltou a si.

— Desculpe-me, mas me lembrei de uma amiga, um anjo bom que tive também.

— Cadê ela?

— Não sei, Celinha. Acho que pelo mundo. Sarita é mulher de extrema sensibilidade, deve estar vivendo bem. Um dia a gente vai se encontrar, tenho certeza disso.

Enquanto Caio se refastelava com o arroz, feijão e bife com batatas fritas que sua mãe deixara no forno, Celinha ia enchendo-o de perguntas sobre sexo, desde as mais toscas e banais, básicas, até as mais cabeludas.

Caio enrubescia.

— Sobre isso eu não falo, Celinha. Você está colocando a carroça na frente dos bois. Vamos com calma.

— Desculpe-me, mas tem tanta coisa que eu quero e preciso aprender!

— Você vai experimentar tudo isso. Mas precisa aprender, como eu e muita gente, a frear seus impulsos sexuais. Não dê ouvidos às suas amigas. Não fique grudada na televisão nem acredite em tudo o que lê. Você precisa aprender a domar seus sentimentos. Tem de ser dona de si mesma e, para tal, precisa ser dona do que sente. E não o contrário.

— Prometo que vou pensar sobre isso.

Ela deu um beijo na testa de Caio. Ele sorriu.

— Obrigado, irmãzinha.

Celinha se levantou. Antes de sair da cozinha, voltou o rosto para trás.

— Tem três recados de um tal de Gregório para você. Disse que deve ligar a qualquer horário. Insistente esse homem...

Ela falou e saiu. Caio sentiu o sangue gelar. Fazia meses que queria ter um encontro com Gregório. Faltava pouco para completar o que lhe devia. Dentro de mais um mês, com os juros do dinheiro aplicado e as vendas crescendo na loja, poderia, enfim, pagar o valor daquele adiantamento. Estaria livre de Gregório. Para sempre.

Caio terminou sua refeição. Tomou um copo de refrigerante. Depois, mordiscou os lábios.

— Ligo ou não ligo? — perguntou para si mesmo. — Talvez seja melhor ligar. Preciso acabar logo com essa situação.

Decidido, Caio foi até a recepção, discou o número no aparelho. Uma voz melosa atendeu ao telefone. Era Gregório.

— Olá, criança.

— Como vai? — perguntou Caio, sem jeito.

— Estou ótimo. Nada como sair deste país horroroso e ter contato com a verdadeira civilização. Detesto este mundo de tupiniquins.

— Por que fica aqui? Você é tão rico!

— Rico, mas não sou burro — disse Gregório, numa gargalhada afetada. — Em qual país do mundo eu posso sonegar os impostos, fazer caixa dois e não ser preso? Daqui não saio. De jeito algum.

— Se pensa assim...

Caio não sabia como começar. O que diria a Gregório? Que não queria mais participar de campanha publicitária nenhuma? Assim, de maneira seca? Ou era melhor conversarem cara a cara? O que fazer? Caio estava sem ação. Gregório prosseguiu:

— Seu contrato está pronto. Precisa vir buscá-lo, além de assiná-lo, claro.

— Amanhã passo em seu escritório.

— Não. Precisa ser hoje. Aqui em casa.

— Hoje? É muito tarde. Passa das onze da noite.

— Precisa ser hoje. Demorei muito com o contrato. Viajei, esbaldei-me e esqueci-me da empresa e da campanha. Agora estou de volta e quero tudo para ontem.

— Eu passo aí amanhã cedinho. O que acha?

— Não.

— Pode ser às sete da manhã, se você quiser.

A fala de Gregório estava visivelmente nervosa.

— Criança, eu disse hoje, entendeu? Hoje — ele gritou.

Caio teve de afastar o fone do ouvido, tamanho o grito estridente.

— Como faço? Onde mora?

— Anote aí — Gregório deu o endereço. — Pegue um táxi. Se não tiver dinheiro, eu pago.

— Pode deixar, eu tenho como pagar.

— Espero você. Em meia hora, no máximo.

— Está certo. Meia hora.

Caio pousou o fone no gancho. Sua fronte suava. Ele não queria mais falar com Gregório, talvez nem mesmo vê-lo. Sentia por ele um asco, uma repulsa que não sabia de onde vinha.

Mas o que fazer? Precisava devolver o dinheiro que o mantinha preso a ele. Era chegado o momento de colocar as cartas na mesa. Iria sair daquela casa sem contrato, sem campanha, sem nada.

Caio nem trocou de roupa. Pegou o dinheiro que julgava ser necessário para a corrida de táxi, o dinheiro que daria a Gregório e o resto guardou numa cômoda ao lado de sua cama. Fez o mínimo de barulho possível para não acordar sua mãe.

O rapaz saiu da pensão e pegou um táxi na esquina da Avenida Brigadeiro Luís Antônio. Deu o endereço ao motorista.

— Acha que demora muito?

— Não há trânsito a esta hora. Chegaremos no Morumbi em menos de vinte minutos.

Caio fez sinal afirmativo com a cabeça. Recostou a cabeça no banco e, enquanto o motorista percorria o trajeto, ele ia contemplando as ruas, as casas, os prédios. E o pensamento ia longe, muito longe.

CAPÍTULO 21

Renata saiu do trabalho e foi direto ao centro espírita. Frequentava o local com assiduidade, todas as semanas e, além de fazer curso de médiuns, oferecido gratuitamente pela casa, estava ajudando no atendimento da recepção.

Munida de beleza, simpatia e, acima de tudo, carisma, arrancava sempre um sorriso, fosse de quem fosse, mesmo que a pessoa estivesse passando por sérios problemas.

Uma senhora, elegantemente vestida, aproximou-se da recepção e a cumprimentou.

— Boa noite.

— Boa noite. Em que posso ajudá-la?

— Estou com um sério problema de saúde. Fui a vários especialistas e mandaram-me para cá. Esta é a minha última esperança.

— A senhora já havia ido a um centro espírita?

— Nunca. Sempre fiz vista grossa em relação ao mundo espiritual. Não acreditei que isso fosse verdade, no entanto... — ela abaixou a cabeça envergonhada.

— No entanto? — Renata a encorajou.

— Eu perdi meu marido há três anos. Oduvaldo foi meu grande amor. Companheiro mesmo. Vivemos uma linda história, construímos um lar, tivemos dois filhos lindos, hoje formados e com bons empregos. Um casou-se recentemente. O outro resolveu morar sozinho. Diz que sua profissão pode me colocar em risco e prefere ter sua privacidade. É muito independente. Eu fiquei sozinha, mas vivo muito bem. Sinto muita falta de meu marido, e...

A senhora pigarreou e continuou:

— Há três meses surgiu um nódulo no meu seio e eu me preocupei. Fui ao médico e fiz exames. Enquanto isso, passei a sonhar todas as semanas com Oduvaldo. Ele aparece bem-disposto, com lindo sorriso nos lábios e me afirma que eu não tenho nada. Que eu deveria, sim, procurar uma casa espírita para aprender sobre o mundo espiritual. Afirma que eu posso me curar, se quiser.

— Faz sentido. Você deve ter se encontrado com seu marido fora do corpo físico. É isso.

— Então não delirei?

— Não.

— Sabe — a senhora baixou o tom de voz —, eu tenho um filho que afirma ouvir os espíritos.

— Seu filho é médium.

— É alguma doença?

Renata riu.

— Não, minha senhora. Não é doença. Trata-se de uma sensibilidade que todos nós temos para perceber o mundo invisível. Alguns sentem isso de maneira débil, outros, com a sensibilidade aguçada, conseguem manter conversação com os espíritos.

— Hum — a senhora mordiscou o lábio. — Entendo. Mas o meu sonho foi tão real, tão vivo. Despertei, todas as vezes, sentindo inclusive o cheiro da colônia que Oduvaldo usava.

— Você esteve com ele, sem sombra de dúvidas.

— Eu gostaria muito de fazer um tratamento espiritual que me ajudasse a me livrar desse nódulo. Creio que ele — apontou para o seio — apareceu para que eu desse uma parada, criasse coragem para confrontar meus medos e começasse a mudar meu jeito de ser.

— Como assim?

— Desde que fiquei viúva, sonhei em fazer algumas coisas. Pensei em voltar a estudar, a frequentar o clube da família, mas me julguei velha para recomeçar.

— Idade não é motivo para nos manter no ostracismo.

— Foi o que percebi. Eu não quero ficar parada e não vou mais usar minha idade como fator para me manter em casa, sem fazer nada e, ainda pior, pensando besteira.

— Você está corretíssima. Vou encaminhá-la para atendimento e você explica melhor sua história.

— Obrigada.

Renata deu-lhe um papel. Nele estava impresso um número.

— Preste atenção neste número. Assim que ele for pronunciado, dirija-se à mesa correspondente, está bem?

— Muito obrigada. Você é muito simpática.

— Obrigada. Meu nome é Renata. Qualquer dúvida é só me procurar.

— Obrigada, Renata. Meu nome é Zulmira. Foi um prazer conhecê-la.

Zulmira entrou no corredor e Renata ficou observando-a até ela desaparecer numa curva. Engraçado. Ela tinha a sensação de que conhecia Zulmira de algum lugar. Seu rosto era-lhe bastante familiar e ela sentiu por aquela senhora uma simpatia, um carinho sem igual.

Sorriu para si e voltou aos seus afazeres. Depois apareceu um senhor, carrancudo, ar desconfiado.

— Quanto tenho de pagar para ser atendido?

— Aqui não se paga nada. O atendimento é gratuito. Caso contrário, não seria um centro espírita.

— Como não pago nada?

— Nada, senhor.

— Passo por consulta, por tratamento, posso frequentar cursos, tudo isso sem pagar?

— Isso mesmo.

Ele encarou Renata de maneira desconfiada.

— Nem um tostão?

— Nem um tostão — ela replicou.

Ele sorriu, pegou sua senha e entrou. Quando os trabalhos estavam para ser encerrados, Mafalda a chamou.

— Vamos nos reunir após os trabalhos. Necessitamos fazer uma corrente de oração para dois amigos.

— Podem contar comigo — declarou Renata.

Após o encerramento dos trabalhos espirituais, Renata, Maximiliano, Luísa, Mafalda e mais três médiuns dirigiram-se a uma pequena sala que ficava nos fundos da casa. Era uma sala pequena, porém muito confortável. Havia algumas cadeiras dispostas em semicírculo e uma música agradável enchia o ambiente. O toque final era dado por uma luz azul, bem suave.

Mafalda fez sinal para que se sentassem. Depois, fez sentida prece e deu passagem para que um espírito se comunicasse. Ela suspirou e, alguns instantes depois, o tom de sua voz sofreu leve alteração.

— Prezados companheiros, precisamos da ajuda de vocês a fim de enviarmos energias de equilíbrio para um querido ente encarnado, bem como vibrar forte luz para outro amigo que, por ora, só poderemos atingir com nossas vibrações de amor. Sua aura enegrecida não nos permite aproximação, devido ao seu comprometimento com determinados espíritos do Umbral.

— Não podemos orar para esses espíritos também? — inquiriu Maximiliano.

— Sim, mas não podemos interferir no destino das pessoas. Cada um é responsável por suas escolhas, e nós, aqui do lado espiritual, podemos tão somente emanar, com a ajuda de vocês, vibrações que ajudem a apaziguar a dor.

O espírito deu-lhes mais algumas orientações e, logo em seguida, formaram um círculo em volta de Mafalda. Eles se deram as mãos e começaram a orar conforme a orientação dada.

Caio chegou à casa de Gregório por volta de meia-noite. Tocou o interfone. Em seguida, o próprio Gregório o atendeu e acionou o portão para que este fosse aberto e Caio pudesse entrar na residência.

O rapaz contornou elegante jardim, passou pela piscina e chegou ao jardim de inverno. Gregório estava vestindo seu indefectível robe de seda preto. Uma mão segurava um cigarro, e a outra, um copo com uísque.

— Oi, criança. Gosto de quem cumpre com as minhas exigências.

A voz de Gregório soava meio pastosa. Ele estava um tanto embriagado pela quantidade enorme de bebida que havia ingerido. Caio falou a contragosto:

— Não tinha outro jeito. Você foi categórico. E, como eu tenho mesmo de resolver um assunto com você, preferi vir e tirar logo esse peso de minhas costas.

— Peso nas costas? — Gregório sorriu. — Por favor – fez sinal – sente-se porque a noite promete ser longa.

Gregório pegou a garrafa de uísque e a entornou em outro copo. Colocou duas pedras de gelo e ofereceu-o a Caio.

— Beba, criança.

Caio pegou o copo e sorveu quase todo o líquido.

— Calma, assim você vai ficar tontinho.

— Quero mais — ordenou Caio.

Gregório apanhou a garrafa, aproximou-se de Caio e despejou o líquido no copo.

— Beba devagar, criança.

Sua voz soava de maneira irritante. Gregório, quando bebia, tornava-se pessoa insuportável. Se, quando sóbrio, não tinha respeito pelos outros; bêbado, então, não tinha limites.

Caio, sentado numa poltrona em frente ao homem, pegou o copo e bebeu com vagar. Gregório, por sua vez, deixou que o robe ficasse entreaberto, mostrando, propositalmente, as suas partes íntimas. Aquilo causou terrível mal-estar em Caio. Ele virou os olhos.

— Aceita um cigarro?

— Não. Parei de fumar.

— Ah, as crianças de hoje! — suspirou Gregório. — Adoro essa geração saúde.

— Preciso e quero tomar conta de meu corpo. É o único que tenho. Devo tratá-lo bem, ora.

— Faz sentido essa sua observação idiota. Perfeito para a sua idade.

— Queria logo tratar do assunto que me fez vir aqui.

— É sobre o contrato.

— É sobre isso que eu também queria lhe falar.

Enquanto isso, uma voz amiga inspirava Caio para que ele não aceitasse provocações de Gregório. O jovem captou alguma coisa.

— Então nosso primeiro assunto é o mesmo — tornou Gregório, após virar o copo e estalar a língua no céu da boca.

— Qual é o outro assunto?

— Você.
Caio não entendeu de pronto.
— Desculpe-me, mas...
Gregório o cortou.
— Quero você. Pelo menos hoje. Ou tão somente hoje.
Caio levantou-se num salto. Sua face ardia, tamanho rubor.
— O que pensa que sou?
Gregório riu.
— Um prostituto.
— Olhe como fala!
— Não é o que você é?
— Eu não sou e...
— Cale a boca! — vociferou Gregório. — Não venha dar uma de santinho para cima de mim. Guido me contou sobre vocês.
— Foi um ato insano. Nunca havia me deitado com um homem antes. Não sei o que deu em minha cabeça. Na realidade, posso jurar que essa não é a minha praia. Nunca foi.
— Mas Guido disse-me que você gostou.
— Não interessa. Foi uma loucura que cometi. E não mais se repetiu.
— Vai ter de repetir comigo.
— Nunca!
Gregório levantou-se e aproximou-se do rapaz. Chegou tão perto, que Caio pôde sentir seu hálito fétido e desagradável misturado a álcool.
— Vai se deitar comigo. Quer queira, quer não.
— Você não pode me obrigar.
— Não vou obrigá-lo, criança. Vai me amar porque fui sempre seu.
Caio o empurrou.
— Pare com isso, Gregório! Vim aqui para falar de meu contrato, que na verdade eu não quero mais assinar. E vim também lhe devolver o dinheiro do adiantamento. Consegui um emprego e daqui a uns dois meses eu lhe pago tudo o que devo.

Gregório recuperou-se do empurrão e voltou a se aproximar. Seus olhos brilhavam rancorosos.

— Não quero saber do dinheiro do adiantamento. Aquilo foi um mimo para você.

— Não! — Caio exclamou, nervoso. — Vou devolvê-lo, tim-tim por tim-tim.

Gregório deu de ombros e caminhou até próximo de sua poltrona. Serviu-se de mais um trago de uísque. Caio aproveitou e tirou o maço de dinheiro que trazia no bolso.

— Aqui está — ele colocou o dinheiro sobre uma mesinha.
— Não quero dinheiro dos outros.

— Orgulhoso. Além de prostituto, é orgulhoso.

— Assim você me insulta. Eu não sou prostituto.

— Mas foi. Sei de tudo a seu respeito. Você tinha uma carteira de clientes. Atendia ricaças insatisfeitas sexualmente. Guido me falou.

— Cadê o Guido? — bramiu Caio. — Tenho de falar com ele.

— Não pode. Não quero que vocês se vejam.

— Ele não tem o direito de falar assim de minha vida para qualquer um.

Gregório meteu-lhe o dedo em riste.

— Eu não sou — ele gritou — qualquer um! Sou Gregório Del Prate, dono da Cia. de Perfumes. Você, sim, é um nada, um lixo, um parasita que vive da michetagem. Você é sujo e imundo. Por isso, vai fazer amor comigo. De qualquer jeito.

— Não!

— Você não sai desta casa enquanto não ficar comigo.

Antes que Caio pudesse raciocinar, Gregório deu um assovio e logo dois cães pastores-alemães vieram e pararam na porta do jardim de inverno. Seus latidos e a expressão de maus amigos encheram Caio de pânico.

— Eles me obedecem. Se eu gritar — ele abaixou bem o tom de voz — "agora!", eles avançam e não sobrará pedacinho de Caio para contar a história.

— Por que faz isso comigo? Estou aqui para lhe devolver o dinheiro. Sou homem de bem e não quero encrenca. Vamos esquecer que um dia nos encontramos e cada um segue seu caminho.

— De maneira alguma — Gregório tirou o robe e ficou nu na frente de Caio. O rapaz abaixou a cabeça. — O que foi? Não gostou do meu corpo? Não tem vontade de me amar?

— Pare com isso, Gregório. Eu não vou me deitar com você. Pode dar ordem aos cachorros para me atacar, mas não encostarei um dedo em você.

Os olhos de Gregório marejaram.

— Patife! Ordinário! Você tem de me amar! Eu fiz tudo o que fiz para você me amar. Eu sou "sua". Você tinha de ser meu. Nunca deveria se casar com ela.

Caio estava aturdido. Os olhos de Gregório pareciam querer saltar das órbitas. Ele não estava em seu juízo perfeito. Mas o que fazer? Caio acuou-se numa parede e falou, num tom apaziguador.

— Eu não quero o contrato, não quero...

Gregório não lhe dava ouvidos.

— Eu fiz tudo por amor e agora você vai me ter. Para sempre.

Caio olhava para Gregório e para os cachorros. Eles estavam em posição de alerta. Ele não sabia o que fazer. Os cachorros só atacariam sob a ordem de Gregório. Aproveitou que ele estava delirando e andou, pé ante pé, até que atingiu a sala. De lá poderia correr pela casa e tentar uma outra saída, antes que os cães o pegassem. Quando ele ia dobrar o corredor da sala, Gregório bradou:

— Você matou Loreta. Eu sei. Estou de olho em você.

Caio imediatamente parou. Suas pernas falsearam por instantes. A frase de Gregório caiu como uma bomba na sua cabeça. Caio rodou nos calcanhares. Encarou Gregório com espanto.

— O que foi que disse?

— Não vou repetir. Eu o perturbei por um bom tempo, mas fiz tudo por amor.

— Não posso acreditar! Você não seria capaz de um ato insano desse porte.

— Fui.

— Por quê?

— Eu o atormentei durante longo tempo, porque eu sabia. Aliás, sempre soube do seu envolvimento com Loreta.

Caio levou a mão à boca.

— Você sabia do meu envolvimento com sua mãe?

— Sim. Você amava Loreta, uma velha. Por que não pode me amar? Por que ela e não eu? Eu sou a sua Lucy.

Caio não entendeu. Aliás, estava tão atarantado que nada mais fazia sentido algum para ele.

— É um absurdo. Eu gostava de sua mãe.

— Entretanto, transava com ela por dinheiro. A tonta da Isilda deu com a língua nos dentes.

— Isilda contou tudo?

Gregório riu com gosto.

— Nada que um bom punhado de dinheiro não abra ou feche a boca das pessoas. Isilda foi ameaçada e, sob ameaça de morte, uma pessoa é capaz de tudo. A infeliz — ele gargalhava —, antes de se borrar toda, claro, contou-me tudo sobre seu caso com mamãe.

Caio engolia as palavras em seco.

— Isilda ganhou bom dinheiro. Fugiu para o Paraguai.

O rapaz estava muito atordoado. Não esperava por essa.

— Eu... eu...

— Sei, você matou minha mãe. Eu tenho provas. Tenho você em minhas mãos. Por isso — Gregório virou-se e encostou o corpo na parede, de maneira vulgar —, comece o serviço.

— O quê?

— Venha me amar.

Caio sentiu que as lágrimas escapavam-se pela face. Aquilo era ultrajante. Gregório o obrigava a fazer algo com o qual ele não compactuava. Ele prometera a si mesmo que não mais se envolveria em estripulias sexuais. Nem mesmo numa situação como essa, em que ele corria o risco de ser preso, caso Gregório fosse à polícia.

O rapaz não sabia o que fazer. Pela primeira vez, desde a infância, Caio ajoelhou-se no tapete da sala e rezou com fé. Não lembrava mais das orações feitas na infância, mas suplicou, a seu modo, ajuda a Deus.

Uma luz suave, porém vibrante, saiu de seu peito. O espírito de Norma estava ao seu lado e ministrou-lhe um passe calmante.

— Não ceda, Caio! — a voz dela era firme. — Não caia em tentação. Mantenha-se firme em sua fé e os danos serão minimizados.

Caio não registrou as palavras do espírito da irmã, entretanto, a imagem de Norma, sorridente, apareceu com força em sua mente. Ele terminou de rezar à sua maneira e chorou, chorou muito.

Gregório continuava naquela posição digna de compaixão.

— Vamos, acabe logo com essa ladainha. Venha me ter. Eu sempre fui melhor que minha irmã. Sempre.

Gregório falava palavras desconexas. Caio não entendia mais nada do que ele falava. Ele não tinha irmã. Do que estaria falando?

Encostado na parede, passando a mão pelo corpo de maneira lânguida, Gregório murmurava:

— Venha amar a sua Lucy. Venha amar a sua Lucy...

Caio tapou os ouvidos e lembrou-se da santinha que José havia lhe dado. Meteu a mão no bolso e fixou os olhos no folheto com a imagem de Santa Rita de Cássia.

— Ajude-me, por favor...

Caio orou com tanta fé, que logo sentiu brando calor invadir-lhe o peito. Sentiu também uma força inexorável, vibrante, pulsante, que lhe tomava todo o ser. Ele levantou-se, fez o sinal da cruz, jogou um beijo para o Alto. Em seguida, moveu a cabeça negativamente para os lados.

— Você é doente, Gregório. Precisa se tratar.

Gregório não o escutava. A bebida havia entorpecido seus sentidos e ele continuava a repetir:

— Venha amar a sua Lucy.

— Eu vou embora. Podem vir seus cães, pode vir a sua chantagem. Eu não cedo. Juro por tudo quanto é mais sagrado nesta vida que não cedo!

Caio falou com tamanha força, tamanha propriedade, que logo passou pelos cães, sem medo, e chegou ao portão. Estava trancado. Ele nem titubeou. Subiu as grades e pulou. Surpreendentemente, os cães não o atacaram, talvez porque Gregório não tivesse lhes dado ordem de ataque.

O rapaz dobrou a esquina e chegou em uma avenida, deserta. Seria difícil aparecer táxi por ali. Caio foi caminhando e viu um ônibus que passava do outro lado da avenida. Ele correu, fez sinal e pegou o último ônibus com destino ao centro da cidade.

— Eu nunca deveria ter me metido com esse homem. Que Deus tenha piedade dele — disse para si mesmo, enquanto o motorista corria um pouco mais do que o normal, em virtude da quase ausência de carros nas vias àquela hora da madrugada.

Caio desceu no ponto e, algumas quadras depois, chegou à pensão de Fani. A casa estava em silêncio. Todos dormiam. Ele subiu os degraus de maneira que não fizessem estalo ou rangessem. Chegou ao seu andar e correu para o banheiro. Despiu-se e tomou uma ducha morna e reconfortante. Em seguida, dirigiu-se para o quarto. Na penumbra, aproximou-se da cama de Rosalina e beijou-lhe a testa. Sem fazer barulho, deitou-se em sua cama. Dormiu profundamente, como há muito tempo não dormia.

CAPÍTULO 22

Luísa acordou, tomou seu banho e arrumou-se com apuro para o trabalho. Antes de sair do quarto, olhou ao redor. Desde que vendera a casa e se mudara para o apartamento, sentia que tudo caminhava para melhor em sua vida. Ela saiu do quarto e disse para si mesma:

— Aqui eu sou e serei muito feliz.

Luísa havia ingressado na faculdade de Direito. Arrumara emprego numa empresa indicada por Renata. O cargo era de recepcionista, o salário não era tão formidável assim, mas dava para começar a sentir o gosto da liberdade, da independência. Contava com o dia que não mais fosse precisar da pensão de Genaro. Queria, de toda maneira, livrar-se dele, até economicamente. A separação já havia sido homologada. Mais um ano e poderia entrar com o pedido de divórcio e acabar com qualquer vínculo que fosse com seu ex-marido.

Genaro começava a virar notícia corrente nos jornais. O eleitorado estava se tornando mais exigente, mais consciente do voto, e a maioria dos políticos era composta por pessoas comprometidas com o bem do país. Infelizmente, havia uma maçã podre aqui e acolá dentro da classe política e eram essas pessoas inescrupulosas que ganhavam destaque na mídia.

O ex-marido de Luísa anunciava seu casamento, embora o divórcio ainda não o permitisse casar-se oficialmente — as pessoas nem ligavam — com Marisa, porquanto ela esperava o filho que ele tanto sonhara.

Luísa entrou na copa. Deixou a bolsa sobre o aparador e sentou-se para seu desjejum. Eunice ria e não falava nada. Serviu-lhe café, suco e torradas. Luísa encarou-a de maneira divertida.

— O que foi? Está rindo de quê?

— Nada em especial — tornou Eunice, com a voz amável.

— Você não está rindo à toa. Que cara é essa? Parece uma menina arteira!

— Ah, você vai adorar essa notícia — Eunice foi até a cozinha e voltou à copa, trazendo um pedaço de mamão papaia e o jornal. Colocou a fruta sobre um pratinho e entregou o jornal a Luísa, dizendo: — Leia a coluna da página inferior.

Luísa olhou para o periódico.

— E lá sou mulher de ler coluna social? Fofoca da vida de gente importante? Está me estranhando, Eunice?

Ela continuava rindo.

— Leia a última nota — ordenou, apontando com o dedo.

Luísa concentrou-se na leitura da notinha. Era um texto curto, de quatro linhas.

— Leia em voz alta, por favor.

Luísa assim o fez:

"— O deputado federal Genaro Del Prate anunciou, num jantar oferecido a poucos amigos, em sua mansão localizada no Lago Sul, em Brasília, o seu casamento com a jovem

Marisa Pompeo Ramos. O casal, apaixonado e feliz, cujo enlace está programado para maio, espera o primeiro herdeiro para daqui a cinco meses".

— Viu o porquê de minha risada? — perguntou Eunice, em tom de deboche.

Luísa levou a mão à boca. Não segurou a risada.

— Nunca poderia imaginar Genaro metido numa situação como essa.

— O Genaro nunca quis ir ao consultório do doutor Ribeiro para fazer os exames que comprovariam a sua infertilidade.

— Ele sempre se recusou. Disse-me, certa vez, durante uma discussão, que eu era seca e estava tomando pílula anticoncepcional escondido.

— Problema dele. E se um dia ele descobrir isso? Coitada dessa Marisa. Ele pode fazer picadinho dela.

— Eu é que não quero saber disso. O que acontece com Genaro não é de minha conta. Quero distância dele. Que construa sua família, não importa como, e seja feliz.

— Você é uma mulher de fibra. Se fosse outra, Luísa, estaria arrumando um jeito de extorquir Marisa ou mesmo de chantagear Genaro com a ameaça de um escândalo.

— Quero ficar longe desse tipo de comportamento. Eu nunca me aproveitaria das pessoas. Não está em mim.

Eunice a beijou no rosto.

— Você ainda vai se dar muito bem na vida, minha menina. É cheia de valores nobres.

— Deveria ter pensado assim antes de apanhar.

— Já passou.

— Como pude descer tão baixo? Por que me deixei de lado, tornei-me uma mulher submissa e sem brilho? — Luísa fitou o nada. Declarou em seguida: — Não tenho um pingo de saudade da Luísa de ontem. Estou tão feliz comigo, Eunice. Sinto-me muito bem com meu progresso. Vou me formar e trabalhar para mulheres que passam pelo que passei. Tenho orgulho de mim.

— Só falta arrumar alguém.

— Como?

— Quer dizer, acho que arrumou, entretanto, não quer confessar para si mesma que está gostando dele, ou mesmo que está apaixonada.

— Eunice, de onde tirou essa ideia?

— Outro dia vi você falando com Renata sobre ele.

Luísa a censurou:

— Ouvindo atrás das portas? Que costume mais feio!

— Não. Estava preparando o chá para servi-las. Quando cheguei à saleta, notei o brilho em seus olhos toda vez que pronunciava o nome de Caio.

Luísa esboçou sorriso encantador. Seus olhos voltaram a brilhar.

— Você tem razão. Caio despertou-me sentimentos que nunca havia sentido antes.

— Nem mesmo por Genaro?

— Não. Com Genaro foi diferente. Eu era muito menina, tinha medo do futuro, de não ter proteção, e ele, por ser bem mais velho, passava-me a impressão de segurança. Genaro é homem bonito, mas nunca me cativou o coração.

— E Neuza praticamente a empurrou para aquele casamento. Eu me lembro bem.

— Nem me fale. Mamãe conseguiu me ludibriar. Eu era muito nova, muito ingênua.

— Neuza ligou de novo, reclamando, para variar. Disse que seus irmãos estão trabalhando e, graças ao esforço deles, ela não passa fome. Porque, se dependesse de você...

— Eu quis ajudá-la, Eunice. Assim que comecei a receber a pensão do Genaro, ofereci-lhe um valor para o mercado, pagamento de contas etc. Sabe o que ela me disse?

— O quê?

— Que esse dinheiro era muito pouco. Ou eu lhe dava mais, ou então era melhor não receber nada. Problema dela.

Eu tentei fazer o melhor. Se seu orgulho a deixa tão cega a ponto de recusar minha ajuda, só posso orar para que ela fique em paz. Mais nada. Minha família acabou. Agora só tenho você.

— E quanto ao Caio...

— Quanto ao Caio, não sei explicar. Encontramo-nos muito pouco, entretanto, essas poucas vezes foram suficientes para eu perceber que sinto algo diferente. Os sentimentos são conturbados.

— Como?

— Dia desses — ela confessou — sonhei que vivíamos juntos, numa outra época, e discutíamos bastante. Lembro-me de ter muita mágoa do Caio. Meu coração fica mole quando eu o vejo, mas minha mente tem lá suas reservas. Mesmo assim, quando ele foi me visitar no hospital fiquei muito feliz!

— Lembro-me disso. Você não parava de falar nessa visita. Creio que melhorou mais pela visita dele do que pelo repouso sugerido pelo médico.

Luísa soltou um risinho abafado, enquanto se levantava e pegava sua bolsa sobre o aparador.

— Você não toma jeito, Eunice. Quer me ver enrabichada de novo?

— Quero. Você é muito nova.

— Caio é mais jovem que eu.

— Qual é o problema? Uns três ou quatro anos mais novo, talvez. Por quê? Tem algum preconceito em relação a isso?

— De forma alguma. Só acho tudo engraçado. Casei-me com um homem quase quinze anos mais velho que eu e agora começo a me interessar por um rapaz mais jovem.

— Talvez agora você acerte a mão. Não conheço o Caio, todavia ele deve ser um bom moço. Está mexendo com você.

— Tem razão. Eu vou ligar para ele e convidá-lo para jantar no sábado aqui em casa. O que acha?

— Perfeito. Hoje ainda é quinta-feira, tenho dois dias para preparar um belo jantar. E tempo suficiente para comprar os ingredientes necessários para um jantar especial! — exclamou Eunice, contente.

— Podemos fazer aquele macarrão com camarão e molho de especiarias que só você é capaz de fazer.

— Receita de minha sobrinha. Não me lembro direito de todos os ingredientes.

— Certifique-se do que precisa. Mais tarde eu ligo para você me passar a relação do que devo comprar. Vou ao mercado amanhã depois do trabalho e faço as compras.

— Será que o Caio virá?

— Ele vem. Tenho certeza. Vou ligar para ele assim que chegar ao escritório.

Luísa despediu-se de Eunice e saiu no hall do apartamento. Tomou o elevador e, surpresa agradável, encontrou Maximiliano. Ela o cumprimentou com um beijinho no rosto.

— Bom dia, vizinho.

— Bom dia, vizinha. Nossa — ele aspirou o perfume que exalava do corpo dela —, que aroma delicioso!

— Obrigada. Acordei muito bem hoje.

— Eu não posso dizer-lhe o mesmo.

— Por quê?

Max não queria falar. Mudou o tom da conversa.

— Está gostando de ir ao centro espírita?

— Sim. Senti-me útil quando fui convidada para fazer parte daquele grupo de oração e vibração.

— Eu também gostei.

— Você tem ideia de quem eram as pessoas para as quais estávamos em oração?

— Faço alguma ideia, Luísa — tornou Max, dando de ombros. — Não nos esqueçamos do grande ensinamento: "Fazer o bem, não importa a quem". Entretanto, nesse caso específico, creio que sei para quem estávamos dirigindo nossas energias.

— Eu senti, não sei se isso é da minha cabeça ou não, que uma das pessoas para quem estávamos em oração era o Caio.

— Eu tive a mesma impressão. Quanto ao outro, lembrei-me de um conhecido de outros tempos com quem não tenho afinidades. Aliás, nunca tive.

— É mesmo?

— Sim. Quando Mafalda, incorporada, solicitou que fechássemos os olhos e entrássemos em meditação, eu tive a leve sensação de que na minha mente apareceram o rosto de Caio e desse conhecido. A energia que senti não foi das melhores. Aliás, eu preciso ligar para Mafalda. Tive um sonho muito ruim esta noite.

— Pesadelo?

— Sim.

O elevador chegou ao térreo. Max declarou:

— Fico por aqui. Tenho alguns compromissos no centro da cidade. Prefiro tomar um táxi. Esse trânsito me irrita profundamente.

— Eu vou na direção da Praça da República. Posso lhe dar carona.

— Poxa, eu adoraria.

— Você aproveita a carona e, no trajeto, conta-me sobre seu sonho.

— Resolvido.

Apertaram o botão do elevador e desceram na garagem. Caminharam em silêncio até o carro de Luísa. Entraram e ela deu partida. Quando ganharam a rua, ela perguntou, de maneira delicada:

— Pode me dizer o que aconteceu?

— Ontem à noite, ao chegar em casa, resolvi tomar uma ducha e fui para a copa preparar um lanche. No meio da refeição, senti um calafrio, um frio perpassando minha nuca. Senti um arrepio sem igual pelo meu corpo todo.

Luísa fez um esgar de incredulidade.

— Eu, hein? Parece que recebeu a visita de algum espírito perturbado.

— Foi a impressão que tive. Pensamentos ruins vieram à minha cabeça naquele momento. Afastei-os com as mãos. Depois, fiz uma oração, mudei o teor dos pensamentos e fui para a cama. Mas, durante o sono...

— Conte-me, Max. Estou tão interessada!

— Sonhei que um conhecido de longa data aproximou-se de mim desesperado. Seu rosto estava desfigurado. Um horror. Ele dizia estar sendo perseguido e pedia minha proteção. Eu disse que não tinha o que fazer, a não ser que ele ficasse em casa. Lembro-me de que lhe ofereci o quarto de hóspedes.

— E?

Maximiliano deu um longo suspiro. Tudo parecia tão real.

— Ele foi ao quarto de hóspedes e, no sonho, eu voltei para o meu quarto. Sensações ruins se apossavam de meu corpo. Lembro-me nitidamente de passar as mãos nos braços a fim de "arrancar" aquelas sensações desagradáveis. Daí ouvi um grito de pavor. Corri ao quarto de hóspedes e vi uma cena dantesca.

Luísa estava estupefata.

— Continue.

— Esse conhecido meu estava sendo arrancado do quarto à força por espíritos enegrecidos, cheios de sombras. Algo pavoroso. Ele ainda me encarou com olhos de súplica e, quando tentei interferir, um braço tocou meu ombro. Eu não consegui olhar para trás, mas ouvi: *Cada um é responsável por seu destino. Você não pode e não deve se intrometer. Vibre por ele.*

— E daí?

— E daí que acordei suando em bicas. Minha testa estava molhada, meu pijama empapado de suor. Levantei-me, fui à cozinha, bebi um copo d'água e tomei nova ducha. Fiz nova prece e dormi melhor. Mas ainda estou impressionado com o sonho.

— Pretende falar com Mafalda?

— Hum, hum. Assim que terminar meus compromissos, eu vou até o centro espírita. Sinto que tem algo a ver com aquela corrente de orações.

— O que pode ser?

— Não sei, Luísa, mas, cá entre nós, alguma coisa muito grave aconteceu nesta noite que tive esse pesadelo.

Luísa fez o sinal da cruz. Em seguida, chegaram à praça. Ela encostou o carro no meio-fio e Max saltou. Depois de fechar a porta, abaixou na altura da janela do passageiro.

— Caso eu tenha alguma notícia, avisarei você e Renata.

— Por favor, faça isso.

— Até logo.

— Tenha um bom dia — tornou ela, apreensiva.

Impressionada com o relato, Luísa não se sentiu muito bem. Percebeu energias pesadas ao seu redor. Fez também uma prece e, em seguida, meteu-se no trabalho. Logo estava envolvida com os atendimentos na recepção e esqueceu a conversa com Maximiliano.

Caio despertou cedo, cheio de vigor. Espreguiçou-se na cama, sentou-se e bocejou. Lembrou-se de algumas cenas da noite anterior. Espantou tais pensamentos com as mãos.

— Faz parte do passado. Quero esquecer essa noite.

Levantou-se e caminhou para o banheiro. Escovou os dentes, lavou o rosto e desceu para o desjejum. Rosalina e Celinha entravam e saíam da cozinha a todo instante. Ainda havia muitos hóspedes tomando o café da manhã.

— Quer alguma ajuda? — perguntou ele, de maneira educada.

Celinha se surpreendeu.

— Logo cedo em pé e quer nos ajudar?

— Exato.

— O que foi? Dormiu com os anjinhos?

Caio riu.

— Despertei tão bem! Há muito tempo não dormia assim, tão gostoso.

— Vi que chegou uma e meia da manhã.

Seu rosto mudou e ele adquiriu expressão temerosa.

— Viu? Acho que...

— Danado! Eu vi sim. Acordei para fazer xixi. Quando você entrou no banheiro para tomar banho, eu havia acabado de sair. Estava tentando pegar no sono.

— Eu cheguei antes.

— Eu sei que era você. Fiquei na espreita. Deixei a porta entreaberta e fiquei observando. Aí vi você sair do banheiro.

Caio ruborizou.

— Celinha! Como pôde?

— Oras, por quê?

— Eu saí do banheiro completamente pelado.

Ela riu maliciosa.

— Eu notei todos os detalhes.

— Celinha!

— Dormi tão melhor. Nem acordei para ir ao banheiro. Você é um espetáculo de homem.

— Olhe os modos! Posso ser seu irmão.

— Não poderia. Nunca. Iríamos praticar incesto.

Caio pegou um pano de cozinha, esticou-o e passou a perseguir Celinha, que corria em volta da mesa.

— Venha cá, sua pilantra — ria ele —, vou lhe dar uma sova.

Celinha corria e ria. Até que Rosalina entrou na cozinha, expressão séria.

— Vamos parar com a brincadeira. Celinha — ela encarou a menina —, os hóspedes estão esperando. Cadê o café do seu Antenor? E o leite do seu Francisco? E a geleia da dona Odete?

— Desculpe-me. Vou providenciar tudo num instante.

Rosalina cumprimentou o filho.

— Bom dia.

— Bom dia, mãe. Está com uma cara tão brava. O que foi?

— Sua irmã veio me visitar hoje cedo — Caio ia responder, mas a mãe o interrompeu: — Norma está muito preocupada. Disse-me que você necessita de muita oração e que precisa ir ao centro espírita.

— De novo isso?

— Por que reluta tanto, meu filho? Sei que tem de ir por vontade própria, mas por que tanta defesa?

— Não é defesa. Só não acredito.

— Norma disse que não vai ter jeito. Você vai ter de passar apertos para acordar para a vida espiritual.

Ele a beijou na fronte.

— Quem sabe, na hora certa, eu vá?

— Tome seu café.

Caio sentou-se à mesa. Serviu-se de dois pãezinhos com manteiga e café com leite. Celinha saiu com uma bandeja para a sala de refeições. Caio aproveitou estar a sós com a mãe.

— Ontem à noite devolvi aquele dinheiro.

— Mesmo? Tudo?

— Quer dizer, quase tudo. Usei uma parte. Mas apliquei o saldo e recebi bom salário este mês. Se tudo continuar bem, em dois meses eu saldo a dívida com o Gregório.

— Eu não gosto desse homem. Deve ficar afastado dele.

— E estou, mãe. Não quero mais saber dele.

— Nem de campanha de perfume. É melhor arrumar um emprego que lhe dê dinheiro todo mês em vez dessa vida instável de modelo.

— Você se engana. Um modelo profissional, famoso, ganha muito, mas muito dinheiro. Eu ainda acredito que vou conseguir, mãe. Pode escrever.

Rosalina moveu a cabeça para os lados.

— Cheio de sonhos. Você não desiste.

— Não. Vou à luta. Ainda mais agora que estou gostando de alguém.

O coração de Rosalina se enterneceu.

— É a moça do centro espírita, né? A Luísa.

Caio riu, enquanto mordiscava um bom pedaço de pão com manteiga.

— É ela mesma.

— Moça de classe, fina, educada, elegante, bonita, simpática e...

Ele cortou a mãe de maneira engraçada.

— Quanta propaganda! O que é isso? Um complô?

— Se for para a sua felicidade, e eu sinto que é — ela disse olhando nos olhos dele —, vale tudo.

Ele terminou o desjejum e despediu-se.

— Você está impossível. Quer se ver livre de mim?

— Não, meu filho. Quero vê-lo feliz.

Ao passar pela sala de refeições, ele encontrou Fani.

— Oi, meninão!

— Bom dia, Fani.

— Estava à sua procura.

— O que foi?

— Telefone para você.

— Quem é?

Fani fez uma cara de suspense.

— Adivinhe!

Caio pegou o fone e, ao ouvir a voz melodiosa de Luísa, sentiu um friozinho gostoso no estômago.

— Oi.

— Como vai, Caio?

— Bem. E você?

— Ótima. Quero lhe fazer um convite.

— Um convite?

— Sim. Quer vir jantar em casa no sábado?

Ele não sabia o que lhe dizer. Estava surpreso, agradavelmente surpreso.

— Sábado, é...

Luísa mordiscou os lábios do outro lado da linha. Aqueles segundos de mudez pareceram durar uma eternidade. Será que ele estava arrumando uma desculpa? Ela perguntou, indecisa:

— Tem compromisso?

— Não, não. De forma alguma.

— Você demorou para dar a resposta e...

— Porque sábado é um dos melhores dias na loja. E eu saio um pouco mais tarde.

— Pode ser às dez da noite?

— Não fica tarde para jantarmos?

— Não. Eu faço um lanche antes — ela riu. — Está marcado? Sábado às dez da noite?

— Confirmado. No sábado, assim que eu sair da loja, vou direto para sua casa.

— Um beijo.

— Outro.

Caio desligou o telefone com as mãos trêmulas. O ar parecia lhe faltar. Iria jantar com Luísa, num sábado à noite. Poderia aproveitar o momento e, no decorrer ou depois do jantar, declarar-lhe seu amor. Ele não sabia como fazer tal declaração e viu nesse jantar o momento certo para dizer a Luísa tudo o que ia em seu coração.

Fani o trouxe à realidade.

— Viu um passarinho verde?

— Não, Fani. É o amor. O meu amor, do qual não quero nunca mais me separar.

Ele a beijou na bochecha e saiu contente. Fani disse para si mesma, enquanto meneava a cabeça para os lados:

— Esses jovens! Quanto romantismo! Que coisa boa!

CAPÍTULO 23

O delegado Telles era um homem bem-apessoado. Alto, um metro e noventa, corpo atlético. Chamava a atenção por onde passava. Tinha um rosto charmoso, uma barba preta bem cuidada que contrastava com o tom claro de sua pele.

Seu nome era José Carlos. Mas, desde que entrara para a polícia, recebeu a alcunha de Telles, seu sobrenome.

O rapaz adorava o que fazia. Amava sua profissão. Acreditava que havia nascido para a investigação. Tinha faro, uma maneira peculiar de resolver os enigmas que se apresentavam sobre sua mesa. Todos os casos mal resolvidos, os grandes abacaxis de maneira geral, caíam nas mãos de Telles.

Ele trabalhava na Divisão de Homicídios, ligada ao Departamento de Homicídios e Proteção à Pessoa — DHPP, um dos setores mais corretos e incorruptíveis da polícia brasileira. Seus investigadores trabalhavam com afinco e Telles fazia parte desse grupo de homens dedicados a desvendar os crimes que ocorriam na cidade. Quando o crime era de autoria conhecida, ficava a cargo dos distritos policiais. No caso de autoria desconhecida, eram encaminhados para os agentes especializados do DHPP.

A sala de Telles ficava num dos andares do Palácio da Polícia, na Rua Brigadeiro Tobias, no centro velho da cidade. Ele encarou as pastas feitas de cartolina na sua frente e, por um instante, sua mente voltou ao passado.

Havia uma peculiaridade em Telles. Ele tinha uma intuição, como se uma voz amiga o ajudasse a desvendar os crimes aparentemente sem solução.

Tudo começara dez anos antes, quando um primo de Telles foi morto por um amigo. O crime chocou a cidade, causou comoção. O rapaz responsável pelo tiro jurara inocência. Dizia ter sido acidental, que estavam ambos brincando com a arma do pai do falecido.

O crime repercutiu bastante, ganhou as manchetes de jornais e a família do morto foi pedir alento ao famoso médium Chico Xavier.

Chico recebeu os pais do garoto morto, conversou com eles e lhes ofereceu, como sempre, palavras gentis de consolo. Tempos depois, o próprio Chico psicografou uma carta do espírito do menino, relatando que ele não fora assassinado, que o tiro tinha sido disparado de maneira acidental. A carta foi anexada ao inquérito policial e, por conta dela, o rapaz que deu o tiro foi inocentado do crime.

Telles ficou impressionado com essa conexão, com a possibilidade de um mundo paralelo, coexistente com nosso mundo físico. Naturalmente, interessou-se pelos estudos espíritas. Ingressou num centro perto de casa, estudou e conheceu um grupo de pessoas sérias, dedicadas aos estudos do mundo espiritual.

Assim que Telles ingressou na polícia, apareceu-lhe um caso que, aparentemente, não tinha solução. Era o caso de uma mulher cujo corpo fora encontrado nas margens do rio Tietê. O marido havia morrido e seu enteado morava no exterior. Ela não tinha parentes, tampouco amante ou coisa do gênero. Tratava-se de mulher de comportamento irrepreensível.

O crime ocorrera havia mais de três anos e a polícia ia arquivá-lo. Nenhuma prova, nenhuma evidência. Nada. O jovem Telles, com a pasta na mão, pronto para levá-la ao arquivo, sentiu os pelos eriçarem e uma voz insistia em lhe dizer:

— O crime tem solução, não o arquive.

Aquilo ficou bombardeando a cabeça do jovem um bom tempo. Telles escutou a intuição, foi ao encontro desse grupo de estudos espirituais e, numa noite em que discutia o caso com os amigos, um deles sentiu forte tremor pelo corpo e, em seguida, incorporou um espírito.

— Eu preciso falar com você, Telles. Só você pode me ajudar.

— Quem é você?

— Meu nome é Lena. Fui assassinada e meu corpo físico jogado às margens do rio Tietê.

Telles deu um pulo da cadeira. Olhou para seu amigo médium de maneira aturdida.

— Você?!

— Sim, estou atrás de você faz tempo, desde que resolveram arquivar o processo. Isso não pode se repetir. Aurélio me matou uma vez e ficou impune, numa outra vida. O mesmo agora não pode se repetir.

— Aurélio? Quem é Aurélio?

— Meu enteado.

— Seu enteado mora no exterior. Ele não estava aqui na época do crime.

O espírito estava ansioso. Deu uma suspirada, tomou fôlego e prosseguiu:

— Aurélio veio ao Brasil de maneira incógnita. Usou nome falso, passaporte falso, entrou no país com outra identidade. Obrigou-me a assinar uma procuração. Eu não aceitei. Depois, fez-me assinar dois cheques. Com medo de que o pior estivesse por vir, eu os assinei. Mesmo assim ele me matou.

— Eu não posso reabrir o processo — tornou Telles. — Não posso usar como prova o depoimento de um espírito.

— Pode. Houve um saque grande em minha conta logo após o crime.

— Verificamos isso e não pudemos rastrear quem sacou. Acreditamos ter sido um ladrão.

— O outro cheque ele usou para pagamento de uma conta.

— Sim, verificou-se nos autos do processo que era uma conta, mas não nos despertou atenção.

O espírito finalizou:

— A conta era de Aurélio. Voltem e chequem tudo novamente. Além do mais, Aurélio ainda mantém em seu poder a arma que me tirou a vida. Podem conferir, duas balas estão faltando. São as que perfuraram meu corpo. Aurélio encontra-se em férias no país e está numa chácara, no interior do Estado. A justiça deve ser feita, antes que ele saia e não possa mais ser capturado.

O espírito falou e se foi. Telles não sabia direito o que fazer. Reunido com seu grupo, fizeram nova reunião espiritual e Lena manifestou-se numa médium que psicografava. A jovem escreveu tudo o que Lena havia anteriormente relatado a Telles.

Aurélio foi localizado na chácara e intimado a depor. O tempo passou e a promotora mais o advogado de acusação não contestaram a carta psicografada.

Até que tentaram impugnar o documento no momento do julgamento, entretanto, a carta psicografada foi lida para os jurados. Aurélio foi condenado a dez anos de prisão, por homicídio doloso.

O caso repercutiu no país inteiro e Telles deu a seguinte declaração a uma jornalista:

— Sabemos que os jurados julgam sem motivo, somente por convicção íntima. Eles não têm que fundamentar suas decisões, de maneira alguma. É óbvio que uma carta psicografada, para um espírita ou alguém que acredita no mundo dos espíritos, será vital para sua decisão. Mas não sabemos se havia algum jurado espírita entre o grupo que o condenou. A meu ver, a carta foi, sim, decisiva para a condenação de Aurélio.

Após esse evento, Telles ganhou popularidade entre seus colegas de trabalho como o "delegado do Além". Ele não se importava com as brincadeiras, porquanto todos os casos não resolvidos, de autoria desconhecida, vinham até suas mãos. Entretanto, desde o caso de Lena, nunca mais houve algo tão evidente, com interferência clara dos espíritos para ajudá-lo a resolver um crime.

Telles escutava vozes, ia atrás das dicas, dava importância demasiada ao que sua intuição lhe dizia. Sempre acertava, e encontrava provas e evidências onde ninguém jamais ousaria procurar.

O delegado estava encostado em sua cadeira puída, atrás de sua mesa, observando aquelas pastas cujas capas estavam gastas pelo manuseio. Todas, em seu interior, continham desde crimes banais a cruéis, desde morte acidental a chacina, todavia, as autorias eram todas desconhecidas. Muitos marginais, pobres, pessoas sem destaque na mídia.

Era sábado e Telles estava cansado. Trabalhara muito durante a semana e queria sair, talvez caminhar no parque da Luz, não muito longe dali, tomar um sorvete, relaxar.

Ele começou a arrumar as pastas, ordená-las para botar no arquivo, quando o investigador Paranhos entrou na sala

feito uma bala de canhão. Trazia na mão uma pasta recém-
-aberta, pois a cor rosa da cartolina era nova.

— Este é para você. O caso vai esquentar os jornais e a televisão. O cadáver tem um cheiro especial.

— Cadáver é cadáver — objetou Telles. — O que tem aí em mãos?

Paranhos jogou sobre sua mesa a pasta. Nela estava escrito IP — 255/83, ou seja, inquérito policial de número duzentos e cinquenta e cinco, ano de mil novecentos e oitenta e três. Telles abriu e leu o nome da vítima. Voltou os olhos para Paranhos.

— Esse caso vai dar o que falar.

— Não lhe disse?

— Você tem razão, alguns cadáveres são mais especiais que outros.

Paranhos continuou:

— Veio da delegacia do Morumbi. Como não sabem a autoria do crime, mandaram direto para cá.

— Isso demanda tempo — objetou Telles. — Não podem mandar assim, sem mais nem menos, um inquérito recém-aberto. Checaram as evidências? Tomaram depoimentos? E...

Paranhos o cortou, seco:

— Este caso é quente, meu jovem. Recebi ordens lá de cima para que o processo viesse até aqui. Homem branco, trinta e quatro anos, empresário, rico e conhecido em todo o país.

Telles agora leu o nome da vítima em voz alta:

— Gregório Del Prate.

— Sim, meu amigo. Brutalmente assassinado. Esse caso vai ser destaque nas principais mídias. E tem um detalhe picante: ele era homossexual. Parece que um grupo de ativistas gays exige justiça. Estão fazendo alarde e até uma manifestação no Largo do Arouche. E tem um bando de repórteres lá embaixo querendo suas declarações.

— Minhas? Por quê?

— Você é o delegado do Além, o xerife do invisível — brincou Paranhos. — O próprio secretário de segurança do Estado mandou um aviso a você. Quer que resolva o mais rápido possível esse crime.

— As coisas não funcionam assim. Eu tenho de checar, investigar, reunir provas, evidências. Não posso sair à cata de um culpado assim, sem mais nem menos.

— O morto era irmão do deputado Genaro Del Prate.

— Sei disso. E daí?

— Sabe o quanto Genaro é queridinho da mídia e amigo do general Figueiredo. Está determinado a que cassem o assassino da maneira mais rápida possível. Ele não quer que sua imagem fique associada à do irmão gay.

— Mas... — tentou argumentar Telles.

— Nem mas nem meio mas. O secretário de segurança está numa enrascada. A pressão lá de Brasília é forte e ele exigiu que pulemos etapas e peguemos logo o assassino.

— Gregório Del Prate assassinado! — exclamou Telles. — Esse é um abacaxi dos grandes.

— Assassinado de maneira horrível. Você precisa ver.

— Onde ocorreu o crime?

— Em sua mansão, no Morumbi. As emissoras de televisão estão lá aguardando a saída do corpo — Paranhos fez uma cara de nojo.

— O que foi? Por que essa cara?

— Você não tem ideia de como encontramos o corpo. Em estado avançado de decomposição.

— Sério?

— Hum, hum.

— Tem ideia de quando o crime ocorreu?

— Entre quatro e seis da manhã de quinta-feira.

— Uau! — exclamou Telles. — Quase três dias.

— Pois é. Vamos — ordenou Paranhos —, temos de ir à casa e liberar o corpo para o Instituto Médico Legal. O tempo urge.

Telles assentiu com a cabeça. Pegou seu paletó sobre a cadeira, lançou-o nos ombros e partiram.

Foi difícil passar pelo bando de repórteres, que lotavam o saguão do prédio da polícia em busca de uma nota, um depoimento que fosse. O caso já estava repercutindo no país inteiro. Telles tinha de correr. A pressão em cima dele era forte demais.

A viatura da polícia chegou à mansão de Gregório pouco depois das seis da tarde. Driblaram os repórteres e curiosos que se amontoavam e acotovelavam na porta do milionário assassinado.

Após contornar o jardim e a piscina, o carro encostou próximo à entrada principal da casa. Alguns investigadores esperavam por eles. Um tomava depoimento da empregada da casa. O outro, do empregado que cuidava da manutenção do imóvel, uma espécie de caseiro.

Telles afastou-se deles e foi entrando. Percorreu as salas, chegou às escadas e subiu.

Conforme ia subindo os lances de escada, um cheiro adocicado e enjoativo invadiu-lhe as narinas. Telles sentiu ligeiro mal-estar. Deixou de respirar pelo nariz e ficou só respirando pela boca. Assim, não precisava inalar aquele odor agridoce e malcheiroso.

Ele contornou a escada, ganhou o corredor. No fundo, ficava a suíte de Gregório. Assim que entrou, Telles voltou a cabeça para trás. Era uma cena deprimente e triste de se ver.

O corpo de Gregório estava deitado de costas na cama. Suas mãos estavam amarradas nas grades da cabeceira, com laços feitos de camisetas rasgadas. Os pés estavam envoltos por tiras de camisetas também. O corpo estava nu.

Telles respirou fundo pela boca e entrou. Aproximou-se do cadáver. A cor da pele de Gregório já adquirira o tom arroxeado. O corpo estava bem inchado e era praticamente impossível ver naquele corpo inerte a figura de Gregório Del Prate.

Seus olhos estavam esbugalhados, parecendo querer saltar das órbitas. A boca estava entupida por cuecas. Em todo o peito, marcas de sangue ressecado. As unhas dos dedos das mãos e dos pés estavam enegrecidas. Em virtude do tempo decorrido da morte, o corpo de Gregório estava em adiantado processo de decomposição. Partes da pele se desprendiam do corpo, e, o que é natural em casos assim, pelo lençol escorria quantidade considerável de matéria fecal, o que resultava nesse cheiro nauseante que impregnava o ambiente.

Telles meneou a cabeça para os lados.

— Pobre homem — disse para si mesmo. — Que Deus se compadeça de sua alma.

Ele falou, fez o sinal da cruz e saiu. Voltou ao jardim de inverno e perguntou:

— Quem descobriu o corpo?

O caseiro, tímido, levantou a mão.

— Fui eu, doutor.

— Como foi? Quando o encontrou?

A empregada tomou a palavra, visto que o rapaz encontrava-se em estado de choque, sem condições de concatenar as ideias.

— Meu nome é Sueli. Tenho quarenta e três anos. Trabalho para o seu Gregório desde que ele veio de Bauru.

— Prossiga, Sueli.

— Eu contei tudo ao outro investigador. Tenho de repetir?

— Se isso não a incomodar — Telles aproximou-se dela e tocou suas mãos. — Eu preciso muito saber o que aconteceu. Seu depoimento é de extrema importância para nós.

Ela concordou. Limpou o nariz com as costas da mão e iniciou seu relato:

— Sou responsável pela faxina da casa. Embora seja grande, eu dou conta de tudo, porquanto seu Gregório não permitia que se cozinhasse na casa. Fazíamos pedidos em restaurantes todos os dias, então eu tinha mais tempo para o meu serviço.

Sueli pigarreou e continuou:

— Todos os dias de manhã eu venho ao jardim de inverno e o limpo primeiro.

— Por quê?

— Porque é aqui que seu Gregório passa — ela consertou —, passava todas as noites. Era hábito. Ele podia chegar a hora que fosse. Tomava seu banho, botava o seu robe preto de seda, descia, comia algo e vinha para cá. Servia-se de bebida naquele barzinho — ela apontou para um carrinho mais à frente — e geralmente tomava uísque. Fumava bastante e sempre deixava a luz acesa e o som ligado. Era praxe.

— E por que só hoje você o encontrou? Não estranhou que ele ontem não estivesse aqui?

— Pois é. Ele me deu folga na quarta-feira. Disse-me que eu podia faltar na quinta e na sexta para resolver problemas pessoais. Seu Gregório era rude e afetado, mas era bom patrão.

— E o caseiro? Não sentiu falta do patrão?

— Décio nunca se meteu na vida de seu Gregório. Certa vez, ele ficou dois dias trancado no quarto. Dois dias — ela levantou a mão e fez sinal com os dedos. — Ficamos deveras preocupados. Eu e Décio batemos na porta e nada. Até que Décio pegou a chave reserva no escritório e abrimos o trinco.

Sueli levou as mãos à cabeça, envergonhada. Telles foi compreensivo.

— Se não quiser, não fale.

— Tudo bem. Eu nunca havia visto aquilo. O seu Gregório estava dormindo com outro homem, abraçados! Ficamos, eu e Décio, perplexos. A gente sabia que nosso patrão era homossexual, mas nunca tínhamos visto dois homens juntos.

Sueli meneou a cabeça para os lados.

— Prossiga — solicitou Telles, enquanto tomava nota em seu bloquinho.

— Levamos um puxão de orelhas, e ele disse que nunca mais deveríamos invadir sua privacidade. Não cometemos mais esse deslize. Entretanto, quando cheguei hoje cedo, o Décio comentou que o seu Gregório não saía do quarto há dois dias. Eu ri — ela levou a mão à boca, meio sem-graça, por conta da ocasião — porque pensei que ele estivesse com alguém e procurei fazer meu serviço.

— Você veio até o jardim de inverno e...

— Estava como sempre eu o encontrava. Dois copos de bebida sobre a mesinha, o cinzeiro cheio de bitucas de cigarro. Exceto... — Sueli hesitou.

— Exceto? — inquiriu Telles, curioso.

— Havia algumas notas de dinheiro espalhadas, também notei o quadro que escondia o cofre lá no chão — ela apontou para o canto —, e esse bilhete... — Sueli meteu a mão no bolso do avental e pegou o bilhete. Entregou-o a Telles. Ele leu:

— Caio... o que quer dizer isso?

— Não sei. Parece a letra do seu Gregório, tinha esse nome escrito.

— Conhece algum Caio?

— Não me recordo, doutor.

— Não viu nenhum estranho entrar aqui? Quem veio visitar Gregório nos últimos dias?

— Havia um moço, um tal de Guido. Toda vez que vinha aqui, ele e seu Gregório quase se pegavam no tapa. Gritavam e se insultavam. Mas sempre terminavam as discussões lá em cima — ela apontou, envergonhada.

— E teria visto esse Guido nesta semana?

— Faz algumas semanas que ele não aparece.

Telles continuou suas anotações.

— Como encontrou o corpo?

— Eu limpei tudo aqui. Deixei o jardim de inverno em ordem. Depois, arrumei a casa e por fim subi ao quarto. Aprendi a não incomodar seu Gregório, mas eu sentia um cheiro estranho no corredor. Muito estranho. Chamei o Décio e ficamos na dúvida se batíamos ou não na porta. Algo me fez bater.

— E então?

— Batemos uma, duas, três vezes. Décio bateu com mais força e, mesmo correndo riscos, tivemos a sensação de que algo errado tinha ocorrido e resolvemos pegar a chave reserva — Sueli mal continha as lágrimas.

— E daí?

— Foi horrível. Assim que abrimos a porta, o cheiro nos pegou de surpresa. Eu quase desmaiei e o Décio correu ao banheiro do corredor. Teve ânsia.

— Encontraram o corpo desse mesmo jeito?

— Tinha uma camiseta sobre o rosto do seu Gregório. Eu não tive coragem de mexer. O Décio foi lá e puxou. Por esse motivo, ele ficou tão impressionado.

Telles aproximou-se do caseiro.

— Sente-se melhor?

— Sim, senhor. Depois do susto que tomei, creio que agora estou bem melhor.

— Você chegou a... — Telles deu uma olhada sobre as suas anotações — conhecer ou ver um rapaz chamado Guido?

— Conheci, sim. Ele vinha aqui de vez em quando. Dormia lá com o seu Gregório.

— Faz mais de semana que não o vê?

— Sim, senhor.

— Tem certeza?

Décio hesitou.

— Bom, na noite de quarta para quinta-feira os cachorros latiram bastante. Era pouco mais de quatro da manhã quando eu ouvi os latidos. Já havia escutado antes, por volta da uma da manhã. Mas desta vez os latidos estavam incomodando muito. Eu me levantei e fui checar. Vi um vulto pulando a grade do portão.

— Tem como identificar a pessoa?

— Não sei, não, senhor. Estava muito escuro e eu ainda estava sonolento.

Paranhos aproximou-se.

— Vamos resolver esse caso num piscar de olhos. Só falta pegar esse tal de Caio.

— Como sabe que foi ele?

— A empregada não lavou os copos e mandamos checar as digitais. Se bater com as do rapaz, o caso está encerrado. Os repórteres vão sossegar, o secretário de segurança vai agradecer e os grupos de ativistas homossexuais vão aplaudir. E, obviamente, Genaro Del Prate vai ficar muito feliz. Esse caso é sopa no mel.

— Não sinto isso — contrapôs Telles. — Algo me diz que o buraco é mais embaixo.

Paranhos riu com desdém.

— O que foi? Algum ente do Além veio lhe cochichar alguma coisa?

— Não se trata disso. Algo me diz que estamos no caminho errado.

— Não me importa o caminho, desde que eu pegue o infeliz que cometeu esse crime e o bote atrás das grades.

— Vai demorar para sair o resultado das digitais.

— Engano seu. Os rapazes estão correndo a toda brida. A pressão é forte e querem solucionar esse caso o mais rápido possível.

— Entraram em contato com Genaro para cuidar do enterro?
— Ele deu uma declaração bombástica, que irritou muita gente, mas agradou em cheio àqueles setores mais endurecidos da sociedade.
— O que Genaro Del Prate disse?
— Que não fazia a mínima questão de quem fosse o criminoso. Queria, sim, que o culpado fosse preso e que acabassem logo com esse circo. Genaro afirmou que seu irmão tinha uma vida torpe, era homossexual — o que ele condena sobremaneira —, e recebeu o troco pelo seu comportamento antinatural. Genaro declarou à imprensa que a ira de Deus puniu seu irmão.
— Quanto absurdo numa única declaração! — tornou Telles, perplexo.
— Acho que Genaro carregou na tinta do preconceito, mas o que fazer? Ele quer que seu eleitorado não pense que ele seja conivente com o comportamento sexual do irmão. Isso é jogada política. Mais nada.

CAPÍTULO 24

Caio trabalhou bastante naquele sábado. Deu duro para vender e ganhar boa comissão. Logo, talvez em um mês, teria condições de terminar de pagar o que devia a Gregório, ele quisesse ou não.

O rapaz estava particularmente contente. Foi trabalhar bem-vestido e levara uma mochila com roupas e apetrechos de uso pessoal. Iria sair do serviço, tomar banho na casa de um amigo que também trabalhava no shopping, porquanto o rapaz morava perto da casa de Luísa.

Faltava pouco para fechar a loja, quando ouviram um burburinho lá fora. O falatório foi crescendo, crescendo e, em seguida, uma multidão parou na frente da loja. A gerente, as vendedoras e o próprio Caio entreolharam-se sem nada entender e deram de ombros. Não imaginavam o que poderia ser aquilo.

Um delegado entrou na loja, com pose arrogante e jeito exagerado. Dirigiu-se até Caio, visto que ele era o único homem ali presente.

— Caio Abrantes Souza?
— Sim, sou eu.
— Você está preso.

O burburinho foi geral. As pessoas falavam entre si, causando uma verdadeira bagunça na loja. A gerente aproximou-se e disse:

— Creio que o senhor esteja equivocado. Caio é bom funcionário, uma boa pessoa. Não podem entrar na minha loja, sem mais nem menos, e fazer uma acusação tão grave.

O delegado riu de maneira sarcástica.

— Eu tenho aqui uma intimação expedida pelo juiz. Enquanto levamos o rapaz para o distrito, pode ligar para a família dele e pedir um bom advogado.

Caio estava aturdido. Sua boca estava seca. Ele perguntou, pausadamente.

— Estou preso por quê?

O delegado fez suspense. Em seguida afirmou:

— Você está preso pelo assassinato de Gregório Del Prate.

A gritaria agora era geral. Dois policiais entraram na loja e algemaram Caio. Ele abaixou a cabeça de maneira triste. Não estava envergonhado. Estava triste, muito triste.

Caio foi levado à delegacia e passou horas dando a mesma declaração. Paranhos recebera ordens expressas e superiores de que deveria prender o rapaz. Genaro fizera muito barulho entre os militares e tudo foi feito de maneira muito rápida. Assim eles calavam a boca da imprensa.

Caio foi preso. Telles tentou argumentar.

— Isso não se faz. Mal abrimos inquérito policial.

— Ordens lá de cima — fez Paranhos com um movimento brusco de mão.

— E daí? A Divisão de Homicídios é conhecida como o braço da polícia com o maior número de policiais honestos. Fazemos um time que trabalha corretamente, mesmo sem ter recursos necessários para tal.

— Paciência. Eu cumpro ordens. O rapaz vai para o xilindró. A confissão dele, de que esteve na casa de Gregório na noite do crime, é prova suficiente para incriminá-lo e detê-lo. E tem mais, aqui não tem espaço para ele. Está superlotada. O rapaz vai para uma cela no distrito da Marquês de Paranaguá. Talvez fique por lá até o julgamento.

— Vocês estão indo longe demais. Falando até em julgamento? Estão colocando a massa na frente do pão — protestou Telles. — Caio jura que saiu da casa de Gregório por volta da uma da manhã. Pegou um dos últimos ônibus do horário.

— Ele pode ter pegado o primeiro ônibus que saiu da garagem, logo cedo. Quem garante? — perguntou Paranhos, de maneira duvidosa.

— Tomamos o depoimento de... — Telles deu uma passada de olho no inquérito — Célia Bastos, conhecida como Celinha. Ela declarou que viu Caio chegar em casa por volta de uma e meia da manhã.

— É a palavra dela contra a da acusação. E o caseiro? Ele confirmou que Caio foi o rapaz que pulou a grade do portão.

— O caseiro estava aturdido, nervoso. Décio me relatou que mal viu quem pulou. Podia ser Caio ou Guido.

Paranhos riu.

— Guido. Quem é esse Guido? Alguma ficha na polícia?

— Não.

— Alguém o viu?

— Também não.

— Porque não existe Guido algum. Se tivéssemos como encontrar esse rapaz — e acredito que ele não exista —, eu até relutaria em prender o pobre Caio. Mas cadê esse moço? Sumiu. Desapareceu. Escafedeu-se no mundo.

— Tem razão. O pior é que as impressões digitais num dos copos conferem com as de Caio. Esse rapaz está metido numa encrenca braba. Entretanto...

Telles parou de falar. Fitou o nada, por alguns instantes. Paranhos inquiriu:

— Entretanto?

— Sinto que ele não cometeu esse crime. Caio é inocente.

— Teremos de provar isso.

— Paranhos, aí está um grave erro de nossa Justiça. Primeiro devemos checar todas as evidências, até que se prove a culpabilidade. Nós estamos começando errado. Esse menino é inocente.

Paranhos salientou:

— O Código de Processo Penal, datado de 1941, sofreu poucas modificações até hoje. O Código foi criado durante o Estado Novo de Getúlio Vargas. E, tanto Getúlio quanto nosso atual presidente, o general Figueiredo, valeram-se de ferramentas policialescas para governar.

— O despacho do juiz foi fundamentado em elementos probatórios e indício forte de autoria. Genaro fez tanta pressão, criou tanto caso lá em Brasília — Telles moveu os dedos para o alto — que o juiz decretou a prisão de Caio sob alegação de suspeita de que ele fuja, caso responda ao processo em liberdade.

— É uma truculência, mas estão se valendo da Lei.

— Caio vai ter de aguardar a sentença na delegacia e só será transferido para a Penitenciária do Carandiru após sentença condenatória definitiva.

— Acredita que isso vá acontecer?

— Algo me diz que não. Sinto isso — tornou Telles.

Paranhos riu alto.

— O que foi? Algum espírito veio tagarelar e contar-lhe algo que não sabemos?

— Deixe de brincadeira. Ninguém veio me procurar. É minha consciência que me chama para a realidade.

— Diga isso ao juiz amigo de Genaro. Quero ver o que ele vai mandar você fazer com sua consciência.

Paranhos continuou a rir e deixou a sala de Telles. O delegado estava sem forças. Havia feito de tudo para que Caio não fosse preso, mas em vão. A correria dentro da corporação, pressionada pelos militares, acelerou a prisão de Caio. Algumas evidências apontavam para ele, mas não eram suficientes para que ele fosse preso.

— Se fosse rico — disse Telles para si mesmo —, ele nem iria para a cadeia. Pagaria fiança, contrataria um bom advogado e responderia ao crime, se é que o cometeu, em liberdade. Infelizmente, o rapaz não tem recursos e vai amargar o diabo.

Telles sabia, de alguma forma, que Caio não tinha cometido aquele crime. Tinha plena certeza de que o autor do crime fora Guido. Mas e Guido? Quem era esse moço? Onde estava? Por que sumira do mapa?

Guido efetivamente desaparecera. Sumira da vida de todos.

※

Rosalina teve de ser acudida e levada a um pronto-socorro quando soube do que ocorrera com seu filho.

— Ele não faria uma coisa dessas. Caio é um bom menino — repetia intermináveis vezes.

— Sabemos disso — declarou Fani. — Mas o que fazer? Ele é acusado de ter matado uma pessoa importante, conhecida. O irmão da vítima é um político famoso também. Caio se meteu com gente graúda, influente e inescrupulosa. Até que prove o contrário, vai ficar preso.

— Não posso concordar com isso. Onde está a justiça neste país? Será que ela é mesmo cega?

— Não se aflija — interferiu José. — Estamos do seu lado. Também vamos dar todo o suporte necessário a Caio.

— Eu conheço um bom advogado — tornou Fani.

— Custa dinheiro. É caro — protestou Rosalina. — Meu filho não merece passar por tudo isso.

Rosalina foi medicada e o médico exigiu que ela repousasse por alguns dias. Mas ela não era mulher de ficar parada e, no dia imediato, em equilíbrio, resolveu visitar o filho na cadeia.

O distrito policial, na Marquês de Paranaguá, ficava numa rua tranquila e arborizada, encravada na região do bairro da Consolação. Rosalina decorou o trajeto. Tomava o ônibus na Avenida Brigadeiro Luís Antônio. O ônibus dava uma volta enorme, contornava o centro e subia a Rua Martins Fontes, sentido Avenida Paulista. Quando a rua mudava de nome para Augusta, Rosalina puxava a cordinha e descia quase na esquina do distrito.

Era com pesar que ela entrava e ia ao encontro do filho, metido numa cela com mais quatro rapazes. Rosalina procurava conter o pranto. Aquilo não era justo, embora, neste dia em particular, ela precisasse falar com Caio. Tinha recebido recado de Norma.

Rosalina cumprimentou algumas pessoas e, como era conhecida, foi levada pelo carcereiro para ver o filho.

O aspecto de Caio era desolador. As olheiras se faziam notar. Ele havia emagrecido, sua pele adquirira cor pálida. Ele mal se alimentava, não queria saber de mais nada. A vida, para ele, acabara no exato instante em que seus pulsos foram agraciados com aquele incômodo par de algemas.

— Trouxe um pedaço de bolo de cenoura. Você adora.

— Não quero, mãe. Estou sem fome.

— Precisa se alimentar. Como pode querer ficar bem se não se ajuda?

— E me ajudar para quê? Quantos dias choramos juntos? Eu e você perdemos as esperanças. Creio que minha vida vai se encerrar aqui, dentro das grades.

— Eu não penso assim.

— Você mesma estava tão desiludida. O advogado que Fani conseguiu afirmou que irei a júri e tenho chance quase nula de ser absolvido. Disse que o juiz que expediu o mandado de prisão é amigo do Genaro. Amigo íntimo. Pode uma coisa dessas?

— Não ligo para isso. Estou confiante.

— Por quê? — o semblante dele iluminou-se por um momento. — Teve notícias de Guido? Ele apareceu?

Rosalina meneou a cabeça para os lados.

— Não, meu filho. Esse seu amigo sumiu do mapa. Parece que tomou um bom chá de sumiço.

O rosto dele voltou a entristecer-se.

— Guido nunca vai aparecer. Eu sei que houve algo entre ele e o Gregório naquela noite. Guido está metido até o pescoço com esse crime. Todavia, como vamos encontrá-lo?

— Não sei, meu filho. Precisamos confiar na justiça.

— Na justiça dos homens? — ele riu com desdém. — Ela é falha, porque foi feita pelo homem. O homem não é perfeito.

— Mas, se não houvesse leis, o mundo estaria perdido. Infelizmente, injustiças acontecem, mas precisamos de leis. No estágio em que nos encontramos na Terra, elas são importantes para manter a ordem social. Eu... — Rosalina hesitou por instantes, sentiu coragem e continuou: — Eu recebi um comunicado de sua irmã.

Caio deu um passo para trás. Encarou a mãe com espanto.

— De novo isso? Como pode?
— Norma esteve comigo. Dessa vez foi diferente.
— Outra carta? — ele perguntou com desdém.
— Não. Ela deu comunicação no centro da Mafalda. Não fui só eu que ouvi. Maximiliano, Renata e até Luísa ouviram o médium transmitir o recado de Norma.

Caio esboçou leve sorriso. A imagem de Luísa veio à sua mente e ele não pôde deixar de sentir imensa saudade.

— Luísa deve estar decepcionada comigo. Imagine se meter com um rapaz dito criminoso!
— Ela não se deixa levar pelas aparências. Luísa é moça culta e sensível. Ora por você todos os dias.
— Nunca veio me ver.
— Talvez ela tenha seus motivos.
— Diga a ela para vir me ver, mãe, por favor.
— Vou tentar. Na próxima reunião no centro espírita, falarei com ela. Agora trouxe o recado que todos eles, não só eu, recebemos de sua irmã.

Caio encarou a mãe com ar desconfiado.

— O que Norma disse dessa vez?
— Que você não é o culpado.
— Grande coisa. E quem vai acreditar num espírito?
— Norma disse que o seu espírito — apontou para Caio — desejava passar por essa experiência, a fim de aplacar a culpa que sentia por atos irresponsáveis do passado.
— Não creio que pediria uma coisa dessas. Por que sofrer?
— Você escolheu. Poderia ser de maneira inteligente, por outros meios, mas você escolheu este caminho.
— Não me lembro de ter escolhido isso. É tudo balela.
— Norma garantiu que não. Você e Gregório traziam situações mal resolvidas do passado.
— Mas eu não o matei, mãe! O que é que eu tinha de resolver, oras bolas?

— Não sei ao certo. Tudo aparece no seu devido tempo. A verdade pode demorar, mas uma hora aparece.

— Duvido.

— Todos ficaram impressionados na reunião. Sua irmã falava com propriedade. Disse que você vai sair logo da cadeia. Esse tempo servirá para você descansar, digamos assim.

— Descansar?!

— Sim. Poderá refletir sobre sua vida, pensar no que vai fazer no futuro. Você era muito desmiolado, filho. Veio a São Paulo e, em vez de batalhar pela sua carreira de modelo, preferiu o sexo fácil, afastou-se de seu verdadeiro caminho.

Caio não sabia o que dizer. Rosalina jamais teria como saber de sua vida promíscua assim que chegara a São Paulo. Como ela soubera disso? Quem lhe contara, porquanto Guido era o único que sabia e estava desaparecido? Ou José teria lhe traído a confiança?

Antes que ele pudesse formular uma pergunta, Rosalina disparou:

— Norma me contou. Tudo. Disse que vibrou muito para que você pudesse captar os pensamentos dela e sair daquela vida prestes a destruí-lo. Afirmou também que você estava sendo ameaçado por outro crime que não cometeu.

Caio não podia acreditar no que ouvia. Será que existia mesmo essa outra dimensão? Será que havia um mundo espiritual, ligado ao nosso mundo físico? Será que as pessoas morriam e iam para esse tal mundo? As perguntas fervilhavam-lhe a cabeça. De repente, Rosalina retorquiu:

— Você deve confiar na justiça divina. Ela não falha, jamais. Sua irmã mandou lhe dizer que vão descobrir quem matou Loreta. Você não é o culpado, embora tenha sido chantageado.

As lágrimas corriam-lhe sem cessar. Caio estava deveras emocionado. Rosalina falava tudo o que se passara com ele nos últimos tempos. Como ela podia saber de tanta coisa?

Ele, triste, aproximou-se das grades e estendeu os braços para Rosalina.

— Mãe, ajude-me a entender esse mundo espiritual. Pensei que estivesse ficando louca, que não queria aceitar a morte de Norma, mas vejo que tem razão. O espírito de minha amada irmã deve estar ao seu lado. Tudo o que você me disse agora — ele falava com voz entrecortada por soluços — é a pura verdade. Eu me atirei ao sexo fácil, vendi meu corpo, fui influenciado por Guido. Poderia adotar outro comportamento, mas me deixei levar pelo dinheiro que aparecia fácil. Algo dentro de mim dizia que aquilo não estava correto, que eu devia mudar.

— Era sua irmã, meu filho. O espírito de Norma sempre o acompanhou.

Ele ruborizou.

— Sempre?

— Sim. Norma presenciou muita coisa. Até o que não devia.

Caio enxugou os olhos com as costas das mãos.

— Ela é meu anjo bom. Assim como Sarita o foi.

— Fani foi a Bauru para o casamento de Sarita.

Ele abriu largo sorriso.

— Pelo menos uma notícia boa nessa fase ruim.

— Sempre gostei muito dessa menina.

— O meu anjo vai se casar? Com quem?

— Não sei, mas parece que será um grande evento. Fani me garantiu que Sarita está feliz.

— Sinto tanta saudade dela. Ela me ajudou tanto. Gostaria muito de reencontrá-la.

— Quando sair daqui, poderá ir ao seu encontro. Não crê que está na hora de voltar-se para o conhecimento do mundo espiritual? Vai ficar na cadeia pensando em quê? Em bobagens? Não acha melhor, depois do que eu lhe falei de Norma, começar a ler alguns livros e abrir sua cabeça para as verdades da vida?

— Tem razão, mãe. Depois do que me falou, não tenho dúvidas de que Norma está a meu lado. Mas não entendo nada. Sou muito cru.

— Não importa — Rosalina sorriu. — Eu sabia que você iria me escutar e abrir seu coraçãozinho combalido para a espiritualidade. Tomei a liberdade de trazer alguns livros para você.

Rosalina tirou da sacola três livros. Passou-os por entre as grades.

— São fáceis de entender, mãe?

— Claro. Um é *O Livro dos Espíritos*, de Allan Kardec. Este livro é a base de estudo para qualquer pessoa que queira entender o mundo espiritual que nos cerca. É composto de perguntas e respostas. Trata-se de um livro de fácil leitura, porém riquíssimo em ensinamentos.

Caio olhou para o livro de capa dura. Abriu-o e deu uma folheada.

— Incrível! Há resposta para tudo.

— Pois bem — tornou Rosalina —, esse outro é mais técnico, fala sobre a reencarnação. E esse terceiro é um romance.

— Romance?

— Sim. Romance espírita. Nesse tipo de livro encontramos também muitos ensinamentos. Este aqui chama-se Entre o amor e a guerra, de Zibia Gasparetto. Tenho outros romances dela. Se você gostar desse aí — ela apontou para a capa do romance —, eu trago os outros para você ler.

— Obrigado, mãe. Creio que agora terei tempo de sobra para ler esses livros todos. Sabe que até senti fome? Vou querer um pedaço desse bolo de cenoura.

Um companheiro de cela, ligado na conversa, objetou:

— Sejam democráticos. Deem um pedaço para cada um de nós.

Rosalina sorriu.

— Eu trouxe bolo para todos vocês. Vamos, peguem seus pedaços.

Os rapazes aproximaram-se e pegaram uma fatia de bolo. Caio pegou a sua e, depois que ele comeu, Rosalina despediu-se. Precisava voltar para a pensão, porquanto Fani estava viajando, e ela e José tornavam-se responsáveis por tudo o que lá acontecia quando a patroa viajava.

Caio sentiu uma leve brisa acariciar seu rosto. Lembrou-se de Norma. Intimamente, pensou:

Você me vê, irmã? Você me escuta? Será que continua me acompanhando?

Ele não percebeu, mas o espírito de Norma estava a seu lado na prisão. Uma lágrima escorreu pelo canto de seu olho. Ela acariciou seus cabelos em desalinho e tornou com a voz amável:

— Estarei sempre a seu lado, meu irmão. Prometo que, assim que seu espírito amadurecer e livrar-se da culpa do passado, os fatos vão se desenrolar de outra maneira, em direção à felicidade. Tenho certeza de que agradáveis surpresas virão. Para o bem de todos.

Norma o beijou na fronte e sumiu. Caio pegou *O Livro dos Espíritos* e começou a ler. Interessou-se amiúde e manteve-se na leitura por horas a fio. Seu espírito começava a se libertar, efetivamente, das situações mal resolvidas que ele se impusera no passado.

CAPÍTULO 25

Luísa estava sentada numa poltrona, folheando uma revista de moda. Seu olhar estava perdido, alheio. Ela mal prestava atenção nas páginas. Suas mãos viravam as folhas de maneira automática.

Sua mente voltou alguns meses atrás. Ela ainda se sentia desconfortável com tudo o que tinha ocorrido. Ainda lembrava bem daquela sexta-feira. Fora ao mercado, parecendo uma adolescente apaixonada. Comprara os ingredientes para o jantar de sábado, escolhera inclusive um bom vinho branco para acompanhar a refeição. Chegara em casa feliz e radiante.

No sábado, arrumou a casa com apuro. A mesa de jantar estava repleta de candelabros, e velas acesas iluminavam o ambiente de maneira romântica e acolhedora. Eunice ajudou-a nos detalhes, desde a escolha da toalha branca de linho, passando pelos talheres, louças, guardanapos e taças.

A decoração do ambiente estava primorosa, não havia nada a acrescentar ou tirar. Estava tudo perfeito.

As horas foram se aproximando, e a ansiedade estava difícil de ser controlada. O relógio da sala deu dez badaladas. O coração de Luísa veio à boca.

— Ele vai chegar logo — disse, sorrindo para si mesma.

Dez e meia. Onze horas. O interfone tocou e ela correu a atender. Era Malaquias, informando que o entregador de pizza estava lá embaixo.

— Eu não pedi pizza, Malaquias.

O porteiro tapou a boca do fone e percebeu que o entregador se confundira com o apartamento.

— Desculpe-me, dona Luísa, ele se enganou com o número.

Ela aproveitou:

— Malaquias, alguém apareceu aí na portaria à minha procura?

— Não, senhora.

— Não apareceu ninguém aí às dez da noite?

— Nada.

— Obrigada.

Ela desligou o interfone e a expressão em seu rosto não era das melhores. Eunice procurou contemporizar.

— Ele disse que trabalha muito no sábado. Vai ver, teve de ficar até mais tarde. Vamos aguardar.

— Ele podia ao menos ter me ligado e dito que ia se atrasar. Odeio essa falta de pontualidade nas pessoas.

— Calma, querida — Eunice serviu-a de uma taça de vinho branco. — Tome um pouco. Relaxe. Ele vem logo.

Luísa quis acreditar naquilo. Bebericou seu vinho e voltou para a sala. Esperou, esperou, até cochilar. Acordou com a mão de Eunice apoiada delicadamente sobre seu ombro. Ela despertou e levantou-se rapidamente.

— Ele está aí? Caio chegou?

— Não. Já passa das duas da manhã. Vamos nos deitar.

Luísa fez o possível para segurar as lágrimas. Nunca se sentira tão humilhada. Seu coração a enganara, pensou. Caio não estava interessado nela. Bem que ela percebeu seu mutismo ao telefone, quando o convidou. Ele não quis ser indelicado e dizer-lhe não. Foi isso! Caio aceitou o convite porque ela fora insistente. E ele era mais jovem. É óbvio que tinha preferência por meninas da idade dele.

O turbilhão de emoções e pensamentos não parava de bombardear-lhe a mente. Luísa precisou de um bom tempo para pegar no sono. Dormiu até quase meio-dia.

Eunice a despertou, com o semblante carregado de preocupação.

— O que foi?

— Maximiliano e Renata estão na sala. Querem lhe falar, com urgência.

— Estou com dor de cabeça. Dormi muito mal. Diga-lhes para passar aqui outra hora.

Não foi preciso Eunice ir até eles. Renata entrou no quarto e, antes que Luísa lhe fizesse uma reprimenda, ela disparou:

— Caio foi preso.

As palavras demoraram para surtir efeito em sua cabeça. Luísa ia perguntar novamente, entretanto Renata contrapôs:

— Caio foi preso ontem à noite.

Luísa remexeu-se na cama. Ajeitou o corpo, sentou-se.

— O que me diz?

— Isso mesmo que você ouviu, amiga.

— Como foi? O que aconteceu?

— Ele está sendo acusado de ter matado Gregório Del Prate, seu ex-cunhado.

— Caio?

— Hum, hum.

— Ele conhecia Gregório? Como?

— Não sabemos ao certo, Luísa, mas as emissoras de tv não falam noutra coisa. As imagens da entrada dele no distrito policial passam de cinco em cinco minutos. Quer ver?

Renata foi até o aparelho de tv e o ligou. Colocou em um canal que estava dedicando o horário à cobertura do crime.

— É ele! — exclamou Luísa.

— Teve de ver com seus próprios olhos.

— Mas como?

— Eu e Max fomos até a pensão e prestamos nossa ajuda à Rosalina. Mafalda nos ligou e pediu que fizéssemos orações pelo espírito de Gregório e para Caio. Ambos precisam de muita vibração positiva.

※※※

Luísa demorou para concatenar os pensamentos. Sua mente voltou para a revista que folheava. Alguns meses separavam este dia daquele longínquo domingo, quando soube do crime pela tv. Ao saber do envolvimento de Caio com Gregório, sentiu-se mal, muito mal. Não teve coragem para visitar Caio e ouvir o seu lado da história.

Ela estava ficando paranoica, louca mesmo. Pensava em Caio todos os dias, todas as horas. Rezava por ele, fazia vibrações no centro. Entretanto, tinha medo de visitá-lo. No fundo, ela acreditava que Caio tinha se aproximado dela por interesse. Ele era amigo — ou talvez amante de Gregório, vai saber... — e estava tripudiando sobre seus sentimentos.

Mas por que Luísa acreditava numa sandice dessas?

Ora, porque o espírito de Gregório, mesmo sabendo quem havia matado seu corpo físico, procurava incutir na mente de Luísa essas ideias disparatadas. Gregório ainda estava cego de paixão e não permitia nem queria que ninguém se aproximasse de Caio.

Ele ainda estava preso ao passado e, sua cabeça, perdida e atordoada pela maneira brutal com que perdera a vida física, assim que tinha chance, aproximava-se de Luísa e inspirava-lhe esses pensamentos dúbios.

Luísa, invigilante nos pensamentos, acreditava que tudo o que passava em sua mente era dela e de sua intuição. Não suspeitava que pudesse estar sendo influenciada por um espírito.

Ela frequentava o centro espírita, participava dos trabalhos, mas não levava os estudos a sério. Sentia-se útil em ajudar as pessoas, mas não fazia muito esforço para entender melhor o mundo espiritual e a si mesma.

Como havia se livrado de Genaro e agora se sentia mais forte, Luísa acreditava que não precisava ir fundo nos estudos espirituais. Estava tudo indo muito bem em sua vida, por que estudar sobre o invisível? Ela tinha mais o que fazer.

Luísa acreditava, lá no fundo, que a maneira séria como Renata e Max se debruçavam sobre os estudos espirituais era falta de alguém em suas vidas. Se amassem ou fossem amados — acreditava ela —, eles não dariam tanta importância aos estudos espíritas.

Ledo engano. A mente de Luísa começava a receber assédio de espíritos que não gostavam de quem se interessava pelos estudos espirituais. Havia um bando — como há até hoje no nosso mundo — de espíritos cuja única função é espalhar a descrença e semear a ignorância espiritual sobre os encarnados. Como muitos sempre andam com a cabeça solta, deixam-se levar e invadir por todo e qualquer tipo de pensamento, sem ao menos dar-se o trabalho de checar o que é seu e o que não é.

Fazia quatro meses que Caio estava preso e Luísa ainda não havia lhe feito uma visita sequer. Embora estivesse com a mente embaralhada, ela sofria. Seu coraçãozinho, impotente, gritava, debatia-se, tentava mostrar a ela que estava se distanciando de seu grande amor, influenciada por pensamentos que não eram seus.

    Sentindo-se atordoada, e inspirada pelo espírito de Loreta, certa noite Luísa aguardou o fim dos trabalhos espirituais e foi ao encontro de Mafalda.

    — Preciso falar com você.

    — Eu sei, os espíritos me avisaram. Venha, vamos até uma sala reservada.

    Mafalda despediu-se dos demais e, em seguida, conduziu Luísa até sua sala.

    — Pois bem, acredita que agora poderá mudar o teor de seus pensamentos?

    — Do que está falando?

    — Eu prezo muito pelo seu bem-estar, Luísa — disse Mafalda com uma voz para lá de amorosa. — Sei que está sendo assediada por um espírito perturbado e, invigilante, sem tomar conta dos seus próprios pensamentos, acredita que tudo seja fruto de sua cabeça.

    — E não é?

    — Não, minha querida. Você está sofrendo forte interferência espiritual.

    — Eu não sinto nada e...

    — Não sente, mas pensa — declarou Mafalda. — Pensa que tudo que passa pela sua cabeça é seu?

    — E não é?

    — Nunca parou para pensar que, muitas vezes, captamos os pensamentos dos outros, sejam encarnados ou desencarnados? Não estudou o assunto aqui no centro?

    Luísa sentiu a face arder. Aprendera sobre o domínio dos próprios pensamentos, nunca se esquecera da aula em que aprendera o verdadeiro sentido de "Orai e vigiai", tão pregado pelos espíritas. Mafalda percebeu-lhe os pensamentos.

    — Orai e vigiai. Temos de prestar atenção aos nossos pensamentos. Não podemos aceitar tudo o que invade nossa mente como sendo nosso.

— Sei disso, mas é difícil saber e separar o que é meu e o que não é.

— Ora, tenha um pouco mais de paciência consigo mesma — ajuntou Mafalda. — Quando um pensamento ruim se apossar de sua mente, pergunte se ele é seu ou de outros, não importando se for de gente encarnada ou de espírito. Tanto faz. O importante é saber selecionar o que entra e permanece em nossa mente. Esse exercício compete somente a nós e mais ninguém.

Uma lágrima escapou pelo canto do olho de Luísa.

— Sinto que às vezes minha cabeça fica bastante tumultuada. Eu tento combater, mas os pensamentos continuam a me perturbar.

— Pela sua invigilância, está sofrendo forte ataque espiritual. Gregório está em sua cola.

— Gregório? — questionou Luísa, de maneira espantada.

— Sim. O espírito de Gregório aproveitou a sua falta de atenção nos pensamentos e a está bombardeando com energias negativas. Ele está fazendo com que você sinta medo, raiva, angústia.

Luísa estava estupefata.

— Por que o espírito de Gregório se ligaria em mim? Nunca tivemos nada em comum. Eu o vi pouquíssimas vezes nesta vida. Não compreendo.

A voz de Mafalda era doce, porém firme.

— O véu do passado não permite que saibamos de muitas coisas única e exclusivamente para o nosso próprio bem. De que adiantaria ter acesso às vidas passadas?

— Facilitaria muitas coisas.

— Como assim, Luísa? — perguntou Mafalda, de maneira desafiadora. — Acaso acha que o filho que descobre ter sido assassinado pelo pai numa outra vida terá condições de perdoá-lo e de amá-lo? Ou mesmo de manter com esse pai um convívio saudável? Será que uma mãe dará à luz um filho que, numa outra época passada, a tenha feito infeliz? Será que não saber do passado acaba por se tornar ferramenta útil voltada para o nosso crescimento espiritual?

— Faz sentido. Mas não consigo, em hipótese alguma, entender por que Gregório está me assediando.

— Vocês estão vibrando no mesmo padrão energético, em primeiro lugar. Você anda negativa, descrente do futuro, acredita que a vida tenha perdido seu brilho e não faz força para mudar essa atitude de prostração que maltrata sua aura. Segundo, porque você, Gregório e Caio estão ligados pelas teias do passado. Vocês estão recebendo a chance de desfazer os laços de rancor que os prendem há algumas vidas.

As lágrimas escorriam sem cessar. Luísa levou a mão à boca para abafar os soluços. Não conseguia ter certeza, mas algo lá no escaninho de sua alma parecia constatar, parecia acreditar piamente em tudo o que Mafalda lhe falava. Sentia que tudo aquilo fazia sentido e tratava-se da mais pura verdade.

Ela pousou suas mãos nas de Mafalda.

— Não sei como agradecê-la. Tenho vontade de falar com Caio, de procurá-lo, dar-lhe meu apoio enquanto está preso, entretanto uma força me impede.

— Impedia — corrigiu Mafalda. — Nesta noite, com a permissão do Alto, o espírito de Gregório foi afastado de você. Se mudar o teor de seus pensamentos e manter-se vigilante, sabendo selecionar o que entra em sua mente — apontou para a cabeça — nem Gregório, nem mesmo outro espírito, nem mesmo um encarnado poderá aproveitar-se e incutir-lhe na mente pensamentos negativos.

— E os pensamentos dos bons espíritos? Não vou captar nunca mais?

— Esses, vamos sempre captar, caso estejamos de bem com nós mesmos, em equilíbrio. Quando estamos invigilantes e não temos controle de nossa mente, os bons amigos espirituais não conseguem se aproximar. Fica muito difícil captar o que eles nos inspiram quando estamos invigilantes, em desequilíbrio.

— Eu não tenho como agradecer, Mafalda. Sinto como se um peso muito grande fosse retirado de minhas costas e minha cabeça. Sinto-me inclusive mais leve.

— É que agora você não tem companhias espirituais que a atormentam.

— Gregório foi mesmo afastado?

— Sim, esta noite. Tentamos encaminhá-lo para doutrinação, mas ele recusou-se terminantemente. Há muitos espíritos desafetos que o estão perseguindo. Gregório está colhendo o que plantou. Mas em hipótese alguma devemos julgá-lo. Pelo contrário. Todos nós somos filhos do mesmo Pai e devemos ao menos vibrar pelo espírito atormentado de Gregório. O nome dele está na caixa de orações do nosso centro. Espero que essas orações aliviem seu sofrimento e possam ajudá-lo a despertar e dar novo passo no caminho de sua evolução.

Luísa despediu-se de Mafalda e saiu do centro sentindo-se mais leve. A conversa fizera-lhe muito bem e, mesmo se sentindo envergonhada por não estar praticando o que ensinava às pessoas que a procuravam no centro espírita, ela decidiu que, a partir daquela noite, procuraria exercitar-se mais e ter controle absoluto de seus pensamentos e de si mesma.

A brisa quente da noite acariciou seu rosto e Luísa pensou em Caio. Seus olhos, desta vez, brilharam emocionados. Na manhã seguinte, ela iria visitá-lo na delegacia. Ela sorriu, entrou em seu carro, deu partida e dirigiu feliz até sua casa.

Assim que Gregório foi morto, seu corpo físico, entorpecido pela alta quantidade etílica que corria pelas veias, não sentiu quase dor nenhuma. Aos olhos humanos, parecia que ele havia sofrido muito, que tivesse agonizado por horas, enquanto seu corpo ia morrendo aos poucos.

Mas não foi o que aconteceu.

A primeira estocada no peito causou em Gregório uma dor aguda. Após o segundo golpe, ele não sentiu mais nada. Enquanto seu espírito era desprendido do corpo físico de maneira rápida, seu algoz continuava perfurando inúmeras vezes, de maneira insana, seu corpo já sem vida.

Gregório viu-se próximo à sua cama, em pé. Olhava para seu corpo físico sem vida, mas ainda não tinha noção de que desencarnara. Viu que seu assassino botava-lhe cuecas garganta adentro, apertava seu pescoço com uma camiseta esticada em forma de corda. Ele até deu uma risadinha, talvez mais por espanto e medo do que por outra coisa. Teve chance de perguntar:

— Por que faz isso comigo? Por que tanta violência? Eu nunca lhe fiz nada...

Seu assassino não o escutou. Continuava a desferir-lhe golpes, de maneira desesperada, a fim de certificar-se de que ele estava mesmo morto. Em seguida, tirou as luvas cheias de sangue e as colocou no bolso. Pegou novo par de luvas e as meteu nas mãos. Olhou ao redor para ver se tinha deixado algum vestígio. Nada.

O assassino desceu as escadas, jogou sobre a mesinha uma carta que Gregório começara a escrever, tentou abrir o cofre, mas não conseguiu. Depois, pegou o maço de dinheiro que estava sobre a mesa, enfiou na jaqueta de náilon e saiu. Os cachorros, acostumados com ele, latiram muito, mas não o morderam. Ele pôde tranquilamente ganhar o pátio, contornar a piscina, passar pelo jardim e pular o portão, escalando as enormes grades de ferro.

Décio viu um vulto pular o portão e ganhar a rua nesta hora. Eram quase cinco da manhã.

Gregório, atordoado, viu-se assediado por sombras escuras. Ele não conseguia lhes perceber a forma. Somente ouvia gemidos e gritos desesperados. Eram vozes, as mais variadas, cobrando-lhe satisfações de coisas que ele mal se lembrava de ter feito.

Desesperado com o número crescente de sombras ao seu redor, o espírito de Gregório ajoelhou-se e, mesmo sentindo uma dor aguda no peito, lembrou-se de Maximiliano, conhecido seu. Max e ele não eram amigos, mas, sem saber o porquê, Gregório lembrou-se dele e assim foi arremessado para o quarto de Max.

Foi então que Max teve o sonho. Ou pesadelo. O espírito atormentado de Gregório tocou-lhe o perispírito e pediu por ajuda. Max, sem saber direito o que ocorria, ofereceu-lhe o quarto de hóspedes e voltou a dormir. Gregório acreditou que lá estaria seguro, entretanto, logo em seguida as sombras reapareceram e levaram-no de lá.

Começou o sofrimento de Gregório. Passou a ser assediado por essas sombras e por espíritos de baixa vibração ligados a elas. Embora tenha sido, quando encarnado, amoral e sem escrúpulos, ele trazia em sua memória espiritual a brutalidade que usara em outras vidas. Logo, tomou ciência de sua força, botou as sombras, as vozes murmurantes e os espíritos para correr, e passou a andar a esmo, perdido e desorientado.

Certa vez, um espírito de luz ofereceu-lhe ajuda. Gregório recusou. Noutra vez, quando tencionava perseguir seu assassino, seus planos mudaram. Gregório teve um lampejo de sua vida passada e, desta feita, passou a assediar Luísa. Aproveitou que ela andava amuada e triste, invigilante nos pensamentos, e colou-se à aura dela.

Nesta noite, os espíritos que trabalhavam no centro espírita conseguiram atraí-lo para a sala em que eram realizadas incorporações e doutrinação de espíritos, digamos, perturbados e sofredores.

Cabe ressaltar que esse tipo de trabalho espiritual é feito por médiuns experientes, que estudam com afinco a espiritualidade. Precisam ter muito equilíbrio e ser donos absolutos de seus pensamentos, a fim de não caírem na lábia dos espíritos empedernidos.

A doutrinação, no caso, nada mais é do que um bate-papo sincero e amigo, a fim de que o espírito possa tomar consciência de seu novo estado e ser encaminhado a uma estação de tratamento espiritual.

Loreta interveio e tentou prestar algum tipo de ajuda a ele. Em vão. De nada adiantava.

Gregório recusou-se terminantemente a receber ajuda. Saiu do centro gritando impropérios. Esperou que Luísa saísse de lá para continuar a assediá-la. Mas algo de errado aconteceu, porquanto ele não conseguia aproximar-se dela. Era como se Luísa estivesse envolta por uma rede invisível de proteção. Gregório tentava lhe influenciar os pensamentos, porém Luísa não os captava, de forma alguma.

Louco de raiva, Gregório correu até Caio. Talvez o rapaz, triste e revoltado por estar indevidamente preso, pudesse dar-lhe passagem.

— Vocês não vão ficar juntos — vociferou Gregório, enquanto fechava os olhos e mentalizava o rosto de Caio, a fim de ir ao seu encontro. — Eu juro que prefiro separar vocês a ir atrás de meu assassino.

CAPÍTULO 26

Telles coçou a barba espessa, porém bem aparada. Estava intrigado. Sentia ser assediado por amigos espirituais do bem, espíritos de luz que lhe incutiam na mente o desejo de ir além nas investigações do assassinato de Gregório Del Prate.

O secretário de segurança deixara de ser incomodado, Genaro estava tranquilo, a tv e os jornais não deram mais atenção ao caso. A sociedade, como de costume, deixou de fazer alarde e logo esqueceu do crime.

Caio estava preso fazia quase um ano e, em breve, iria a julgamento. Não podiam fazer mais nada, afinal, Guido, que poderia prestar alguma ajuda, um esclarecimento, uma luz sobre o caso, estava desaparecido. E ninguém conhecia esse tal de Guido.

Telles acreditava na inocência de Caio. Mas o que fazer? Como apresentar evidências que pudessem mudar o rumo do caso?

O delegado meneou a cabeça para os lados. Zulmira lhe chamou a atenção.

— Filho, você veio até aqui me visitar e mal tocou na comida.

— Desculpe-me, mãe — tornou ele com a voz cansada. — Estou sem fome. Perdi o apetite.

Zulmira zangou-se.

— José Carlos! — bradou ela. Aliás, ela sempre o chamava pelo nome, principalmente quando estava nervosa. — Você sempre foi de ter apetite de leão! O que está acontecendo? Algum amor mal correspondido?

Ele riu.

— Quem me dera! — exclamou ele, desiludido. — As mulheres não querem mais saber de relacionamento sério. Ganharam destaque na sociedade, são donas de seu nariz. Eu até tento algo sério, mas elas querem só se aproveitar do meu corpinho.

Zulmira riu gostoso.

— Tenho a plena convicção de que você vai encontrar a moça certa, na hora certa.

— Será?

— Sim. Todos nós temos direito à felicidade e compartilhar a vida ao lado de alguém que possamos amar. Ser amado também ajuda, e muito, a ter uma vida mais colorida.

— Estou desacreditado. Posso parecer um homem sisudo, talvez pela minha barba e meu porte, mas não passo de um romântico inveterado. Lembra-se de como chorei feito criança no dia em que soube da morte da Elis Regina?

— Lembro-me como se fosse hoje.

— Sempre sonhei em enlaçar uma mulher e dançar ao som de *Dois pra lá, dois pra cá*, mas essas moças que encontro zombam desse meu comportamento romântico. Teve até uma que me chamou de frouxo.

— Azar dela. Você é tão bonito — ela acariciou seu rosto —, tão inteligente. Tem feito brilhante carreira na polícia. Ponha em sua cabeça que você é excelente partido. E, no dia em que uma mulher reconhecer tudo de bom que você pode oferecer, essa, sim, será a companheira ideal que vai estar a seu lado, seja nos momentos bons, seja nos momentos ruins. E ainda vai lhe dar uma penca de filhos. Você sempre sonhou com uma família grande...

Telles sorriu e seus olhos fitaram o infinito.

— Quem me dera. Espero que um dia eu possa encontrar essa mulher. Onde será que ela se esconde?

— Talvez esteja muito próximo. Quem sabe?

— É, mãe, quem sabe.

— Bom, se você não está amuado por conta de um amor não correspondido, o que o faz ficar prostrado desse jeito?

— É o caso do rapaz preso pelo assassinato do empresário Gregório Del Prate. Não me conformo com a injustiça que estão cometendo com o Caio. Eu sinto que ele é um bom moço e diz a verdade. Acredito em sua inocência.

— Entretanto, ele vai a julgamento.

— Pois é. As poucas evidências apresentadas contra ele foram acatadas de maneira incontestável. Todos queriam uma solução rápida para calar a imprensa e os grupos de defesa dos homossexuais. O irmão da vítima é político muito bem relacionado e comprou até o juiz, que expediu o mandado de prisão. Mas estão sendo injustos com o menino. Eu tenho ouvido as vozes...

Zulmira pendeu a cabeça para cima e para baixo.

— Sei como se sente. Lembro-me como se fosse hoje do caso da Lena Alcântara. Graças aos espíritos, e graças a você, o assassino foi condenado e está preso. Tem sentido o mesmo em relação ao Caio?

— Sim. Ouço uma voz feminina que insiste na busca da verdade. Ela me assegura que há provas que podem livrá-lo do eminente julgamento.

— Você poderia ir comigo ao centro espírita. Fui lá por conta daquele nódulo que me tirou algumas noites de sono. Graças a Deus, hoje não tenho mais nada. Aprendi muito sobre espiritualidade e sou grata à casa espírita. Nessa mesma casa eu conheci a mãe do Caio. Trata-se de mulher correta, de caráter. Sempre enviamos vibrações para ele. Mafalda, a dirigente do centro, afirma que, em breve, o caso vai se resolver.

— Mas como? Eu só ouço a voz, mais nada. Se ao menos eu conseguisse captar o que ela quer me dizer — suspirou Telles, triste.

— Poderia me acompanhar ao centro. Seria ótimo. Quem sabe lá não seja o ambiente propício para que você possa captar com precisão o que o espírito tanto quer lhe dizer?

— Não deixa de ser uma ideia interessante. Aquele grupo do qual eu fazia parte se desfez. Nunca mais tive contato com o Espiritismo.

— Quer me acompanhar dia desses?

— Sim. Gostaria muito.

— Certo. Quando quiser, ligue-me... O centro não fica distante aqui de minha casa.

— Farei isso, mãe.

— Ótimo. Agora — ela apontou para o prato —, coma!

Telles sorriu e beijou Zulmira na face.

— Você é a melhor mãe do mundo.

⸻

Caio tentava, nesse tempo de cárcere, concatenar as ideias. Queria entender o porquê disso tudo. Havia melhorado sua conduta, abandonara a curta vida de prostituição.

Mudara o comportamento, arrumara emprego e queria ser um homem de bem. Mas a vida lhe havia tirado tudo. Por quê?

Os pensamentos ferviam-lhe a mente. Ele tentou mergulhar no estudo da espiritualidade, mas em pouco tempo deixou os livros num canto da cela. Sentia-se impotente para estudar e compreender as verdades da vida. A revolta começava a tomar conta dele, porquanto o julgamento se aproximava e ele mal vislumbrava uma maneira de se safar dessa injustiça e provar sua inocência.

Havia também a ausência de Luísa. Passaram-se meses e ela não tinha ido visitá-lo. Ele acreditou que ela nutrisse algum sentimento por ele e, se nutrira, esse sentimento desvaneceu no ar por conta de sua prisão. Afinal, que mulher iria se apaixonar por um homem acusado de assassinato? E, ainda por cima, um assassinato cheio de requintes de crueldade?

Caio meneou a cabeça para os lados. Queria esquecer Luísa. Intimamente, sentia que a amava de verdade, mas o que fazer? A vida lhe havia sido muito dura e ele nem podia reclamar a sua ausência.

O espírito de Gregório aproveitou a melancolia que se apossara sobre Caio. Aproveitou a brecha criada pelo desânimo e pela desesperança, e passou a assediá-lo constantemente.

— Ela não serve para você. Acha que vai querer se unir a um assassino? Ela não merece seu amor. Luísa é fraca e não lhe pertence.

Gregório bombardeava Caio diariamente, incessantemente. O rapaz absorvia os pensamentos como se fossem seus. A cada dia, mais ele se deixava influenciar pelos pensamentos perniciosos daquele espírito fixado nele, tão somente nele.

Luísa preparou-se para aquele dia. Até que enfim ele chegara. Tomou coragem e, finalmente, iria ao encontro de Caio. Ensaiara o que falar, sentia-se um tanto nervosa. Meses haviam se passado, mas, agora, livre dos assédios de Gregório e dona de seus pensamentos, ela decidiu visitar o rapaz.

Ela acreditava na inocência do jovem. Sentia que Caio não havia cometido aquele crime hediondo. Logo, tudo se resolveria e eles poderiam caminhar juntos, em busca da felicidade.

Renata apareceu no quarto e tirou-a dos pensamentos.

— Vamos. Estamos no horário.

— Estava aqui, divagando — tornou Luísa, enquanto retocava a maquiagem.

— Pelo tempo perdido?

— É, Renata. Tantos meses se passaram e eu nem dei a ele o meu apoio.

— Você estava em uma outra sintonia. Aprendeu com seus erros e está pronta para dar a cara para bater. É assim que se procede. Você acredita na inocência de Caio e sabe lá Deus como tudo vai se resolver. No entanto — Renata frisou —, você o ama.

— É verdade — Luísa levou a mão ao peito. — Caio desperta em mim os mais nobres sentimentos. Acho que o amo desde o primeiro dia, quando nos esbarramos na saída do banco.

— Sorte sua. Quisera eu encontrar um homem assim.

— Deixe de ser boba, amiga — censurou Luísa. — Os convites e galanteios masculinos a perseguem!

— E de que adianta? Eu sou assediada e marco um encontro. Quando falo de mim, de minha vida profissional, é como se quem está na minha frente visse o capeta. Ser uma mulher independente assusta os homens.

Luísa protestou.

— Você é bonita, charmosa, tem um corpo escultural, é inteligente e tem seu próprio dinheiro. Será que não existe um homem sensível o suficiente para perceber o mulherão que você é?

— Obrigada pelo carinho. Eu sinto que sou tudo isso que você diz. Entretanto, eles fogem. Têm medo.

— Calma, porque sempre existe alguém para nós. É uma questão de sintonia, de estar aberta para o amor.

— Confesso que estou — sorriu Renata. — Eu quero muito encontrar um homem e ser feliz. Mais nada. Quer dizer, que seja um pouquinho romântico e leve-me num bom restaurante e depois me convide para dançar.

— Só você para me fazer rir de seus sonhos.

Renata ajuntou:

— E que também me acompanhe ao cinema, pelo menos uma vez por semana.

— Você e seus filmes — disse Luísa, enquanto passava o batom na boca.

— Adoro cinema. Eu me transporto na tela. São duas horas em que eu me perco naquela salinha escura. E, se for um filme romântico, deixo as lágrimas correrem livremente. Saio tão bem, tão feliz.

— Depois de visitarmos Caio, podemos ir até o Cine Metro. Eu ainda não assisti a *Laços de ternura*, com a Shirley MacLaine e a Debra Winger.

— Dizem que esse filme arranca lágrimas até dos mais endurecidos.

— Combinado — Luísa sorriu, levantou-se da banqueta em frente à penteadeira. Apanhou sua bolsa sobre o console. — Eu pago o cinema. Hoje é por minha conta.

— Eu compro a pipoca e o refrigerante.

— Certo.

Saíram animadas e foram tagarelando até chegarem ao distrito. Assim que estacionou o carro, Renata notou a apreensão nos olhos de Luísa. Ela apoiou o seu braço no da amiga.

— Não tem volta. Chegou o momento.

— É — suspirou Luísa. — Chegou o momento.

Deixaram o carro e aproximaram-se do prédio. Luísa ergueu a cabeça e mirou os degraus. Eram muitos. Subiu com vagar. Chegou ao topo e, pedindo ajuda aos protetores espirituais, entrou de braços dados com Renata.

O carcereiro as conduziu até o andar em que Caio se encontrava. Ao chegarem, o rapaz — de postura carrancuda — fez sinal a elas, indicando o local da cela.

Luísa caminhou a passos lentos. O braço de Renata, enlaçado ao seu, dava-lhe estímulo a continuar.

Caio estava deitado na tosca cama de sua cela. Fazia tempo que ele estava ali e havia uma troca constante de companheiros. Uns saíam para julgamento, outros eram absolvidos, outros transferidos para outras delegacias. Havia dois rapazes ali com ele, entretanto, ambos estavam deitados no canto da cela, fumando seus cigarros, alheios à realidade.

Luísa aproximou-se e segurou as grades. Falou baixinho:

— Caio.

Ele não escutou. Ela insistiu, agora com modulação de voz mais firme e perfeitamente audível:

— Caio!

O rapaz abriu os olhos e demorou um pouco para reconhecer aquela moça linda à sua frente. Aliás, eram duas, porquanto Renata estava logo atrás da amiga. Assim que concatenou os pensamentos e certificou-se de que se tratava de Luísa, em vez de sentir-se feliz com sua visita, foi tomado de incontida fúria.

Gregório estava ao seu lado e vociferava:

— Não dê ouvidos a essa vagabunda! Enquanto você está aqui preso, ela sai com outros homens. Por que veio

PARA SEMPRE COMIGO

visitá-lo só agora, depois de tanto tempo? Para espezinhá-lo. Somente para isso.

Ele gritava e Caio absorvia tudo aquilo, como se sua própria mente estivesse produzindo aqueles pensamentos. Ele se levantou de um salto de sua cama e aproximou-se das grades, de maneira nada cordata.

— O que faz aqui?

Luísa sentiu o sangue sumir. O tom na voz de Caio mostrava que ela não era bem-vinda.

— Eu... é... bom...

— Vai ficar gaguejando feito uma tonta?

— Bom, eu...

— O que faz aqui?

— Vim vê-lo e...

Caio a cortou. Aos olhos humanos, parecia um homem irritado e profundamente desconfortável com a presença de Luísa. Aos olhos espirituais, o rapaz estava praticamente em franco processo de incorporação. O espírito de Gregório estava tão grudado em sua aura, que Caio registrava e imediatamente transformava em palavras os pensamentos empedernidos do espírito.

— Depois de tantos meses? Por que esse interesse tão repentino?

— Passei por uma fase difícil e...

— Você passou por uma fase difícil? E eu?

— Desculpe-me a demora em vir visitá-lo, contudo...

— Por acaso está sem homem? Você me quer, é isso?

Luísa engoliu em seco. Seus olhos marejaram. Renata sentiu uma tontura muito forte. Ela não tinha vidência, mas pôde constatar, pela sua sensibilidade educada e em equilíbrio, que Caio estava sob forte interferência espiritual. Ela procurou manter um tom apaziguador.

— Viemos em paz. Luísa gosta muito de você e só não veio esses meses todos por puro medo e insegurança. Mais nada.

— Não venha defendê-la! São todas iguais. Vocês, mulheres, são todas iguais. É por isso que as odeio.

Renata ia continuar, mas Caio, tomado pela raiva de Gregório, bramiu:

— Saiam daqui, suas ordinárias! Saiam!

Luísa não terminou de escutar o que ele dizia. Colocou a mão na boca para abafar o soluço e saiu correndo. Renata percebeu que ele estava praticamente incorporado. Os olhos de Caio estavam esbugalhados e uma baba espessa escorria pelo canto do lábio. A imagem de Gregório veio forte e ela teve certeza de que ele estava ali. Inspirada por Norma, que ali também se encontrava, ela disparou, de maneira enérgica:

— Pode fazer o que quiser, você não tem mais o direito de separá-los. O passado já passou. Você os impediu de ficarem juntos em outra vida. Isso não mais será permitido. Eles vão ser felizes — Renata aproximou-se das grades e encarou Caio nos olhos, como se estivesse falando para além dele. — Ambos reencarnaram com esse propósito e você não tem o direito nem o poder de interferir e mudar o que está traçado. Você não pode ser mais forte que o destino.

Ela falou de maneira tão firme, tão convincente que, naquele momento, Gregório desgrudou-se de Caio, aturdido. Ele pôde ver Norma logo atrás de Renata e sentiu medo.

Caio voltou a si, meio zonzo. Não se recordava direito do que acontecera. Olhou ao redor e não viu Luísa. Renata atravessou a mão pela grade e deu um tapinha em seu ombro.

— Melhore o teor de seus pensamentos. Leia os livros que sua mãe lhe trouxe. Vai querer estragar novamente a oportunidade que a vida lhes deu de ficarem juntos?

Caio estremeceu. Aquelas palavras atingiram fundo seu coração. Ele queria falar, mas se sentiu prostrado. Enquanto

Renata saía e sumia pelo corredor atrás de Luísa, ele se jogou na cama e chorou, chorou como há muito não chorava.

Norma aproximou-se de Gregório e, antes que ele a atacasse com seus impropérios, ela disse:

— Você não é mais a Lucy. Acorde para a realidade. Está preso entre recordações de duas vidas, desta e de outra. Num momento comporta-se como Gregório. Em outro, comporta-se como Lucy. Percebe-se que está em franco desequilíbrio. Precisa de tratamento urgente.

— Eu não posso deixá-lo. Philip é meu grande e verdadeiro amor.

— O que chama de amor é isso? Esse sentimento mesquinho que só lhe causou dissabores no passado? Será que está falando do sentimento certo que nutre por Philip?

— Philip é meu.

— Não vê que agora ele está reencarnado como Caio? Não vê que o tempo é outro, que você está preso ao passado?

Gregório soluçava. A paixão doentia que sentia por Caio o feria por dentro. Arranhava sua alma. E o impedia de continuar sua jornada rumo à evolução de seu espírito. Ele se deixou cair no chão e, ajoelhado, cobriu o rosto com as mãos.

— Eu o amo. Eu o amo.

— Será? — inquiriu Norma. — Será que o ama? Ou será um capricho que está na hora de acabar?

Gregório estava bastante confuso. Em sua mente ele via Caio, em seguida via Philip. Eram os mesmos, mas em outras épocas. Os rostos também eram bem diferentes. Só os olhos eram os mesmos. Os mesmos por quem se apaixonara antes. Como podia ser isso? Conforme sua mente se fixava no passado, o espírito dele foi automaticamente adquirindo contornos femininos. Logo, Gregório estava com os cabelos presos em coque e suas roupas agora eram antigas, muito antigas. Ele retomara a forma de sua vida anterior, como Lucy.

Foi então que tudo ficou vivo em sua mente. Lembrou-se do sofrimento que essa paixão lhe causara no passado e do sofrimento posterior, no astral.

Norma aproximou-se e passou a mão pelos seus cabelos.

— Lucy, precisamos ir. Philip morreu há muito tempo.

— Ele está aí — apontou.

— Caio está longe de ser aquele homem que você acreditou amar.

— Sei que ele mudou o rosto para me enganar. Mas sei, agora eu sei, que este é Philip.

— Não é mais.

— Meu Philip — murmurava o espírito.

— Venha se tratar, depois poderá pensar no que fazer.

— Se eu for — afirmou Gregório, agora como Lucy e com voz feminina —, Philip e Sally vão ficar juntos. Eu não posso deixar isso acontecer de novo.

— E vai fazer o quê? Repetir o erro? Matar Sally por acaso trouxe Philip para seus braços?

O espírito chorava aos pés de Norma. Lucy lembrou-se das atrocidades cometidas na última existência e sentiu remorso. Começava aí a mudança de Lucy. Ou de Gregório...

Norma lhe estendeu a mão.

— Temos muito o que fazer, o que conversar. Você precisa se tratar. Este mundo não lhe pertence mais. Venha comigo.

— Para onde? — perguntou o espírito, hesitante.

— Para um lindo posto de socorro. Lá você vai receber atendimento, vai conseguir se livrar de suas culpas, rever as atitudes que a levaram a desencarnar dessa maneira violenta.

Lucy, ou Gregório, apertou firme a mão de Norma e deixou-se conduzir. Norma, antes de partir, aplicou um passe calmante sobre Caio. O rapaz agora dormia um sono tranquilo e reconfortante.

CAPÍTULO 27

O delegado Telles conversou com o advogado de Caio e falou-lhe sobre o que sentia... Acreditava piamente na inocência do rapaz.

— Entretanto — salientou o advogado —, precisamos urgentemente de evidências que provem sua inocência. O tempo urge e, se nada aparecer, infelizmente, o juiz vai expedir a sentença condenatória definitiva e Caio vai para a Penitenciária do Carandiru.

— Isso não pode acontecer, doutor Lopes.

— Corra, Telles.

— Eu tento, mas sei que falta encaixar uma peça nesse quebra-cabeça.

— Como assim? — perguntou Lopes, interessado.

— Preciso achar esse Guido. Vou conversar com Caio.

— E o que pretende fazer?

— Ir aos locais que eles frequentavam. Quem sabe alguém possa nos ajudar? Eu vou fazer isso, doutor, para aliviar o peso na consciência que me persegue.

— Se Paranhos descobrir que você ainda está cutucando o caso...

— Paranhos não pode nada. Ele está louco para ser transferido para Belo Horizonte, quer ficar perto da família. Ele ganhou notoriedade com esse crime e nem quer saber se Caio vai ou não a julgamento.

Telles e doutor Lopes conversavam enquanto subiam as escadas da delegacia. Luísa saiu em disparada do prédio. Desceu os degraus de maneira rápida e deu um esbarrão em Telles. Quase foram ao chão. Ela se segurou nos braços do delegado e sussurrou:

— Desculpe-me.

— Você está bem?

— Sim — Luísa falou, desprendeu-se de seus braços e correu em direção ao carro.

Renata saiu em seguida, de maneira apressada. Desceu os degraus rapidamente e, ao procurar Luísa, seus olhos encontraram-se com os de Telles. Ambos sentiram uma emoção diferente, como se já tivessem se visto antes.

Renata sentiu leve tremor no corpo e o delegado percebeu que suas pernas falsearam por instantes. Ela engoliu em seco e perguntou, a fim de disfarçar a emoção que aquele desconhecido lhe causara:

— Viu uma moça de cabelos castanhos e lisos passar por aqui em disparada?

Telles riu, mostrando um sorriso encantador.

— Acabou de me atropelar. Creio que foi para lá — apontou em direção aos carros estacionados na calçada.

Renata perpassou o olhar e avistou a amiga, de cabeça baixa, encostada no capô do veículo.

— Ah, lá está! Acabei de encontrá-la.

— Parece que ela não está bem.

— Hoje não é o seu melhor dia — Renata afirmou. Em seguida, ela notou que não estavam sozinhos no universo e ao lado de Telles estava o advogado de Caio.

— Doutor Lopes, que surpresa revê-lo.

— Como vai, Renata?

— Não tão bem quanto gostaria. Depois de meses, Luísa decidiu visitar o Caio e o encontro não foi nada agradável.

— Que pena! Ela tem tanto carinho por ele.

— Muito mais que carinho, doutor Lopes. Mas vamos esperar por dias melhores. Caio está perturbado e, como logo será expedida a sentença, sua cabeça anda confusa.

— Vou conversar com ele — ponderou o advogado.

Telles interessou-se.

— É amiga de Caio?

— Não propriamente. Sou amiga de Luísa, que gosta de Caio — ela disse rindo. — É uma história incomum. Eu me afeiçoei à mãe dele e aposto em sua inocência. Sinto que Caio é inocente.

— Eu penso da mesma forma — ele estendeu o braço e Renata não pôde deixar de notar a mão firme e os pelos que saltavam do punho da camisa. — Prazer, sou o delegado Telles.

Renata o cumprimentou. Sentiu a mão quente e firme do delegado. Novo tremor invadiu-lhe o corpo. Renata sentia-se tal qual um vulcão, cujos tremores indicavam que logo entraria em erupção. Ela se recompôs para não mostrar o que estava sentindo naquele momento. Afinal, era a primeira vez — pelo menos nesta encarnação — que ela se encontrava com Telles.

— Prazer. Meu nome é Renata Gonçalves.

— Encantado — ele devolveu.

Lopes percebeu o clima entre os dois e se afastou. Ambos ficaram se olhando por algum tempo, em silêncio. A emoção era muito forte. O famoso "amor à primeira vista", quando nos pega, deixa-nos desnorteados, sem ação imediata. Foi o que aconteceu entre Renata e Telles.

— Gostaria de conversar mais, entretanto minha amiga não está bem. Ela precisa de mim.

Telles tirou um cartão do bolso.

— Por favor, ligue-me assim que sua amiga estiver melhor. Estou disponível vinte e quatro horas por dia, sete dias na semana.

— É sempre direto assim? Sem rodeios? — perguntou ela, rindo.

— Quando me interesso verdadeiramente por alguém, e aconteceu somente duas vezes em minha vida, eu sou franco e direto. Não gosto de perder tempo.

— Rapaz de atitude — salientou Renata.

— Rapaz de atitude e de outras peculiaridades que adorariam ser descobertas por você.

Renata sentiu novo tremor. Era melhor se despedir, acalmar os sentimentos, socorrer Luísa. Desse jeito ela ia desfalecer nos braços do delegado. Não queria pagar mico logo de cara.

— Eu ligarei.

— Quer jantar comigo nesta semana?

— Boa ideia.

— Aguardo sua ligação.

Eles se despediram e, no caminho até o carro, Renata respirou fundo. Depois, pensaria em Telles e nos sentimentos que ele tinha lhe despertado. Precisava ajudar sua amiga.

Ela se aproximou de Luísa e a abraçou.

— Ele me odeia, Renata.

— Chi! Não diga nada agora.

— Será que ele não vai mais falar comigo?

— Não pensemos nisso agora. Vamos a uma lanchonete aqui perto. Estou com fome.

— Não estou com vontade de comer nada.

— Acompanhe-me. Que tal um suco?
— Pode ser.

Renata ofereceu-lhe a mão e dirigiram-se a uma lanchonete simpática e graciosa a duas quadras dali.

※※※

Telles esboçou um largo sorriso. Essa pequena tinha lhe despertado um sentimento que há muito tempo não sentia. Ele ainda olhou para trás e ficou observando Renata por alguns instantes.

— Que mulher linda! — disse para si. — Espero que ligue para mim.

Em seguida, ele afugentou os pensamentos com as mãos. Subiu até o andar em que Caio se encontrava. Doutor Lopes lhe fazia algumas perguntas e Telles aproximou-se.

— Como vai, meu jovem?

— Não tão bem como gostaria. Acabei de ser grosso e estúpido com quem não devia. Uma força estranha se apossou de mim. Queria sair daqui correndo e lhe dizer que tudo não passou do calor do momento. Contudo — Caio suspirou triste —, eu não tenho como sair.

— Eu acredito em você — disse Telles. — Preciso que me ajude a encontrar o verdadeiro assassino.

— Eu tenho quase certeza de que Guido é o responsável pela morte de Gregório.

— É sobre isso que eu queria lhe falar.

— O que tem em mente?

— Por ora, nada — tornou Telles. — Sabe como eu poderia tentar localizar o Guido?

— Não faço a mínima ideia.

— Não se lembra dos lugares que frequentavam? Talvez alguém se recorde dele, caso eu faça sua descrição.

— Pouco provável, delegado. O Guido saía com mulheres da sociedade, ricas e bem casadas. Não creio que consiga chegar até elas.

— Não teve um período em que você se prostituiu?

Caio baixou os olhos, envergonhado.

— Sim, foi por pouco tempo, mas eu joguei os telefones fora. Quando decidi que não queria mais essa vida, rasguei agenda, perdi todos os contatos.

— Escute, de onde era esse Guido?

— Como assim?

— Veio de onde?

Caio fez pequeno esforço com a mente.

— Acho que de Vassouras. Lembro-me de ter dito certa vez que sua família era de Vassouras, no Estado do Rio.

— Algo mais? Um nome, uma referência?

Caio riu.

— Ele falava que Guido era seu nome de guerra, porque dava mais glamour à profissão.

— Nunca lhe falou seu verdadeiro nome? — interveio o advogado.

— Não me recordo.

Telles mordiscou os lábios.

— A imprensa não se interessa mais pelo caso e a polícia também não. Ninguém está interessado em prender o verdadeiro culpado. Para eles você é o assassino e ponto final.

— Genaro Del Prate conseguiu o que queria. Difícil você escapar — suspirou doutor Lopes.

— Mas eu juro que não o matei. Eu juro.

Telles aproximou-se das grades e encarou Caio.

— Você jura que é inocente?

— Do fundo de meu coração — respondeu Caio, sem desviar os olhos do delegado.

— Acredito em você. Vou tentar descobrir o paradeiro desse rapaz. Sei que temos quase nada em mãos, mas estamos a caminho.

— O tempo urge — advertiu o advogado. — Precisamos ser rápidos se quisermos reverter o quadro.

— Vamos correr — declarou Telles.

O delegado despediu-se de Caio e o deixou conversando com o advogado. Saiu do prédio, ganhou a rua e resolveu caminhar pelos arredores. Telles tinha a certeza de que iria encontrar Guido. Algo dentro dele dizia que, em breve, o verdadeiro assassino de Gregório seria capturado.

Logo depois, Caio despediu-se do advogado e voltou à sua cama. Antes de deitar, pegou o folheto com a imagem de Santa Rita de Cássia. Beijou o papel gasto e amassado.

— Ajude-me, por favor.

Deitou-se e fechou os olhos. Norma passou a mão sobre sua testa.

— Logo você vai sair daqui. Confie.

~~~***~~~

Rosalina visitou o filho no dia seguinte. Ao ouvir o relato do encontro entre ele e Luísa, ela não hesitou:

— Você merece mesmo ficar na prisão!

— Mãe! — exclamou aturdido. — Como pode afirmar uma barbaridade dessas?

— Por que não está aproveitando o período em que se encontra aí, encarcerado? Sua irmã me visitou e me disse que você anda invigilante nos pensamentos. Que botou tudo a perder quando Luísa veio visitá-lo.

— Não sei o que deu em mim. Perdi a noção do tempo, do espaço. Era como se alguma força estranha tomasse conta de meu corpo. Eu me arrependo sinceramente. Fui muito duro com Luísa.

— Ela não merece passar por tudo isso. De que adiantou eu lhe trazer os livros para ler e entender melhor os desígnios da vida? De que adianta nossas preces para que o verdadeiro culpado seja preso e você possa se libertar? Para quê? Para continuar levando a mesma vida pregressa de sempre?

— Assim você me insulta.

— E você não nos ofende com sua postura mesquinha e arrogante? Não acha que está na hora de parar para pensar em tudo o que lhe aconteceu desde que saiu de Bauru? O que você quer desta vida, meu filho?

Caio emocionou-se. Passou os braços pelas grades e procurou abraçar a mãe.

— Eu não sei, estou perdido. Sinto que amo Luísa, quero constituir família com ela. Ao mesmo tempo — falava com voz entrecortada pelos soluços —, às vezes, sinto que de nada vai adiantar nossos esforços. Como vou sair daqui?

— Norma me disse que tudo está para ser resolvido. Em breve, o assassino será encontrado.

— Ela assegura isso?

— Sim.

— Entendo...

— Ainda não acredita que o espírito de sua irmã o esteja ajudando nessa fase difícil em que se encontra?

— Eu li um pouco dos livros. Confesso que tive bastante interesse no início. Em seguida, toda vez que desejava ler, um torpor, um cansaço me tomava por completo e eu deixava a leitura de lado. Cochilava e, quando acordava, não tinha a mínima vontade de ler.

— Não se esqueça de que vivemos num mundo rodeado de espíritos de toda sorte, desde bons e desejosos em fazer o bem até aqueles de coração embrutecido, sedentos para que as pessoas não enxerguem além. Você se deixou levar por essa corrente de espíritos que não quer que aprendamos sobre o mundo espiritual.

— Por quê?

— Porque, quando nossa consciência se abre para os verdadeiros valores da alma, esses espíritos empedernidos e perturbados perdem a sua força. Quanto mais caminhamos para o crescimento espiritual, menos poder eles têm de nos perturbar, influenciar, atrapalhar nossa vida. Quem é dono de si, de seus pensamentos, dificilmente é assediado por essas entidades.

— Quer dizer que eu sou o responsável por esse assédio negativo?

— Evidente. Somos responsáveis por tudo o que nos acontece. Cabe a nós procurar nos aperfeiçoar no bem e, assim, criar um campo de proteção que nos mantenha imunes aos ataques constantes desses espíritos.

— Ando desanimado, triste. Nem Santa Rita de Cássia tem me ajudado.

— Não meta a culpa de sua fraqueza nos ombros de uma santa. E não se esqueça de que esses seres de luz — santos, para os católicos — simplesmente são instrumentos para que possamos nos ligar às forças espirituais superiores.

— Às vezes, creio que esse tormento não acabará.

— Confie na vida. Norma assegurou-me que tudo vai acabar bem.

— Quero acreditar nisso.

— Há uma linda moça aqui fora esperando pelo seu amor. Acaso quer deixar de viver essa experiência deliciosa que a vida lhe oferta?

— Depois de tudo que falei, Luísa talvez não queira mais falar comigo.

— Será?

— Ela tem todos os motivos para se afastar de mim.

— Gosta dela?

— Sim.

— Lute pelo seu amor.

— Dentro do cárcere?

— Comece por mudar o teor de seus pensamentos. Torne-os saudáveis. Procure encarar a vida de maneira mais positiva. Ninguém aguenta uma pessoa pessimista ao seu lado. É muito chato.

— Estou muito chato mesmo. Vou recomeçar a ler os livros.

— Faça isso, meu filho. Leia bastante, procure entender o mundo espiritual. Esses ensinamentos vão ajudá-lo a tornar-se uma pessoa melhor no mundo.

— Obrigado por suas palavras gentis. Você me estimula a crescer.

— Faço isso porque o amo.

Caio notou que Rosalina estava diferente. Os cabelos estavam penteados à moda, seu vestido parecia ser novo e realçava a silhueta esguia que mantinha desde a juventude. E — detalhe que ele não pôde deixar de notar — Rosalina estava usando lindo par de brincos e seu rosto estava levemente maquiado.

Ela olhou séria para o filho.

— Que tanto me olha?

— Está diferente. Mais bonita, mais bem tratada.

Rosalina riu com gosto.

— Estou sim. Mudei muito nesses meses todos.

Caio desconfiou.

— Só pode ser homem.

— Sim.

— Você está interessada em algum homem?

— É. Estou gostando de alguém.

— Foi só eu ficar longe que você abriu as asas? — perguntou, num tom de brincadeira.

— Confesso que, depois que perdi seu pai, desacreditei no amor. Pensei que nunca mais fosse gostar de alguém. Mas, depois desses anos todos sozinha, acabei por encontrar um companheiro leal, dedicado, carinhoso.

— Está namorando?

— Hum, hum.

— Quem?

Rosalina aproximou-se das grades e baixou o tom de voz.
— Estou namorando o José, lá da pensão.

Caio não poderia receber notícia melhor. Ele abriu um sorriso de ponta a ponta.

— José! — exclamou contente. — Eu o adoro.

— Sim. Ele também o adora. Vê em você o filho que perdeu anos atrás. Parece que o Zezinho hoje estaria com a sua idade.

— É, sei. Sempre vi no José o pai que nunca tive. Afinal, eu mal me lembro de papai.

— Faz muitos anos...

— Fico muito feliz que vocês estejam juntos.

— Obrigada. Sabia que ia aprovar nosso namoro.

— Vou torcer para virar casamento.

— Tudo no tempo certo, meu filho — ponderou Rosalina. — Tudo no tempo certo.

Mãe e filho continuaram a falar sobre suas vidas a seus amores quando ouviram uma gritaria vindo lá de baixo. As vozes foram crescendo, crescendo e chegaram ao andar. Dois policiais arrastavam um indivíduo, e o carcereiro estava mais à frente. Correu, passou por Rosalina e abriu a cela ao lado da de Caio.

Rosalina e o filho olhavam para aquela cena com verdadeiro estupor. Os policiais jogaram o homem dentro da cela. Ele vociferou alguns palavrões. O carcereiro fechou a portinhola, meteu o trinco e gritou.

— Mais respeito, seu charlatão. Não vê que tem uma senhora aqui presente?

O homem nada disse. O carcereiro continuou:

— Eu torcia para que você fosse preso, desgraçado. Arruinou a vida de muita gente. Inclusive a minha.

O rapaz o olhou sem entender.

— Nunca vi sua cara antes.

— Mas sei de você. Minha ex-esposa foi ao seu encontro e lhe pediu para me separar da minha atual mulher. Você quase conseguiu. Numa crise de arrependimento, minha ex-esposa confidenciou-me que o procurou para fazer feitiçaria. E ainda por cima você se autodenomina pai de santo? Como pode querer tripudiar sobre um nome sagrado como de um zelador de tenda de Umbanda?

— Dava-me destaque.

O carcereiro riu com desdém.

— Agora quero ver, Pai Juão! Vamos ver se seus amigos do astral inferior vão ajudá-lo. Espero que apodreça na cadeia por ter atrapalhado a minha vida e a vida de tantas outras pessoas.

Juão afastou-se e sentou-se no canto da cela. Seus olhos encontraram os de Caio e ele fez uma cara de poucos amigos para o jovem.

Rosalina aproximou-se do filho.

— Mantenha-se firme no bem. Ninguém pode nos machucar quando estamos ligados aos espíritos de luz.

— Pode deixar, mãe. Vou seguir seus conselhos.

— Não se esqueça, Caio — ela frisou, enquanto olhava para Juão, que, envergonhado, baixou os olhos —, o mal não tem poder sobre o bem. O mal é ilusão. Só o bem é real.

Caio assentiu com a cabeça.

— Tem razão. O mal nunca vence o bem.

Abraçaram-se da maneira como podiam, separados pelas grades da prisão. Rosalina deixou um pedaço de bolo para o filho. Despediu-se de Caio, do carcereiro e voltou para a pensão.

Caio ficou muito feliz ao saber do envolvimento amoroso entre sua mãe e José. Gostava muito dele. A notícia deu-lhe ânimo para pensar no sentimento de amor que nutria por Luísa. Ele iria atrás de seu amor. Algo dentro dele dizia que logo tudo isso acabaria e ele estaria, finalmente, livre. Livre do passado. Livre para amar.

CAPÍTULO 28

Luísa terminava de tomar seu chá. Pousou a xícara delicadamente sobre o pires e considerou:

— Estou melhor, Renata. Muito melhor.

— Percebeu como o encontro com Caio serviu para lhe mostrar a mesma coisa que ocorria com você?

— Sim. Depois que refleti, percebi que, naquele dia, não era Caio quem estava falando comigo.

— Havia a presença de um espírito que o atormentava sobremaneira.

— Tem ideia de quem era?

Renata deu de ombros.

— Acreditei que o espírito de Gregório estivesse lá, mas foi só uma impressão.

— Cruz-credo! — Luísa fez o sinal da cruz. — Não quero mais pensar em Gregório ou em sua família. Que mundo pequeno esse!

— São os reencontros de vidas passadas, minha amiga. Estamos sempre nos reencontrando no mundo. Ninguém se conhece por acaso.

— Hoje eu não tenho dúvidas quanto a isso. Quero ir ao distrito novamente. Preciso conversar com Caio.

— Está caidinha por ele.

— Não! — Luísa protestou.

— Claro que está! Vocês mal se encontraram e estão assim, apaixonados. Espero pelo dia em que poderão estar juntos sem as grades. A terra vai tremer.

Luísa pegou uma almofada e atirou na amiga.

— O que é isso?

— Você está apaixonada.

— E você também. Saiu duas vezes para jantar com aquele delegado bonitão e está toda melosa.

Renata abriu e fechou os olhos, em êxtase.

— Telles é o homem da minha vida.

— Em dois encontros você afirma uma coisa dessas? Não está viajando muito no romance?

— De forma alguma — respondeu Renata, agora de forma séria, ajeitando seu corpo na poltrona. — Eu e Telles nos identificamos bastante. Somos muito parecidos. Ele não se assustou com o fato de eu ser uma executiva de sucesso e ganhar mais que ele. Pelo contrário, incentivou-me a crescer ainda mais.

— Está falando sério?

— Sim.

— Será que ele não quer ser sustentado por você?

— Como?

— Olhe o golpe!

Foi a vez de Renata atirar a almofada em direção a Luísa.

— Eu sinto que ele gosta de mim. Telles tem respeito por tudo o que consegui até hoje. Ele me admira por eu ser assim. Eu preciso de um homem que me apoie. Que me ame e que me apoie.

— Ele parece ser um encanto de pessoa.

— Além de encantador, Telles é lindo! — Renata suspirou.

— E aquela barba?

— Deve machucar o seu rosto.

— Imagine! Aquela barba me deixa louca, amiga. Quando roça em meu rosto, eu perco o juízo.

Ambas riram a valer.

— Sabe que, neste segundo jantar, Telles confidenciou-me algo que me encheu de desejos?

— O que foi?

— Ele acredita que eu tenho muito potencial para crescer profissionalmente e me estimulou a ser dona de meu próprio negócio. Não ter mais patrão.

— Combina com você. É esforçada, trabalha com afinco, é responsável, tem garra. Não é qualquer um que pode ter seu próprio negócio. É necessário muito mais que dinheiro e tino para os negócios.

— Pois é. E o Telles falou-me de um assunto que ainda não vazou na imprensa. Se vazar, eu perco a oportunidade que vislumbro de ser dona de meu próprio negócio.

— O que é? Conte-me. Estou aflita.

— Você bem conhece a Cia. de Perfumes.

— Do Gregório — Luísa falou com ar de mofa.

— Sim. Com a morte dele, a empresa foi para as mãos de seu ex-marido, o Genaro.

— Correto. O único parente de Gregório era o irmão. Nada mais justo ele herdar a empresa.

— Aí é que está! — disse Renata, eufórica. — Genaro quer se livrar da empresa.

— Quer?
— Sim, sim.
— Por quê?
— Fiquei sabendo que ele preza muito sua imagem perante o eleitorado. É político ardiloso, mas adorado por muita gente. Entretanto, agora que está novamente casado e tem um filhinho, afirmou, dia desses, a um conhecido de Telles, que não quer mais a empresa.
— E por qual motivo?
— Genaro quer se livrar da empresa, pois parece que Gregório metia os pés pelas mãos e não cuidava da empresa com o cuidado e a responsabilidade de um empresário competente. Parece-me que a Cia. de Perfumes está à beira de uma concordata. E pode falir.
— E? Não sei aonde quer chegar.
— Tenho algumas economias — redarguiu Renata. — Telles me estimulou a ir atrás de Genaro, procurá-lo e fazer-lhe uma oferta. Comprar a empresa por um preço baixo e trabalhar com afinco para que ela volte a crescer, conquistar novamente a credibilidade dos fornecedores e fazer da Cia. de Perfumes uma empresa rentável, com lucro e que gere mais e mais empregos.
— Boa ideia. Você acredita que tem cacife para isso?
— Acredito.
— Abandonaria seu emprego, a posição em que se encontra para se atirar em um projeto no qual poderá correr riscos?
— Adoro correr riscos, Luísa. Sinto que essa era a oportunidade que estava faltando em minha vida. Vou me reunir com seu ex-marido na semana que vem.
— Ele sabe de sua amizade comigo?
— Creio que não. A única vez que me viu, de relance, foi naquele fatídico dia em que você foi brutalmente espancada.

Seu ex-marido estava em estado catatônico e, com certeza, não se lembra nem de mim, nem de Max. E, de mais a mais, Genaro vive outra vida e está muito bem lá em Brasília. Ele vai me abençoar caso eu fique com a Cia. de Perfumes. E ainda tem outro motivo porque Genaro quer se livrar da companhia.

— Qual?

— Genaro tem horror aos homossexuais e não quer saber de nada que o ligue ao irmão. Ele desprezava Gregório e seu comportamento. Se ficar com a empresa, as pessoas vão sempre dizer que ele é dono da empresa daquele gay assassinado etc.

— Que horror!

— Pois é. Seu ex-marido pensa assim.

— Genaro sempre foi homofóbico.

— Para ele, isso arranha sua imagem de político benquisto. Como a maioria de seu eleitorado é homofóbica, tanto quanto ele, Genaro só tem a ganhar ao desvincular-se da imagem de seu irmão, Gregório.

— Puro preconceito. Que ideia mais disparatada. Quem Genaro pensa que é para julgar o comportamento das pessoas? Ele seria o último a ter direito de julgar. Se as pessoas soubessem o crápula que é, o marido covarde que sempre foi.

— A verdade nunca chegará às pessoas, Luísa. Entretanto, nós não devemos julgar Genaro pelas suas ideias e pelo seu comportamento, caso contrário, estaremos agindo como ele.

— E deixar que ele cometa outras agressões? Permitir que xingue as pessoas e estipule o padrão correto de comportamento na sociedade?

— Não compete a nós o que virá adiante. Genaro, um dia, vai ter de responder por seus atos. A lei de ação e reação não tarda, tampouco falha. Aguardemos porque, mais dia, menos dia, Genaro terá de colher o que semeou.

— Eu estou decidida, Renata. Assim que me graduar na faculdade, farei o exame da Ordem e advogarei em prol das vítimas de agressão doméstica por seus companheiros.

Renata sorriu.

— Fantástico! Ninguém melhor que você para prestar esse tipo de serviço, amiga.

— Eu senti na própria pele o que é ser agredida dentro de casa. E tem mais.

— O quê?

— Além de agredida, fui estuprada, porquanto Genaro me amava de maneira bruta, agressiva e, na maioria das vezes, sem o meu consentimento. Muitas mulheres sofrem essas agressões e não têm como nem aonde recorrer.

— Podem ir à delegacia e prestar queixa.

— E de que adianta, Renata? Não temos garantias. Não há punição severa para o agressor. É voltar para casa e levar mais pancada. E a maioria dos delegados ri de nós, faz chacota, é constrangedor. Eu senti isso quando fui fazer aquele boletim de ocorrência contra o Genaro. O delegado me tratou com desdém, como se eu — machucada física e moralmente — fosse a culpada por ter apanhado.

— Ainda fazemos parte de uma sociedade machista.

— Mas sinto que tudo vai mudar.

— Por que diz isso?

— Dia desses — tornou Luísa, após mordiscar um biscoitinho — Mafalda alertou-me de que mudanças virão em benefício das mulheres, em breve vamos ter delegacias voltadas só para a mulher.

— Nem acredito! Isso seria o máximo. Um avanço na sociedade sem precedentes.

— E creio que isso já começou a ocorrer. Por conta do descaso do poder judiciário e da maneira como os distritos policiais lidam com a violência doméstica e sexual contra a mulher, foi criado o SOS-MULHER.

— Não foi o SOS-MULHER que apresentou em público o caso de uma mulher que tinha sido espancada pelo seu companheiro, professor da Universidade de São Paulo, intelectual, branco e de classe média alta?

— Sim. Isso foi importante para combater a ideia de que os negros, os alcoolizados e os pobres são os únicos que maltratam as mulheres.

— Situação parecida com a sua, não é, minha amiga?

— Pois sim. Esse grupo de atendimento, formado há pouco tempo, é responsável por assistência jurídica, social e psicológica às mulheres vítimas de violência.

— Interessante.

Luísa falava de maneira animada.

— O conselho criado recentemente, ligado ao sos-mulher, propõe políticas públicas que visam promover o atendimento às vítimas de violência, dando-lhes, efetivamente, essa assistência jurídica, social e psicológica.

— Acredita que o governo vai acatar essa ideia?

— Sim. O governo vai criar, muito em breve, a primeira delegacia de polícia de defesa da mulher. Pode anotar o que estou dizendo. Isso vai se concretizar.

— Existe alguma delegacia específica para o atendimento da mulher em outra cidade?

— Não. São Paulo será a primeira cidade do Brasil e do mundo a criar uma delegacia assim, em defesa da mulher.

— Torço para que isso se concretize.

— Pois vai — afirmou Luísa. — Mafalda certificou-me de que espíritos abnegados trabalham para que membros do governo sejam receptivos à implantação desse projeto.

— Dessa forma, nós, mulheres, poderemos ter um instrumento que nos ajude a combater a violência.

— E meter medo nesses homens! Está na hora de eles pararem de se sentir os donos do mundo. Nós temos o nosso valor e garanto que, assim que eu estiver formada, vou trabalhar em algum desses órgãos em defesa da mulher. Sei que vou ajudá-las.

— Tem razão, Luísa. Você sentiu isso na própria pele. Tenho certeza de que será uma boa defensora.

Luísa abaixou a cabeça, tentando conter a emoção. Mudou o tom:

— E aquele delegado bonitão? Convidou-a para mais um jantar?

— Convidou-me. E quer que eu conheça a mãe dele. Esses encontros com possíveis futuras sogras me dão um frio na barriga.

Luísa riu.

— Vou torcer para que seja uma senhora bem velhinha, bem doente, que não possa, de maneira alguma, atrapalhar a vida de vocês.

— Vire essa boca para lá — brincou Renata. — Espero que seja uma mulher tão interessante quanto o filho. Mais nada.

Renata teve de adiar o almoço com a mãe de Telles. Genaro, assim que soube de seu interesse em comprar a quase falida Cia. de Perfumes, ligou insistentemente e até ofereceu as passagens para que Renata fosse a Brasília.

Ela explicou a situação a Telles e marcaram um novo almoço, para a semana seguinte.

Genaro a recebeu de maneira polida. Mal se recordava de tê-la visto naquele dia distante, em que a polícia aparecera em sua casa. Ele simplesmente acreditou que o rosto dela lhe era familiar, mas não quis entrar em detalhes.

Conversaram por duas horas. Ele fez suas considerações, falou dos problemas da fábrica e explicou que queria se ver livre da empresa.

— E quanto aos funcionários? Se não entrarmos num acordo — ponderou Renata —, muitos funcionários perderão trabalho e muitas famílias serão atingidas.

— Estou pouco me lixando para as famílias. Eu quero me livrar desse abacaxi em minhas mãos.

Renata fechou o cenho. Agora tinha certeza do caráter sem verniz de Genaro. Tratou de ser rápida. Apresentou sua proposta e, ao término das duas horas de conversa, deixou o gabinete do deputado com uma alegria contagiante a invadir-lhe o peito.

— Eu vou transformar a Cia. de Perfumes na maior empresa de cosméticos deste país — disse para si mesma, de maneira convicta.

Renata retornou a São Paulo no mesmo dia e Telles fez questão de buscá-la no aeroporto. Ela apareceu no desembarque e ele estava lá, parado, com as mãos para trás.

Quando a viu, abriu largo sorriso.

— Quanta saudade!

Ela o beijou e respondeu:

— Vimo-nos hoje cedo. Não fiquei fora um mês.

— Um dia longe de você é muito triste — antes que Renata pudesse falar alguma coisa, ele sacou de uma das mãos um lindo buquê de flores sortidas. — Para você.

Renata emocionou-se. O romantismo de Telles era contagiante. Ela pegou o buquê e aspirou o perfume delicado das flores. Em seguida, beijaram-se demoradamente.

— Amanhã você vai conhecer minha mãe.

— Amanhã vai ser o grande dia! — replicou ela, de maneira engraçada.

— Vai adorar minha mãe. Ela está louca para conhecê-la.

— Mesmo?

— Sim. Ela até que tentou arrumar uma candidata para mim algum tempo atrás.

— Não me diga! Ela se preocupa tanto assim com a sua solidão?

— É. Minha mãe insistiu, mas eu não quis conhecer a moça.

— E quem era a moça?

— Não faço a mínima ideia — respondeu Telles. — E, agora que conheci você, não quero saber de mais ninguém.

— Olha lá. Esse é nosso quarto encontro. Não acha cedo demais?

— O que posso fazer se eu a amo? Esperar para quê?

Renata corou.

— Você me surpreende, Telles.

Beijaram-se novamente. Entraram no veículo, ele deu partida e o carro perdeu-se no meio da multidão de outros veículos que cortavam a avenida de acesso ao aeroporto.

Caio estava lendo um romance espírita envolvente, mal prestava atenção ao seu redor. Juão tentava puxar conversa, mas Caio se recusava a conversar. Num dia, cansado de ser assediado pelo falso pai de santo, encarou-o com firmeza.

— Que tanto me azucrina?

— Hã...

— Já não chega o mal que fez a tanta gente?

— Minha sensibilidade está em franco desequilíbrio. Abusei de minha mediunidade, conduzi-a de maneira torpe. Hoje sinto o peso do mal que causei a muita gente.

— Ore, meu amigo. Peça perdão e recomece.

— Como?

— Ajude àqueles a quem você prejudicou. Isso é um começo. Um belo começo.

Juão estava sinceramente disposto a mudar. Havia se comprometido com entidades de baixa vibração, abusara de seus poderes mediúnicos. Entretanto, sua consciência lhe cobrava o acerto de contas com as pessoas que prejudicara. Ele mal sabia como começar.

Ao que Caio respondeu:

— Comece fazendo o bem. Eduque sua mediunidade para o bem e, ao sair da cadeia, vá trabalhar num centro espírita. Coloque-se à disposição de espíritos de luz, voltados à realização do bem. Isso vai ajudá-lo a amenizar a culpa que corrói seu espírito.

— Pode ser — ponderou Juão.

— Peço a Deus que me ajude, todos os dias, mesmo pagando por um crime que não cometi.

— Sei do seu caso. Você foi acusado do assassinato daquele empresário famoso.

— Pois é. Mas sou inocente. Tive o azar de estar com o falecido justamente horas antes de ele ser assassinado.

— Sabe quem é o assassino?

— Desconfio.

— Algum conhecido?

— Por que quer saber? — perguntou Caio, desconfiado.

— Para ajudar. Quem sabe, com minha mediunidade entrando na rota do bem, eu não possa ajudá-lo a localizar o assassino?

— Isso seria um milagre.

— Pois eu acredito neles. Hoje tenho a consciência de que recebi um basta da vida. Estou tendo a chance de mudar minhas crenças e atitudes. Ainda posso me tornar uma pessoa de bem.

Caio condoeu-se com Juão. O homem estava sendo sincero. Mesmo perturbado por espíritos com os quais se comprometera, Juão também recebia a visita de espíritos amigos, que conhecera em outras vidas.

Juão fora um feiticeiro poderoso no passado. Nesta atual encarnação, comprometera-se a fazer o bem. Levado pela cobiça e pelo dinheiro fácil, com seu poder natural de persuasão e a sensibilidade bem desenvolvida, passou a fazer qualquer tipo de trabalho espiritual.

Tão logo fora preso, ele passou a refletir bastante sobre suas ações. Aos poucos, foi mudando seu jeito arrogante de ser. Passou a ser mais humilde. Ainda havia chance de Juão mudar, crescer e redirecionar sua vida de acordo com os anseios de sua alma.

— Eu vou ajudar você, Caio — tornou Juão, de maneira sincera.

— Como poderia?

— Vou tirá-lo desta prisão.

— Que você e Deus me ajudem!

※

Luísa tomou coragem e reapareceu na delegacia. Desta vez, o encontro entre ela e Caio foi completamente diferente daquele triste primeiro encontro.

Ela se aproximou e o chamou.

— Caio.

O rapaz abriu os olhos e mal conteve a emoção.

— Você! — exclamou, de maneira espontânea. — Pensei que nunca mais a veria.

Caio se levantou e aproximou-se das grades. Luísa sentia o corpo tremer.

— Como está?

— Vou indo. Ainda não apareceu nada que pudesse me ajudar a sair daqui.

— Você vai sair.

— Assim espero. Entretanto, o tempo urge.

— Mafalda afirmou no centro que você vai sair em breve. Os espíritos estão trabalhando a seu favor.

— Eu acredito neles. Relutei, mas tive de me render às verdades da vida. Tenho lido tanto, que tudo agora para mim ficou mais claro, mais coerente.

— Para mim também. As diferenças sociais, de cor, etnia, sexo, gênero, tudo tem uma razão de ser quando analisamos pelo lado espiritual, quando abrimos a mente e ampliamos nossa lucidez em busca da verdade. Eu mudei muito, Caio. Depois de meu casamento, refleti sobre o mal que me aconteceu e percebi o quanto estava longe de minha essência, da minha verdade.

— Eu também — considerou ele. — Não sei por que estou aqui encarcerado. Minha mãe afirma que tem relação com o passado.

— Não importa, Caio. Nesse tempo todo você amadureceu, cresceu, não ficou parado. Pode ter tido essa sensação porque ficou aqui, privado do mundo. Mas seu espírito cresceu. Você é um campeão.

Ele sorriu. Ergueu os braços, e suas mãos enlaçaram as de Luísa. Ambos sentiram o coração bater descompassado.

— Eu prometo que vou sair daqui, recomeçar minha vida e, se você me quiser, farei de tudo para sermos uma família feliz.

Os olhos de Luísa umedeceram. Havia tanto carinho nas palavras de Caio, que ela não pôde deixar de se emocionar.

— O que diz me enche a alma de contentamento. Eu o amo muito.

Caio fechou os olhos e aproximou seu rosto da grade fria que os separava. Forçou o rosto para a frente. Seus lábios e os de Luísa encontraram-se. Beijaram-se longamente. Depois, ele tornou:

— Vamos ser muito felizes. Eu prometo. Não vou decepcioná-la. Desta vez não vou ferir seus sentimentos.

— Por que diz isso?

Caio deu de ombros.

— Não sei. Talvez no passado eu a tenha feito sofrer. Não quero que isso se repita. Eu também a amo, com toda a minha força.

Luísa sentiu um brando calor invadir-lhe o peito. Ela amava Caio, mais que tudo no mundo. E se sentia amada, verdadeiramente amada.

CAPÍTULO 29

    Maximiliano terminou de realizar mais uma exposição. Foi a última. Estava decidido a parar com as exposições no Brasil. Tencionava regressar em definitivo para Londres, que julgava ser seu verdadeiro lar.
    Ele estava cansado do trabalho extenuante. Queria passar o resto do tempo estudando os fenômenos mediúnicos, a espiritualidade como um todo.
    Londres seria sua casa, mas ele rodaria o mundo atrás de relatos, provas, declarações que comprovassem a reencarnação. Esse era seu compromisso. E Max estava muito feliz em poder retornar e reencontrar seu velho e querido amigo Bryan Scott.
    Ele, Renata e Telles estavam almoçando em um restaurante pequeno e charmoso, na região dos Jardins. Após os pedidos, brindaram a sua partida.

— Eu não queria que nos deixasse — protestou Renata.

— Eu não pertenço a este lugar — redarguiu Max. — Cansei da minha vida neste país. Adoro o Brasil, mas a Inglaterra é o meu lar. O que fazer? Eu sinto isso.

— Deve ser porque viveu lá muitas vidas — tornou Telles.

— Acredito que sim. O doutor Bryan Scott uma vez me disse que minha última encarnação foi na Inglaterra.

— Ele revelou outros detalhes? — interessou-se Renata.

— Sim. Disse-me que você era minha sobrinha e vivemos muito bem.

— Fui sua sobrinha? Mesmo?

— Sim. E casou-se com um implacável investigador de polícia — seus olhos se dirigiram a Telles e Max riu malicioso: — Pelo jeito, você reencarnou em outro país, mas com profissão semelhante.

Telles sorriu contente.

— Eu amo minha profissão.

— E não a deixaria para trabalhar na Cia. de Perfumes?

— Nunca! Negócios é com minha futura esposa. Eu trato de investigar os crimes. Um casal adorável, não acha?

Eles riram à beça.

— Eu sempre fui muito grato ao Telles — tornou Max. — Se não fosse você naquela noite, próximo àquela boate, eu seria roubado e morto por aquele garoto.

— Que história é essa? — inquiriu Renata.

— Certa vez, acompanhando um amigo meu em uma ronda noturna, percebemos uma discussão acalorada entre dois rapazes. Um deles era Max, acuado. O outro sacou um canivete do bolso e só me lembro de quase jogar a viatura sobre o menino.

— Naquele dia você salvou a minha vida — disse Max, bastante emocionado.

— Foi aí que ficamos amigos.

— Por conta desse incidente, eu parei para refletir e ver o rumo que minha vida estava levando. Eu só queria dançar, beber e sair da boate com qualquer um, só para me satisfazer sexualmente. Depois dessa história em que Telles fora meu anjo guardião, larguei essa vida e debrucei-me nos estudos espirituais. Como vê — Max deu uma piscada para Renata —, seu namorado é o responsável por eu estar metido até a cabeça com o mundo dos espíritos. E vivo, ainda por cima!

— Ainda bem que por uma boa causa — devolveu ela.

— Sim.

Max levantou-se e abraçou Telles.

— Você me salvou de novo da enrascada com o Guido.

— Se eu o conhecesse pessoalmente, eu já estaria no seu encalço — suspirou Telles, triste.

Max aproveitou e mudou o rumo do assunto. Voltou a sua cadeira e, ao ajeitar o corpo, perguntou a Renata:

— Como anda a fábrica?

Ela suspirou.

— Trabalho é o que não falta. Tem muita coisa para fazer. Infelizmente, o Gregório não cuidava da empresa com a responsabilidade de um bom administrador. Deixou-a nas mãos de pessoas incompetentes e por um triz a empresa não foi definitivamente para o buraco. Estou trabalhando duro. Estou lá há apenas alguns meses e ainda há muito, muito trabalho.

— Vai relançar os perfumes?

— Tiramos alguns do mercado, por ora — respondeu Renata. — Vamos reformular as campanhas. Usar novos rostos. Pretendo revolucionar o mercado.

— Torço para que você tenha muito sucesso — tornou Max, com sinceridade.

— Outro dia, um antigo modelo da Cia. de Perfumes foi me procurar.

— Quem, Renata? — indagou Max, curioso.

— Lembra-se do Marco Antônio?

— Marco Antônio — Max repetiu e coçou o queixo —, não era um rapaz loiro, muito bonito, de cabelos encaracolados?

— Esse mesmo. Fazia a campanha do perfume Nero, anos atrás.

— Lembro-me dele sim, de algumas festas. Mas me parece que ele se acidentou e sumiu.

— Sofreu queimaduras pelo corpo todo. Uma tristeza só — ajuntou Telles.

— Como sabe? — inquiriu Renata.

— Eu o conheço, mora no mesmo prédio que eu. Ele realizou um churrasco para os amigos, a fim de comemorar a nova campanha do perfume que iria fazer e, num descuido, em vez de jogar água sobre a chapa, pegou o frasco errado e jogou álcool.

Max e Renata fizeram um esgar de incredulidade.

— Ele perdeu o contrato e ficou sem trabalho. Continua lá no prédio, vive dando aulas de inglês, está com o condomínio atrasado...

— Ele foi me procurar na Cia. de Perfumes — tornou Renata. — Fiquei triste com seu estado, mas seu rosto está intacto. Marco Antônio continua bonito.

— Por que não o contrata para fazer alguma campanha?

— É o que pretendo fazer. Vou chamá-lo para trabalhar conosco.

— Brilhante ideia — ponderou Max. — Esse rapaz, agora me lembro bem, é muito bonito, uma simpatia de pessoa. Você está sendo justa ao contratá-lo. Tenho certeza de que Gregório virou as costas para o rapaz.

— Foi o que aconteceu. Ele pediu ajuda e lhe foi negada. Mas agora vai ser tudo muito diferente. Marco Antônio será um dos modelos escolhidos para o relançamento dos perfumes masculinos.

— Um dos modelos? Você pretende contratar outros homens bonitos?

— Sim.

— Assim eu fico com ciúmes — Telles fez beicinho.

Renata o beijou delicadamente nos lábios.

— Fique tranquilo, meu amor. Você me fisgou desde o primeiro olhar. Só tenho olhos para você e mais ninguém.

— Quisera eu ser amado assim — suspirou Max.

— Nunca se sabe...

— Quem sabe — ajuntou Telles — o seu príncipe encantado não esteja lá em Londres?

— Pode ser, pode ser — respondeu Max, de maneira jovial.

O semblante de Renata ficou mais sério. Ela fitou o nada e declarou:

— O Caio vai trabalhar comigo. Vai fazer muitas campanhas. Vai ser famoso. E vai ser feliz.

— Como tem tanta certeza disso? — perguntou Telles.

— Eu sinto. Caio vai se safar dessa e vai ser muito feliz.

— Gostaria de vê-lo — solicitou Max.

— Podemos ir amanhã. O que acha? — perguntou Renata.

— Perfeito. Quero conversar com esse menino. Tenho algumas considerações a lhe fazer sobre a vida espiritual.

— O que é?

— Recebi uma carta do doutor Bryan Scott dois dias atrás. Ele me relatou um caso espantoso.

— O que é Max? — inquiriu Renata.

— Estou curioso — completou Telles.

Max relatou o caso descrito por Bryan Scott. Ambos ficaram estupefatos com a história.

— Você precisa contar ao Caio — replicou Renata.

— É fascinante — finalizou Telles.

— Sim. Vou contar a ele. Os espíritos querem que Caio aprofunde-se cada vez mais nos estudos do mundo espiritual. Aí estará a sua salvação.

Um dia depois, Renata, Max e Telles foram à delegacia. Luísa tinha prova na faculdade e não pôde comparecer. Iria visitar seu amado no dia seguinte.

Eles se aproximaram de Caio. O rapaz os cumprimentou e Renata os apresentou.

— Este aqui é o nosso amigo Maximiliano. Pode chamá-lo de Max.

Caio estendeu a mão pela grade. Max o cumprimentou.

— Nós nos conhecemos rapidamente, há muito tempo, na porta da pensão. Dei carona à sua mãe.

— Eu me lembro. Entretanto, mal nos falamos. Eu queria muito conhecê-lo.

— É mesmo?

— Sim. Morei em sua casa, na época do Guido, faz um bom tempo.

Max meneou a cabeça para cima e para baixo.

— Eu me recordo. Falamo-nos umas duas vezes por telefone. Vocês deixaram uma energia pesada naquela casa — disse Max, entre sorrisos.

— Perdoe-me, Max. Eu não entendia nada do mundo espiritual nem mesmo queria acreditar que ele existia. Entretanto, o tempo aqui na prisão tem me mostrado que eu estava enganado.

— O conhecimento em geral nos abre muitas portas. O conhecimento espiritual, por conseguinte, nos abre as portas do desconhecido, ajudando-nos a compreender melhor o mundo em que vivemos e a nós mesmos.

— Tem razão — ponderou Caio. — Mudei muito nesse tempo todo. Tenho lido bastante e até arrumei um companheiro que discute comigo temas espirituais.

— Quem é?

Caio apontou para Juão, que estava na outra cela, e baixou o tom de voz.

— Ele está dormindo agora. Teve uma noite de pesadelos. Às vezes Juão é assediado por uma leva de espíritos que vêm lhe cobrar satisfações. Tem a ver com seu passado, com sua consciência pesada.

— Espero que ele possa se livrar desses ataques — afirmou Telles.

— E vai — disse Caio. — O Juão prometeu que vai me ajudar a sair daqui.

— Tomara — retrucou Renata. — Preciso de você para trabalharmos bastante.

— Trabalhar?

— Sim. Pensa que vai sair da cadeia e não fazer nada? Não, senhor! Vai trabalhar comigo.

— Eu não sei fazer nada — disse Caio, em tom humilde.

— Tem um rosto bonito. Está maltratado pelo tipo de vida que leva, mas com o tempo a beleza ressurgirá. Você vai ser um dos modelos da Cia. de Perfumes.

Os olhos de Caio brilharam emocionados.

— Jura?

— Sim. Não é o seu sonho?

— É.

— Não veio a São Paulo para ser modelo?

— Sem dúvida.

— Então aproveite seus dias de férias. Quando sair da cadeia, você vai trabalhar bastante.

Caio não cabia em si, tamanho era seu contentamento.

— Obrigado por tudo, Renata. Não tenho palavras para lhe agradecer.

— Não tem de agradecer. Tem de fazer os homens comprarem meus perfumes. Só isso.

Caíram numa risada gostosa. Foi então que Max aproximou-se e contou a Caio sobre a carta que recebera de Bryan Scott.

— A reencarnação, meu amigo Caio, é um assunto cheio de controvérsias.

— Sei. Tenho lido a respeito.

— Neste ano, lá na Inglaterra, foi revelado um dos casos mais convincentes da história.

— É mesmo?

— Sim.

— Gostaria de me contar?

Max assentiu com a cabeça.

— Vim justamente para lhe contar essa fascinante história.

— Sou todo ouvidos — afirmou Caio.

Max apoiou-se nas grades e iniciou seu relato.

— O doutor Joe Keeton já havia conduzido várias regressões por meio da hipnose quando conheceu o jornalista Ray Bryant. O *Evening Post*, periódico em que o jornalista trabalhava, encomendara-lhe a uma série de artigos ligados à paranormalidade. Em um desses artigos, Ray pretendia enfocar as evidências de reencarnação. E, a fim de dar à matéria um enfoque pessoal, o jornalista propôs ao doutor Keeton que o hipnotizasse. Embora Bryant jamais tivesse sido hipnotizado, acreditou na seriedade com que Keeton conduzia seu trabalho.

Caio mostrou-se veementemente interessado. Maximiliano continuou:

— Sob efeito hipnótico, o jornalista Ray Bryant lembrou-se de algumas vidas passadas. A mais marcante, durante as sessões de hipnose, ocorreu quando o jornalista havia vivido como um soldado, de nome Reuben Stafford, que lutara na Guerra da Crimeia e, ao retornar à Inglaterra, passara os últimos anos da vida trabalhando como barqueiro no Tâmisa.

De acordo com as lembranças de Bryant durante a regressão, ele reencarnou em 1822, quando nasceu em Brighthelmston, e desencarnou em 1879, quando morreu afogado em um acidente, em Londres. Nessa vida anterior, o jornalista londrino adquiriu um acentuado sotaque da região de Lancashire, detalhe que refletia o fato de que Stafford passara grande parte de sua vida no norte da Inglaterra. A regressão do jornalista, em si, não constituía prova de nada e, após testemunharem a manifestação do soldado vitoriano, dois membros da equipe de Keeton, Andrew e Margaret Selby, foram buscar evidências da existência real daquele homem.

Max suspirou e deu prosseguimento:

— Em Londres, na biblioteca Guildhall, o casal teve acesso, por coincidência, digamos assim, a uma lista com nomes de vítimas da Guerra da Crimeia. Dela constava o sargento Reuben Stafford, que servia no 47º Regimento de Infantaria de Lancashire, e fora ferido na mão, na Batalha dos Quarries. Na sessão de hipnose seguinte, essas informações foram ditas por Ray Bryant. A data, o local e o nome da batalha foram recordados por "Stafford", assim como outros fatos da sua carreira militar. Todos absolutamente corretos.

— Isso é formidável — replicou Caio.

— Tem mais — finalizou Max. — A pesquisa do casal Selby não parou. Trabalhando alguns dias nos registros do cartório, descobriram a certidão de óbito do soldado Stafford e puderam verificar que o militar morrera por afogamento, tendo sido enterrado em East Ham, como o jornalista revelara na primeira sessão de regressão. E, de mais a mais, os dados biográficos do soldado morto não eram publicamente conhecidos.

— Estou estupefato — concluiu Caio. — E esse caso foi revelado agora?

— Sim — tornou Max. — Faz duas semanas. O doutor Bryan Scott me escreveu tão logo o artigo fora publicado. Por isso, quero voltar o mais rápido possível para Londres e debruçar-me cada vez mais sobre as evidências da reencarnação. Não há mais como duvidar.

— Estou fascinado. Tenho aprendido muito com os livros que mamãe me trouxe.

— Max queria vir até aqui e contar esse caso pessoalmente a você — redarguiu Telles.

— Obrigado. Ganhei o meu dia! Ouvir essa explanação que prova a reencarnação e ainda ser convidado para ser modelo! Só falta a minha Luísa aqui para eu explodir de felicidade.

— Luísa está estudando bastante — ajuntou Renata. — Ela se encontrou no Direito.

— E me encontrou — rebateu Caio. — O que mais ela quer?

Os três riram a valer. Continuaram entabulando conversação por mais alguns minutos e, algum tempo depois, Renata, Max e Telles despediram-se de Caio.

O rapaz deitou-se em sua cama e a expressão em seu rosto era puro contentamento.

Próximo dele, os espíritos de Norma e Carlota mantinham conversação.

— Estou tão feliz! — exclamou Norma. — Fiquei afastada algum tempo, dando assistência ao Gregório, quer dizer, Lucy, e nem vi o tempo passar. Parece que caminhamos para um desfecho feliz para todos.

— Sim — tornou Carlota. — Logo Caio será solto e poderá recomeçar sua vida ao lado de Luísa.

— E Henry? Eu não mais o vi — disse Norma.

— Ele está fazendo curso preparatório próprio para aqueles que vão reencarnar. Henry anseia muito uma vida feliz ao lado de Luísa e Caio.

— Ele foi privado do convívio do pai no passado. Não vai estranhar o convívio com Caio?

— De forma alguma. Caio, em outra vida, abandonou-os, mas agora sua consciência o chama para a responsabilidade do matrimônio e da paternidade. No fundo, ele anseia ser bom marido e bom pai. Henry perdoou-lhe de coração e vai nascer num lar muito feliz.

— Pelo menos alguns nós do passado foram desatados.

— Sim, Norma. E por falar em nós — Carlota adquiriu um olhar sério —, onde está Loreta? Ela não queria ver o Caio?

— Loreta virá em outra oportunidade. Está ao lado de Lucy. Elas estão se entendendo.

— Mãe e filho nesta vida, irmãs no passado. Como a vida é mágica, proporcionando-nos oportunidades diversas de reencontros e ajustes!

— Nem me fale, Carlota. Sinto-me gratificada em poder ajudar a todos. Afinal, fazemos parte de uma grande família.

Carlota assentiu com a cabeça. Em seguida, beijaram a fronte de Caio e dirigiram-se para a cela ao lado.

— Vamos assoprar em Juão a evidência? — perguntou Norma, em tom de malícia.

Carlota deu uma piscadela.

— Creio que está na hora. O espírito de Caio amadureceu e ele se libertou das culpas do passado. Não precisa mais passar por essa experiência. Chegou o momento de ajudá-lo.

— E também ao Juão.

— Por certo. Juão falhou muito nesta vida, mas encontra-se sinceramente arrependido. Ele merece uma nova chance. Quem sabe, ligado ao nosso grupo, ele não venha a desenvolver um bonito trabalho espiritual na Terra?

— Tem razão, Carlota, todos merecem uma nova chance.

As duas se aproximaram de Juão. Ele estava adormecido. Carlota pousou a mão em sua fronte. Uma luz cristalina irradiou de sua mão e entrou na mente do rapaz. Em seguida, Norma abaixou-se na altura da nuca dele e assoprou. Juão remexeu-se na cama, seu corpo estremeceu por instantes e ele voltou a dormir.

— Terminamos nossa parte — tornou Norma.

— Que Deus abençoe a todos! — finalizou Carlota.

CAPÍTULO 30

Renata chegou cedo ao centro espírita naquela noite. O trabalho na Cia. de Perfumes ia de vento em popa, era pesado, mas ela começava a colher os resultados de sua dedicação extremada. Conseguiu renegociar as dívidas com os fornecedores, pagou os salários atrasados dos funcionários, e a campanha do novo perfume Adônis, estrelada por Marco Antônio, fez tremendo sucesso.

O dinheiro entrava aos montes no caixa da empresa, e Renata sentia-se realizada. Era o que desejava. Ter seu próprio negócio. Aliás, um negócio bem rentável.

Ela estava intrigada com algo que acontecera no finalzinho da tarde. Não era costume, não obstante, naquela tarde, em particular, Renata decidiu largar o batente mais cedo.

Deixou algumas recomendações a Meire, que agora era sua secretária.

— Pode ir mais cedo. O dia foi puxado e nós merecemos um descanso maior.

— Obrigada, Renata — agradeceu Meire, sincera. — Sabe, tenho me sentido feliz em ver a empresa voltar a crescer. Tenho orgulho de fazer parte do quadro de funcionários da Cia. de Perfumes.

— Vocês fazem por merecer. Tenho excelentes funcionários. Sem vocês, eu não conseguiria tamanho sucesso.

— Obrigada.

— Por esse motivo, hoje você pode ir para a casa mais cedo para descansar.

— Eu vou ficar mais um pouco.

— Por quê?

Meire riu.

— Marco Antônio está assinando um contrato lá no departamento de recursos humanos. Ele vai me levar para casa.

Renata balançou a cabeça para cima e para baixo.

— Entendo.

Meire ruborizou.

— Assim que ele sair, vamos embora.

— Está namorando o Marco Antônio?

— Estamos nos conhecendo.

— Torço por vocês. Marco Antônio é um bom moço e, cá entre nós, muito bonito. Veja como o rosto bonito dele vende meu perfume!

— Ele é lindo, sim, Renata. Também é cavalheiro, sensível. O homem dos meus sonhos.

— Vocês formam um lindo casal. Você também é muito bonita, Meire.

— Obrigada.

— Que sejam felizes! Vou torcer por vocês.

Meire sorriu e, ao chegar à porta da sala de Renata, virou o corpo e perguntou:

— Vou passar o tempo e quero jogar alguns papéis fora. Tem muita coisa do seu Gregório na minha sala.

— O quê, por exemplo?

— Contas, correspondências que fui guardando após sua morte. Há um monte lá nas minhas gavetas — ela fez um sinal com as mãos. — Posso me livrar delas?

— Pode sim. Afinal, faz mais de um ano que Gregório morreu. Genaro vendeu-me a companhia e, quando vendeu a mansão do Morumbi, mandou para cá todas as correspondências de Gregório. Creio que podem ir para o lixo.

— E — ajuntou Meire — quando a casa foi vendida, o Genaro mandou todas as contas para cá também. Tem muito papel para jogar fora.

Renata sentiu um aperto no peito, parecia que sua intuição queria lhe dizer algo.

— Façamos o seguinte. Separe as correspondências de Gregório, as contas e tudo o mais que estiver no nome dele, coloque-as numa caixa e deixe aqui na minha sala. Faria essa gentileza?

— Não quer que eu jogue fora? Vieram muitas contas antigas lá da casa do seu Gregório. É muita papelada sem valor.

— Algo me diz que não devemos, ainda, jogá-las fora. Deixe-as aqui na minha mesa.

— Está certo. Boa noite.

— Boa noite, Meire. Até amanhã.

※※※

Mafalda deu-lhe um cutucão de leve.

— Está aqui ou em outro mundo?

— Olá, Mafalda. Por que já chegou?

— Os espíritos me avisaram que você viria mais cedo. Pediram para que façamos uma corrente de orações para o Caio.

Renata preocupou-se.

— Algo ruim?

— Não creio. Vamos atender às recomendações do Alto.

Elas continuaram a conversar. Em seguida, Zulmira apareceu na recepção. Após o tratamento espiritual, ela passou a frequentar a casa espírita amiúde. Cumprimentou-as com beijinhos na face.

Mafalda pediu licença, dizendo:

— Conto com você, Renata, para a corrente de orações no término dos trabalhos. Se quiser — convidou Zulmira —, poderá participar também.

— Adoraria.

— Espero-as logo depois das dez horas.

Mafalda afastou-se, e Zulmira ajuntou:

— Adoro sentir-me útil. Hoje vamos orar por alguém em especial?

— Sim. Um amigo nosso precisa de nossas vibrações positivas. Será um prazer ter você conosco.

— Gosto muito de você, Renata — disse ela, de maneira bem espontânea.

— Prezo muito a sua amizade, Zulmira. Simpatizei com você desde aquele distante dia, aqui na recepção.

— Eu também a achei muito simpática. Algo me dizia que eu a conhecia. Mas de onde?

Renata sorriu.

— Talvez de outras vidas.

— Será?

— Como diz Mafalda, os encarnados nunca se encontram por acaso.

— Acho que — Zulmira suspirou — se você conhecesse meu filho, tenho certeza de que se dariam muito bem. Entretanto — disse ela de maneira triste —, ele está apaixonado, morre de amores por uma moça.

— E isso não é bom? — perguntou Renata. — O amor não é espontâneo, não vem de graça. Amor é potencial que se desenvolve, que se educa. Seu filho merece ser feliz. Não é o que almeja?

— Sem dúvida! — exclamou Zulmira. — Bom, ele vai levá-la para jantar na minha casa qualquer dia desses. Sempre que marcamos, alguma coisa dá errado. Ou eu não posso, ou ela não pode, ou até mesmo meu filho não pode.

— Na hora certa você vai conhecê-la e tenho certeza de que vai adorá-la.

— Será?

— Confie, Zulmira. Se seu filho é tão bom como você diz, então a moça também deve ter lá seu charme, sua simpatia. Não se esqueça de que nos unimos por afinidades.

— Assim espero. Por falar nisso — ela baixou o tom de voz —, meu filho vem conhecer o centro hoje. Eu falo tão bem daqui, que ele está curioso para saber onde a mãe dele se meteu.

Elas riram. Renata perguntou:

— Ele é médium, não é? Lembro-me de você ter me falado que ele escutava os espíritos.

— É. Você se lembra mesmo! Na profissão dele...

Zulmira começou a contar sobre a profissão do filho, todavia Renata não lhe deu ouvidos. Enquanto prestava atenção ao relato de Zulmira, ela ficou estática, dura, ao ver aquele homem barbudo entrar no centro espírita. Seu coração bateu descompassado e Renata sentiu a boca secar, tamanha era sua emoção.

Zulmira percebeu o estado apoplético da moça e acompanhou os seus olhos. Ela abriu largo sorriso e estendeu os braços.

— Filho, que bom que chegou!

Telles deu um abraço bem apertado na mãe, enquanto seus olhos não desgrudavam dos de Renata. Zulmira desprendeu-se dele e apresentou:

— Essa é a moça de que lhe falo tanto.

— Renata?

— Sim.

— Você queria me apresentar a Renata, mãe?

— É! Como sabe o nome dela?

Zulmira não disse mais nada. Notou o olhar apaixonado de ambos. Telles beijou delicadamente os lábios de Renata e, antes que sua mãe pudesse articular som, ele contrapôs:

— Mãe, esta é a moça que eu tanto quero lhe apresentar.

— Como assim? — inquiriu Zulmira, sem entender.

— A Renata é a moça por quem estou apaixonado.

Zulmira não conteve a emoção. As lágrimas escorriam pelo seu rosto. Ela abraçou Renata.

— Você não sabe como estou feliz hoje! Sempre roguei a Deus que pudesse intervir e aproximar você do meu filho. Eu sentia que vocês iam se dar bem. Nasceram um para o outro.

— Você tem razão — tornou Renata, profundamente emocionada. — Nascemos um para o outro.

Os três fecharam-se num abraço caloroso. Após baixar o calor da emoção, conversaram, animados, sobre as coincidências da vida. Se é que aquilo era coincidência...

※※※

Caio acordou com o grito desesperado de Juão.

— Eu sei! Eu sei!

Dois outros presos gritaram impropérios para Juão. Ele nem ligou. Chamou Caio, insistentemente.

— Ouça-me. É importante. Eu descobri!

Caio levantou-se de maneira irritada.
— Cale a boca, Juão. Não vê que é tarde?
— Por favor — ele fazia movimentos frenéticos com as mãos —, escute-me. É importante.
— O que foi dessa vez?
— Eu descobri a prova que vai inocentá-lo.
Caio não entendeu de pronto.
— O que foi que disse?
— Descobri a evidência que vai livrá-lo das grades.
— Deixe de besteiras, homem. Volte a dormir.
— Caio, por favor, escute-me. Eu orei muito nesses dias e comecei, sinceramente, a me perdoar e a pedir perdão aos meus desafetos, tanto encarnados quanto desencarnados. Eu jurei que, se pudesse ajudar você de alguma maneira, que minha mediunidade servisse de veículo para tal. Eu quero fazer o bem, somente o bem. E jurei que, se eu pudesse ajudá-lo para valer, eu iria me redimir e usar minha mediunidade para ajudar outras pessoas. Só para fazer o bem. É verdade!

Juão falava de maneira comovente. As lágrimas escorriam pela fronte e sua voz era entrecortada por soluços. Caio sentiu que ele falava a verdade. Ele aproximou-se das grades.
— O que tem a me dizer?
— Sonhei que estava na casa do empresário assassinado.
— Gregório?
— Esse mesmo. Eu estava na casa dele e de repente eu vi um papel. Aproximei-me e, chegando bem perto, era como se eu estivesse acordado. Foi muito nítido.
— O que você viu?
— Uma conta.
— Uma conta, Juão?
— É. Uma conta de telefone. Nela está a prova de que você não matou o empresário.

Caio não conseguia articular as palavras nem mesmo concatenar os pensamentos. Juão prosseguiu:

— Eu peguei a conta nas mãos e li no canto superior: fevereiro de 1983. Você deve mandar procurar essa conta de telefone, desse mês específico. Nela vai estar a evidência que faltava para inocentá-lo.

Caio sentiu que seu coração ia explodir. Ele mordeu os lábios, mas não conseguiu conter o pranto. Precisava falar com Telles, com doutor Lopes, com Luísa... Ele mal cabia em si tamanho era seu contentamento.

— Prometo — ele disse a Juão — que, se isso for verdade e eu for solto, farei de tudo para tirá-lo da cadeia.

— E vou trabalhar num centro espírita. Usarei minha mediunidade em benefício das pessoas. Serei um homem de bem. Eu juro. Depois de hoje, eu não tenho mais dúvidas de que o Alto está me ajudando. Os espíritos de luz voltaram a ficar do meu lado — exultava Juão, profundamente emocionado.

Aquela noite foi difícil para Caio conciliar o sono. Ele bem que tentou, mas a ansiedade não lhe permitia fechar os olhos. Não obstante, a corrente de orações vindas do centro espírita e endereçadas a ele surtiram efeito. Caio sentiu-se bem, como há muito tempo não se sentia. Num dado momento, suas pálpebras cerraram, e ele dormiu um sono profundo e reconfortante.

Na manhã seguinte, após ouvirem o relato emocionado de Juão, Telles e doutor Lopes correram até a Cia. de Perfumes. Relataram o sonho do médium a Renata.

— É impressionante — disse ela. — Com tanta riqueza de detalhes?

— Sim — afirmou Telles. — E Juão declarou que a conta está por aqui, nos pertences de Gregório.

Renata levou a mão ao peito.

— O que foi? — inquiriu o advogado.

— Meire ontem me falou que ia fazer uma limpeza e jogar fora as contas e correspondências de Gregório.

Telles sentiu o sangue gelar.

— Você não...

Renata tranquilizou o namorado, encostando o indicador na boca dele.

— Chi! Calma. Eu tive um pressentimento de que deveria guardar essas correspondências. Segui a minha intuição.

— Graças a Deus! — ponderou Telles.

— Elas estão naquela caixa — apontou.

Telles e Lopes vasculharam os documentos, as correspondências, as contas. Acharam a conta de telefone que João garantiu ver no sonho. Lopes checou e, para seu espanto, verificou:

— Olhe só isso! — apontou.

Telles espremeu os olhos e não podia acreditar no que via.

— Uma chamada à distância para Vassouras? Na madrugada do crime? Às quatro e meia da manhã?

— É. Como não atentamos a esse detalhe? Por que deixamos de verificar as contas telefônicas?

— Não sei, doutor Telles. Mas vamos rastrear essa ligação.

E assim foi feito. A polícia entrou em contato com a companhia telefônica e descobriu-se que, na madrugada que Gregório fora assassinado, de sua casa fizeram uma ligação para Vassouras, no Rio de Janeiro. Com posse do número discado, chegaram à casa de um humilde caseiro de um sítio.

Finalmente, descobriram o paradeiro de Guido. Ele estava morando com os pais, na casinha anexa ao sítio. Mas Guido não pôde ir a julgamento. E nem teria condições de esperar pela sentença condenatória. Era como se seu corpo, combalido e doente, estivesse esperando por aquele momento, a fim de se redimir e desencarnar com a consciência menos pesada.

Os investigadores de polícia tomaram seu depoimento. Ele confessou ter assassinado Gregório.

Um dos investigadores, vendo o estado precário em que Guido se encontrava, perguntou ao pai:

— O que ele tem?

— Doença ruim. Parece que ele pegou esse câncer que está matando os homossexuais — falou, num tom envergonhado e triste.

Guido desencarnou três dias depois de assinar seu depoimento. Pressentindo que a morte o levaria naquela noite, solicitou ao pai que entregasse uma carta a Caio.

※※※

A imprensa não se interessou pela prova que inocentava Caio. Como o culpado do assassinato de Gregório havia morrido, e o crime já começava a desaparecer da mente social, nenhum alarde foi feito no dia em que o juiz expediu o alvará de soltura.

Luísa, Rosalina e José chegaram cedo ao distrito policial. Em seguida, chegaram Telles, Renata e Max. Até Celinha estava presente. Todos estavam ali para abraçá-lo, beijá-lo e ajudá-lo a reintegrar-se à sociedade, depois de um longo período preso.

As lágrimas banhavam a face de Caio. Ele não tinha palavras para expressar a sua gratidão. Todas aquelas pessoas o haviam ajudado a manter-se em equilíbrio. Todos aqueles à sua volta prezavam pelo seu bem-estar.

Caio nunca se sentiu tão amado em toda sua vida.

Luísa entregou-lhe a carta de Guido. Caio abriu o envelope e tirou o papel amarelado pelo tempo. As letras continham vários garranchos, mas ele conseguiu entender.

Prezado Caio,

Não sei quando esta carta vai chegar a suas mãos. Mas tenha a certeza de que, quando você estiver lendo essas linhas, eu não estarei mais no mundo dos vivos...

Eu o conhecia muito antes de nos encontrarmos no ponto de ônibus, afinal, tudo não passou de uma armação do Gregório. Ele descobriu que Loreta, mãe dele, tinha você como amante e sentiu-se ultrajado, porém fixou na mente que, se ela podia ter um rapaz lindo em sua cama, ele também podia.

Eu tentei demovê-lo da ideia, mas Gregório me deu um bom dinheiro para ir a Bauru e vigiar seus passos. Ele arquitetou tudo. Loreta não morreu de ataque cardíaco, foi assassinada. Por Gregório. Isilda colocou um pó na taça de champanhe de Loreta, pó esse fornecido por Gregório, na noite do crime.

A mãe estava morta e assim comecei a persegui-lo. Eu fiquei na espreita e vi quando você saiu da casa de Loreta, aturdido. Sabia que você ia fugir, como Gregório previu. Eu o segui na viagem de ônibus. Você nem notou minha presença. Em São Paulo, eu fui um dos últimos a sair do ônibus. Fui atrás de você e, num dado momento, fingi estar na fila do ponto e apresentei-me como amigo.

Mas eu estava fazendo tudo o que Gregório queria. A ideia dele era tê-lo a todo custo. Por isso quis atraí-lo para a Cia. de Perfumes. E, para atormentá-lo, ele escrevia aquelas cartas em que dizia ser você o autor da morte de Loreta.

Foi uma espécie de vingança, não sei ao certo.

Quando Max me deixou, eu procurei Gregório e o extorqui. Arranquei bastante dinheiro dele, porque, se ele não me desse o que eu queria, eu contaria tudo sobre a morte de Loreta.

Na noite em que você lá esteve para lhe devolver o dinheiro, eu estava no quarto. Eu precisava de mais dinheiro e estava me deitando com Gregório.

Assim que você saiu, ele subiu para o quarto, aos prantos, dizendo que o amava e você não podia ser de ninguém. Eu afirmei que ele era doente e estava bêbado. Gregório pegou um papel e começou a escrever seu nome. Eu arranquei o papel da mão dele.

A nossa discussão durou até umas quatro da manhã. Eu exigi que ele me desse a combinação do cofre. Gregório me esbofeteou. Fiquei fora de mim. Corri ao banheiro, olhei-me no espelho e, ao ver a marca de seus dedos no meu rosto, fiquei possesso.

Peguei um par de luvas plásticas na gaveta sob a pia, porque tencionava esganá-lo. Mas aí eu vi uma tesoura e não pensei duas vezes.

Saí do banheiro e mudei o tom de voz. Implorei para que Gregório se deitasse na cama. Ele me dizia ser Lucy. Falava que você era dele e deitou-se de costas. Aproveitei aquele momento, amarrei seus braços, peguei a tesoura e... O resto você já sabe. Não preciso dizer como o matei.

Após meu ataque de fúria, eu concatenei os pensamentos, mas já era tarde. Gregório estava morto e eu me apavorei. Pensei em meu pai e liguei para Vassouras. Meu pai ainda brigou comigo porque era madrugada e ordenou que eu ligasse pela manhã.

Eu estava atordoado, perturbado. Ainda sob o efeito do álcool e da cocaína, eu meti as luvas no bolso da jaqueta, peguei o dinheiro que você deixou sobre a mesinha no jardim de inverno e, propositadamente, deixei sobre ela o papel em que Gregório escrevera seu nome.

Fui até o cofre e não consegui abri-lo. Eu estava muito nervoso. Os cães me conheciam e só latiram. Não me morderam. Eu escalei o portão, ganhei a rua e tomei um táxi em direção à rodoviária. Comprei uma passagem para o Rio de Janeiro. Quando desci na rodoviária, comprei o bilhete para Vassouras.

Eu me arrependi e decidi procurar a polícia. Entretanto, comecei a ter diarreia constante e febre. Encharcava os lençóis de tanto suor. Descobri estar com aids. A doença evoluiu de maneira rápida e, envergonhado e doente, não tive coragem de me entregar à polícia.

Eu orei muito para que, de alguma forma, você pudesse não ir a julgamento. Deus me ouviu. Provavelmente, agora, você está livre.

Estou com medo. Sinto que vou morrer e nunca pensei que um dia isso fosse acontecer. Pelo menos não tão cedo.

Eu não enfrentei um tribunal, mas vou enfrentar o de minha consciência.

Que Deus o abençoe,

Guido

Caio terminou de ler e enxugou os olhos com as costas das mãos. Ele abraçou Luísa e chorou, chorou muito. Não adiantava sentir raiva de Guido. O rapaz estava colhendo o que havia plantado. E o mais importante era que Caio estava livre. Estava solto.

EPÍLOGO

Os dias que se seguiram foram de imensa felicidade para Caio. Ele se mudou para o apartamento de Luísa. Marcaram a data do casamento para dali a três meses. Telles e Renata animaram-se e marcaram a data de seu enlace para logo mais.

Maximiliano ficaria até o casamento de Telles e Renata, e no dia imediato partiria para Londres. Não tencionava mais regressar ao Brasil.

Isilda foi localizada e presa, mas não pôde também ir a julgamento. Estava louca, atormentada por espíritos zombeteiros com os quais ela se comprometera no passado. Terminou seus dias trancafiada em uma instituição para doentes mentais.

João saiu da prisão com a ajuda de Caio. Não quis fazer outra coisa na vida a não ser trabalhar em benefício das pessoas, assessorado sempre por espíritos de luz. Foi trabalhar no centro espírita de Mafalda.

Marisa, esposa de Genaro, também tivera um passado de violência doméstica. O namorado batia nela e, quando descobrira-se grávida, pensou em se matar. Conhecera Genaro na sequência e, sentindo-se protegida por um homem público, entrou de cabeça no novo relacionamento afetivo. Jamais revelaria a Genaro que o filho não era dele. Nunca. E, aproveitando o prestígio do marido, Marisa uniu-se a um grupo de mulheres que lutava contra um sistema judiciário machista, tentando dar voz a mulheres que sofriam violência doméstica. Muito dessa luta gerou bons frutos, como a criação da primeira Delegacia da Mulher, em 1985. Alguns anos se passaram e ela se separou de Genaro. Mudou-se com o filho para São Paulo e, tempos depois, também com seu esforço, seria criado o Centro de Referência à Mulher Casa Eliane de Grammont, um centro especializado no atendimento às mulheres vítimas de violência doméstica e sexual.

Genaro, por sua vez, foi pego em um esquema monstruoso de corrupção que lesou bastante os cofres públicos. O deputado federal foi preso e seus amigos "poderosos" sumiram. Sentindo-se abandonado e traído, Genaro chamou repórteres de todas as mídias e descreveu o funcionamento de um sistema articulado que arrancava verbas do governo e distribuía propinas. Depois, dedurou ministros, governadores, senadores e outros deputados. Foi um escândalo. Ele teve seu mandato cassado, perdeu seu eleitorado e nunca mais conseguiu retornar à política. Seu filho, anos depois, tornou-se importante ativista em defesa dos direitos homossexuais.

Só então Genaro percebeu que o telhado de sua casa também era de vidro...

Em uma tarde chuvosa, Caio ficou no estúdio até mais tarde, para ensaio de nova campanha publicitária. Seu rosto começava a despontar em outdoors, cartazes e páginas de revistas. A cada foto impressa, Luísa exultava de felicidade.

Nesse dia, passava das quatro quando Luísa entrou no estúdio. Era pausa para o café e ela aproveitou para beijar o noivo.

— Não tem aula na faculdade?

— Hoje não. E, mesmo que tivesse, eu não iria.

— Por quê?

Luísa fez ar de mistério.

— Trouxe alguém que deseja muito vê-lo.

— Alguém?

— Sim, de quem você gosta muito.

Caio deu de ombros.

— Mande entrar.

Luísa afastou-se e saiu da sala. Caio pegou uma xícara de café. Estava de costas quando ouviu a voz familiar:

— Não vai cumprimentar a sua pantera?

A xícara de café quase foi ao chão. Caio girou lentamente nos calcanhares e gritou:

— Sarita!

Abraçaram-se de maneira afetuosa. Havia muito que Caio queria encontrá-la, mas soube que ela se casara e sumira no mundo.

— Não faz ideia do quanto desejava revê-la — ele a enlaçou pela cintura e disse à Luísa: — Esse é o meu anjo bom.

— Eu sei — concordou Luísa. — E eu sou o quê?

— E agora? — perguntou Sarita. — Está numa enrascada!

— Não — objetou ele. — Luísa é meu grande amor.

Elas riram. Luísa balançou a cabeça para cima e para baixo.

— Saiu-se bem, hein? Sedutor de araque.

Caio notou a barriga proeminente de Sarita.

— Você está grávida!

— Sim. De meu primeiro filho. Eu me casei e fomos para a Europa. Meu marido ganhou uma bolsa de estudos para realizar o mestrado e eu o acompanhei. Decidimos que iríamos morar em Lisboa, mas, quando engravidei, decidimos que queríamos criar nosso filho em solo brasileiro. Aqui podemos ser livres, podemos nos expressar à vontade, não precisamos seguir regras rígidas de comportamento. Quero que Caio cresça nesse ambiente descontraído.

— Você disse Caio?

— Sim — respondeu Sarita. — Nosso filho vai receber o seu nome. É homenagem minha e de meu marido pela sua garra, pela sua luta, pelo que passou na cadeia esse tempo todo. Você é um vencedor. E meu filho vai ter o privilégio e o orgulho de levar o seu nome.

Caio emocionou-se. Beijou a testa de Sarita e a abraçou mais uma vez.

— Você não imagina o quanto me deixa feliz com essa homenagem. Obrigado.

— Queremos que você e Luísa sejam os padrinhos de nosso filho.

— Fico lisonjeada — afirmou Luísa.

— Obrigado — disse Caio, enquanto segurava e beijava as mãos de Sarita. — Quando eu e Luísa tivermos nosso primeiro filho, você e seu marido também serão os padrinhos. Concorda?

— Sim. Espero que nossos filhos cresçam juntos, amigos, rodeados de carinho e de amor, unidos pelos laços sagrados da amizade.

— É isso aí — tornou Caio, com a voz embargada.

— Quero apresentar a você meu marido.

Sarita foi até a porta e chamou. O homem era alto, os cabelos negros jogados naturalmente para trás. A camisa estava aberta até o meio do peito e dele saltavam tufos de pelos. Era um tipão. E Caio jurou que conhecia aquele rosto quadrado e bem-apessoado de algum lugar.

O homem estendeu a mão e o cumprimentou.

— Como vai?

Caio observou mais atentamente e seus olhos quase saltaram das órbitas ao constatar quem era aquele homem.

— Padre Osório?

Osório riu.

— Padre não. Ex-padre. Larguei o sacerdócio por amor a Sarita. Desliguei-me da Igreja, casamo-nos e ganhei uma bolsa para fazer mestrado em Teologia.

Caio abriu e fechou a boca, sem articular som. Abraçou Osório com carinho.

— Padr... quer dizer, Osório, não imagina como estou feliz por você e Sarita.

— Eu não lhe dizia que ele me olhava de esguelha na igreja? — falou Sarita, de maneira divertida.

— É — tornou Caio, emocionado —, você estava certa.

Eles se abraçaram e continuaram a conversa por longo tempo. Caio deixou os ensaios para o outro dia. Queria passar cada minuto ao lado de seu anjo bom. Quanta saudade sentiu de Sarita. E agora não mais se desgrudariam. Nunca mais.

~~~

Alguns meses depois, Caio e Luísa batizaram, conforme prometido, o filho de Sarita e Osório, o pequeno Caio.

Dois anos se passaram e agora era o momento de Sarita e Osório fazerem o mesmo com o pequeno Henrique, um menininho lindo, forte, robusto, vendendo saúde e parecido com o pai.

Luísa e Caio, acompanhados por Rosalina, José e Eunice, chegaram primeiro à Igreja de Santa Rita de Cássia. Celinha e Malaquias vieram logo atrás. Eles haviam se conhecido no dia em que Celinha ajudara Caio na mudança para o apartamento de Luísa. O namoro ia muito bem.

— É aqui que quero me casar, entendeu? — falou Celinha.

— Não sei se poderei arcar com as despesas.

— Nem pense nisso! — ela protestou. — Vamos conseguir pagar e...

Caio os interrompeu.

— Eu ajudarei nas despesas. Será meu presente de casamento para vocês.

Malaquias riu com gosto.

— Agora não tenho como dar desculpas.

Celinha fez ar de mofa, enquanto os demais caíram em sonora risada.

No caminho para o altar, Caio puxou José pelo braço.

— Eu prometi a você, meu pai, que meu filho seria batizado nesta igreja. Em sua homenagem.

José sentiu a voz embargada. Adorava quando Caio o chamava de pai.

— Obrigado, meu filho. Estou muito feliz... José parou de falar. As lágrimas o impediam de continuar. Caio o abraçou.

— Eu o amo, José. Você é o pai que nunca tive. E — ele afastou-se e riu, procurando ocultar a emoção —, trate de cuidar bem de seu neto.

José enlaçou o braço no de Rosalina. As lágrimas teimavam em cair.

Sarita e Osório chegaram em seguida. Cumprimentaram-se e ela pegou o pequeno Henrique do colo de Luísa. O padre iniciou a missa de batismo. Próximo a eles, os espíritos de Norma e Carlota sorriam felizes.

— Carlota, como estou feliz que tudo tenha dado certo.

— Como vê, Norma, nada como um dia após o outro. Veja nosso pequeno Henrique. Ontem estava aqui conosco como Henry e hoje está iniciando uma nova etapa reencarnatória.

— Formam uma linda família.

— Concordo.

— Visitei Loreta e Lucy na semana passada. Lucy recusa-se a recordar-se de sua existência como Gregório. Continua presa ao passado, àquela vida.

Carlota suspirou.

— Isso vai ajudar esse espírito a amadurecer, rever suas atitudes pretéritas e preparar-se para mudar. Dia chegará em que Lucy terá de enfrentar Gregório, porquanto ambos são e estão no mesmo espírito. Enfim, tudo tem seu tempo certo. Sabemos que nenhuma folha cai sem o consentimento do Pai.

— Entendo. E quanto aos que estão encarnados? Terão acesso ao passado?

— Isso não se faz necessário — ponderou Carlota. — Eles estão felizes. É o que importa.

— Tive acesso ao passado deles e agora entendo muita coisa — redarguiu Norma. — Caio e Luísa eram casados, moravam perto de Londres. Entretanto, Caio tinha uma queda pelo sexo fácil e traía a esposa a torto e a direito. Ele a amava, mas seus instintos falavam mais alto. Até que Caio conheceu Loreta e tiveram um tórrido romance. Loreta também tinha um fraco pelo sexo e ambos se entregaram à paixão descontrolada. Triste e com o coração partido, Luísa separou-se e casou-se com Genaro. Viviam relativamente bem, até que Caio, cansado da vida degenerada que tinha, quis voltar para seu verdadeiro amor. Luísa não o aceitou e ele fez de tudo para tê-la de volta.

Carlota tornou, de maneira calma:

— Foi então que Caio arquitetou o plano para que Genaro fosse preso, por um desfalque que jamais cometera. Luísa, mesmo assim, não voltou para Caio. Amargurado, ele foi pedir ajuda a Guido. Ardiloso e inescrupuloso, Guido era casado com Lucy, irmã caçula de Loreta e apaixonada secretamente por Caio. Lucy encheu-se de coragem e um dia declarou seu amor a Caio — naquele tempo, Philip. Ele a rejeitou e a humilhou. Lucy o embebedou para que ele fizesse amor com ela. Quando Caio despertou, tiveram uma calorosa discussão. Caio não queria saber de Lucy, de jeito algum. Decidida de que Caio deveria ser dela, e só dela, Lucy quis matá-lo, para que ele não fosse de mais ninguém.

— E assim foi feito — concluiu Norma. — Lucy, depois reencarnada como Gregório, preparou poderoso veneno e entregou o cálice mortal ao amado. Por um lapso, a taça foi parar nas mãos de Guido. E, pelas imagens a que tive acesso, a morte de Guido foi lenta e cruel.

— Anos depois, já no mundo espiritual, Caio arrependeu-se de ter arquitetado a prisão contra Genaro e afirmou aos amigos espirituais que sua consciência só o deixaria em paz caso ele passasse pelo mesmo.

— Ele não precisava passar por isso — objetou Norma. — Eu tinha sido sua irmã também naquela vida e aqui no astral tentei demovê-lo dessa ideia de ser preso. Mas ele insistiu e coube a mim estar ao seu lado para que não esmorecesse.

— Mas Caio quis assim. Seu espírito ainda precisa passar pelas experiências desagradáveis, precisa do sofrimento para crescer. Há outros espíritos que crescem de maneira menos sofrida, como você, por exemplo.

Norma sorriu.

— Cada caso é um caso.

— Guido está muito atormentado.

— Será que vai se recuperar de tudo o que fez? — perguntou Norma.

— Na eternidade tudo é possível — ponderou Carlota. — Num momento mais à frente, Guido vai ter de enfrentar a si mesmo. Essa triste e dolorosa experiência deve ser realizada por ele, tão somente por ele.

— Que Deus o abençoe!

Norma falou e, em seguida, o padre falou o mesmo.

— Que Deus o abençoe, Henrique Galvão Souza...

As duas sorriram. Aproximaram-se do pequenino e Henrique notou-lhes a presença. O bebê esboçou largo sorriso, o que comoveu os padrinhos e os pais. Elas se afastaram e chegaram à porta da igreja. Olharam para o sol que já ia alto e para o céu azul. Fecharam os olhos e fizeram sentida prece de agradecimento.

Em seguida, avistaram lindo jardim rodeado por árvores e flores de várias espécies.

— O que acha de caminharmos pelo jardim antes de nossa partida?

— Excelente ideia, Norma.

Os dois espíritos iluminados deram-se as mãos e entraram no jardim. Uma brisa gostosa tocou-lhes o rosto, e ambas aspiraram o ar puro e delicado daquela linda manhã.

Logo a atenção de seus espíritos foi desviada para agitado, porém gracioso, beija-flor, que, suspenso no ar, alimentava-se do néctar de uma flor. Carlota e Norma sorriram e tiveram a certeza de que o dedo de Deus está em tudo, até mesmo em pequenos gestos a que nós, muitas vezes, não damos a mínima atenção.

A quem nos dedica suas horas de leitura

Há mais de quarenta anos tenho contato com o espiritismo, e a minha vida se transformou positivamente, pois me encontrei diante da eternidade do espírito e da magnitude da existência. Os livros que psicografei me enriqueceram com valores, e sei que muitos leitores despertaram para a espiritualidade por meio desses romances.

Por intermédio dessas obras, eu e você construímos automaticamente um grande elo, invisível aos olhos humanos, porém forte e poderoso aos olhos espirituais. Mesmo distantes fisicamente, estamos ligados por esses laços que fortalecem nossos espíritos, unidos no mesmo objetivo de progresso e de sintonia com o bem, sempre!

Espero que, ao ler nossas histórias, você possa se conscientizar do seu grau de responsabilidade diante da vida e acionar a chave interior para viver melhor consigo e com os outros, tornando o mundo um lugar bem mais interessante e prazeroso.

Eu e Marco Aurélio desejamos que você continue trilhando seu caminho do bem e que sua vida seja cada vez mais repleta de felicidade, sucesso e paz. Sinta-se à vontade para me escrever e contar os sentimentos que nossos livros despertaram em você.

Sei que algumas pessoas preferem o anonimato, ou mesmo desejam contatar-me de maneira discreta, sem o uso das redes sociais. Por esse motivo, escreva para o e-mail: leitoresdomarcelo@gmail.com. Dessa forma, poderemos estabelecer contato.

Com carinho,

Marcelo Cezar

Av. Porto Ferreira, 1031 | Parque Iracema
CEP 15809-020 | Catanduva-SP

www.**lumeneditorial**.com.br
www.**boanova**.net

atendimento@lumeneditorial.com.br
boanova@boanova.net

 17 3531.4444
 @boanovaed
 boanovaed
 boanovaeditora